仏教文化の原郷

インドからガンダーラまで

西川幸治

法蔵館文庫

本書は、一九八五年二月二十日に日本放送出版協会より『仏教文化の原郷をさぐる――インドからガンダーラまで』として刊行されたものである。文庫化にあたり、題名を改め、一部の図版を差替えた。また巻末に付録として三篇の関連文章を加えた。

目次

仏教文化の原郷——インドからガンダーラまで

序　インド世界への憧れ

インダス文明の都市

インダス文明への胎動

インドは広大無辺であり、その歴史も古く、複雑で多様な文化的伝統が深くきざみこまれている。インドにには、仏教文化が開花する以前に、さしたる文化は存在しなかったと信じられてきた。インド文化の一つの頂点をなすマウリヤ王朝の文化さえ、ギリシア・ローマ文化に比較すれば問題にならないとかんがえられてきた。ところが、一九二〇年代はじめのモヘンジョ・ダロ、ハラッパーの発掘調査は、これまでの通念を一変させた。インドには、ギリシア・ローマよりはるかに古く、メソポタミア、エジプト、黄河流域にひらけた都市文明とならぶ都市文明が存在したことが明らかになったのである。インドの文化的伝統がもつ深い根の一つが明らかにされ、人々のインドへの関心はたかまり、その究明をめざして調査と研究が積極的にすすめられた。

インダス文明の遺跡の調査は広汎にわたってすすめられた。とくに、第二次大戦後、精力的な調査が各地でつづけられた。一九四七年の分離独立で、ハラッパー、モヘンジョ・ダロはパキスタン領となったが、インド領でも、ハラッパー、モヘンジョ・ダロにつぐ、ロータル、カーリーバンガンなどの都市遺跡が発見された。これらの調査によって、「ハラッパー文化」とよばれるインダス文明の遺跡は広域にひろがっていたことがわかった。インダス川の流域を中心にして、東はデリーの北西、アーラムギープル、西はアラビア海沿岸のソトカーゲン・ドール、北はジャム・カシュミール地方のマーンダー、南はキャンベイ湾の東岸、マールワーンにおよんでいる。そのほとんどが小規模な村落の遺跡であるが、メソポタミアやエジプト文明に比べ、はるかに広汎にひろがり、インダス文明の特色をなしている。

インダス文明の生成の過程を探ることも重要な課題となった。各地で、その解明をめざす調査がつづけられている。モヘンジョ・ダロとインダス川をへだてた対岸のコト・ディジ遺跡もその一つである。この遺跡は、大きい石積みを基壇とした厚い日干し煉瓦で城壁を築き、城砦と一般の住民の市街地を分けていた。この城砦と市街地からなる構成は、モヘンジョ・ダロ、ハラッパーにもうけつがれている。さらに、コト・ディジ遺跡の建物は石を基壇として、その上に床や壁を日干し煉瓦をつんで築いているが、その煉瓦の大きさが特徴的である。三八×一九×九センチを標準とし、ほぼ四対二対一の割合をもつ規格性をそなえているのである。この点も、モヘンジョ・ダロ、ハラッパーにうけつがれている。このことは、インダス文明以前に、すでにかなり組織化された社会が形成されていたことを示しているようだ。

インダス川の流域を中心に、パキスタンの北部のパンジャーブ、南方のシンド、さらに北西の辺境州、東のラージャスターンにわたる調査がくりひろげられ、インダス文明に先行する文化の形態もしだいに明らかにされた。コト・ディジにみられるように、都市構築の技術が進歩し、専門の職人がうまれ、煉瓦などの建築材料の規格化がすすめられ、社会的管理の気運がうまれていたことがわかる。インダス文明の都市を形成させる機運がしだいにかためられてきたのである。

ハラッパーとモヘンジョ・ダロ

前三〇〇〇年紀の後半からおよそ一〇〇〇年にわたって、ハラッパーとモヘンジョ・ダロを中心に特色ある都市文明が形づくられた。ハラッパーとモヘンジョ・ダロはインダス川沿いに約六四〇キロはなれて位置し、数多いインダス文明の遺跡のなかでも、ひときわ大きい都市遺跡として注目される。この二つの都市遺跡をみると、ともにその周囲は五キロもあり、南北に細長い台地に平行四辺形の「城砦」がそびえ、この「城砦」の東の平地に市街地がひろがっていた。

モヘンジョ・ダロでは「城砦」の調査がすすみ、その中央には大浴場、小浴場、学院や

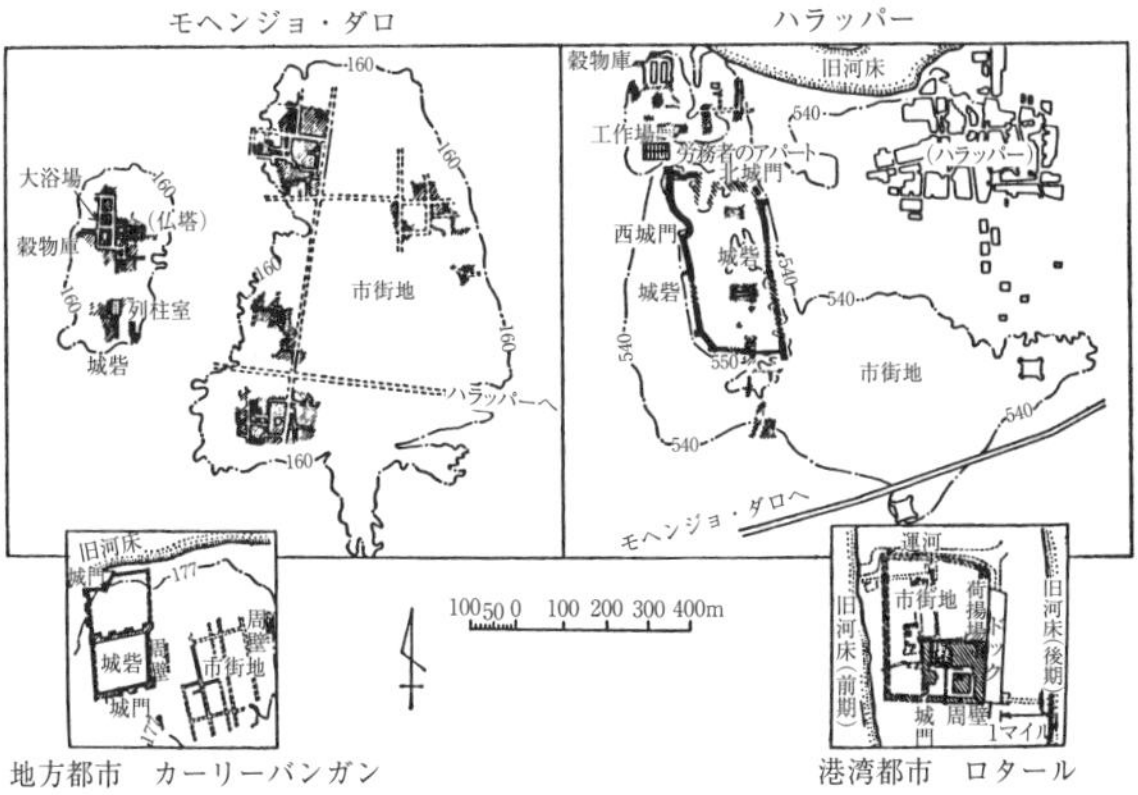

インダス文明の都市

穀物庫がならび、南には列柱のある集会所があらわれた。浴場は今もヒンズー寺院にみられる宗教的儀式としての沐浴の場とかんがえられている。公的性格のつよい建物がならぶ「城砦」のまわりには城壁がめぐらされていたことがハラッパーの調査から明らかになった。この構成を聖塔ジッグラト、王宮、神殿、倉庫、学校などがならぶウルの神域テメノスや、祖先をまつる宗廟、王宮、陶器や銅器などの倉庫がならぶ殷代の都市遺跡小屯にみる「城砦」の構成と対比してみよう。

　たしかに、モヘンジョ・ダロ、ハラッパーの「城砦」は都市の中心、都市生活の中枢部をなしていたことはうたがいない。しかし、他の古代文明の都市に比べて、神や王の栄光をたたえる神殿・宮殿・王墓や、王の威厳を示す記念物や芸術作品はとぼしい。インダス文明のもつ性格を示すものといえよう。

これにたいして、市街地の構成と構造はきわめて特徴的である。市街地の調査はモヘンジョ・ダロですすめられた。幅約一〇メートルの大通りがほぼ東西、南北に交差し、この大通りで区切られた各区は約二五〇メートルに四〇〇メートルで、各区には幅約五メートルの小路が通じ、さらに各戸へは約二～三メートルの路地が通じ、ほぼ碁盤状の道路が配置されていた。住居をみると、その規模に大小があり、富の差と階層の分化を示しているようだ。また、中庭に面してならぶ住戸の構成は、中庭を通じて親しい近隣関係をおもわせる。

さらに、市街地で注目すべきは排水・下水の施設である。中庭をかこんで周りに部屋を配置した住居では、調理はこの中庭か屋内の小さい台所でなされた。その捨水は床の下に埋められた陶器の壺に流れこみ、汚物を沈澱させ、壺の底にあけられた小さい孔を通って濾過された水が街路に設けられた暗渠の下水溝へ排水された。浴室や便所も街路沿いの壁面におかれ、壁体の中に設けられた溝や外壁に露出した斜めの溝からマンホールを通じて街路の下水溝へと流された。下水溝は幅三〇センチ、煉瓦でつくられ、石灰でしっかり固められ、その上部はせり出しアーチ状で暗渠になり、碁盤状の街路網に沿うて市街地一帯に配置されていた。下水溝が道路網とともに、都市施設として計画的に配置されていたのである。

カーリーバンガンとロータル

第二次大戦後、インド領となった地域で、カーリーバンガン、ロータルという注目すべき都市遺跡の調査がすすめられた。ともに、大都市・ハラッパー、モヘンジョ・ダロにたいし、規模も小さく、地方小都市ともよぶべき性格をもっていた。

カーリーバンガンは、インド・パキスタンの国境に近いラージャスターン地方のガッガル川の左岸、ハラッパーの東北約一六〇キロの地にある。荒涼とした平原に東西二つの丘があり、西の小高く小さいのが「城砦」であり、東の低く大きいのが市街地であることが発掘調査で明らかになった。ハラッパー、モヘンジョ・ダロと同じ都市形態をもっていた。「城砦」は泥煉瓦で築かれた平行四辺形の城壁がめぐらされ、隅の部分が四角の稜堡でかためられ、南北に門をひらいていた。市街地には幅一〇メートルの主要道路が東西・南北にはしり、大路・小路・路地の幅がそれぞれ一対二分の一対三または四分の一に構成されていることも、モヘンジョ・ダロと共通していた。

ロータルはモヘンジョ・ダロの東南七〇〇キロ、カーティアーワードの海岸に面した港町である。南東に小高い「城砦」がたち、その北から西に市街地がひらけている。市街地をかこんで煉瓦積みの城壁がめぐらされ、その東壁は海に面した波止場となり、そこに幅三七メートル、長さ二一九メートルの大きいドックが設けられ、このドックと川とを結ぶ運河もつけられていた。波止場に接した「城砦」には浴場や大きい穀物倉がおかれていた。南北に長い市街地には、縦横にはしる道路で六つのブロックに分けられ、下水溝も設けられていた。穀物倉の基礎の通風孔から、裏に縄目をもつ印章のある封泥や、ペルシア湾式とよばれるボタン状の印章などが発見された。ロータルはインダス文明圏の貿易港として両方との交易をすすめていたのである。

インダスの栄光と衰退

シュメールの神話にその栄光をたたえられたディルムンは、「王ジウスドラを、植物成育の名と人間の種の保存者として、ディルムンの国、太陽の昇るところに、その住まいを神がみは定め給うた」とうたわれている。ディルムンは「太陽の昇る」シュメールの東に位置し、「純粋な」、「明らかな」、「輝かしい健康な国」ともうたわれた。このシュメール人にとっての楽園ディルムンを、シュメール学者のS・N・クレマー教授は、都市計画のもとに沐浴場や井戸を配置し、焼煉瓦でつくられた暗渠の下水溝を組織的に配置したインダス文明の都市にあて、ディルムン＝インダス文明説の根拠としている。

前二〇〇〇年紀の中ごろになると、インダスの都市文明は崩壊し、その姿を消す。崩壊の原因はまだ明らかにされていない。異民族・アーリヤ人の侵入、地殻の隆起によるインダス川の流路の変化が灌漑・水運によって成りたっていた都市にあたえた打撃、焼煉瓦で都市を建設するために大量の燃料を必要とし、都市周辺の緑を伐採し、都市がよってたつ基盤を荒廃させ自滅したとみるなど、さまざまな原因がかんがえられている。

インダス文明の都市は姿を消したが、その伝統は深い底流となり、その後のインド亜大陸の都市の発展に大きい影響をもたらした。もちろん、このインダス文明の都市は、わが国とは直接にはなんのかかわりもなかった。わが国はまだ歴史以前の縄文文化の時代であった。のちにインドの文化がその精神面にまで深い影響をあたえたのは、ガンジス川の流域にうまれた仏教文化によってである。次に、日本人のインドへの関心・天竺への憧れについてみてみよう。

天竺への憧れ

仏陀の世界、天竺と辺土

六世紀になると、日本列島にも古代国家とその帝都としての「都城」を建設しようとする機運がたかまってきた。大陸の先進文化をとりいれ、政治から生活習俗の全般にわたる積極的な革新がはかられたのである。仏教は伝統的思考をのりこえて新しい時代をきりひらく思想としてうけいれられ、やがて聖徳太子が『十七条憲法』のなかで、その第二条に「篤く三宝を敬え」と説いたように、古代国家の指導理念としてつよい位置を占めることとなった。

当時、古代の日本人の空間的ひろがりは、朝鮮半島から中国大陸への東アジアにかぎられていた。そこへ、仏教の創唱の地として天竺・インドが加わった。最澄は『内証仏法相承血脈譜』の冒頭に、「それ、仏法の源は中天（中天竺）にでて、大唐をすぎて、日本につたわる。天竺の付法、すでに経伝あり、震旦の相承、また血脈をつくる」と記している。仏教が伝来してきた天竺（インドの古称）―震旦（古代インド人が中国を「秦帝国の土地」チーナ・スターナとよび、これを漢字にあてたという）―日本への経路をつよく意識していたのである。インドは仏教の三国伝来によって、日本人の想念のなかに深くきざまれた。

しかし、インドは余りにも遠かった。平安末期に、南都の僧、覚憲は「わが国の緇素《しそ》（黒衣と白衣・僧侶と俗人）の未だ一人として印度に達せしことを聞かず。けだし、これ辺国のしからしむる故なり」とし、「震旦一州すらなお百万里の波濤を渡る」そのはるか彼方に位置する仏教創唱の地としてのインドへの、強い憧れを示した（『三国伝燈記』）。日本人にとって、インドは朝鮮半島や中国とは異なり、仏教経典のなかにひらかれる想念の世界であったのである。インドへの憧憬と思慕の念は、インドを「中国」とみなし、日本を辺国とする辺土意識をうみだした。

わが国では、大陸の先進文化を中国を通じて導入し、中国を世界の中央に位置し、文化の盛行する大国・「中国」として尊敬する傾向がつよかった。中国をもって中華とする思想である。いっぽう、中国を通じて仏教を摂取したわが国では、インドを「中国」とし、他の地域を辺地・辺土・辺州、片州とみなすかんがえ方もあらわれてきた。インドを「中国」とするかんがえは、中華意識のつよかった中国にもみられた。たとえば、『高僧法顕伝』に、「中天竺はいわゆる中国なり」と記されている。一三世紀のはじめ、鴨長明は「釈尊入滅の後二千余年、天竺を去れること数万里、僅かに聖教伝わり給うといえども、正像すでに過ぎて、……小国辺卑の境なれば……」と、インドを「中国」とし、わが国を辺土とみなすかんがえが記されている（『発心集』）。『神皇正統記』にも、「天竺ハ正中《ただなか》ニヨレリ。ヨツテ瞻部《せんぶ》（須弥山の南方にある国。インドのこと）ノ中国トスナリ。地ノメグリ又九万里。震旦ヒロシトイエドモ、五天ニナラブレバ一辺ノ小国ナリ」といい、「日本ハ彼土（天竺）ヲハナレテ海中ニアリ。……此国ハ天竺ヨリモ震旦ヨリモ東北ノ大海ノ中ニアリ」と記している。

こうした環境のもとで、天竺への憧れはたかめられた。明恵は建久六年（一一九五）、二三歳で伽藍仏教をはなれ、故郷紀州の景勝の地を転々としながら、華厳を学び苦行をつづけた。そのひたむきな求道の姿勢は世の注目をあつめ、建永元年（一二〇六）後鳥羽上皇などの保護をえて、栂尾《とがのお》をたまわり高山寺をひらき華厳の道場とした。きびしい修行をささえたのは仏教創唱の地・インドへの憧れであった。あるとき、山奥へはいって、山中の樹を「菩提樹」と名づけ、そのかたわらに瓦と石をつんで「金剛座」になぞらえ、仏陀が菩提樹の下で成道された金剛座をしのび、人々を集めて説法を行なった。「哀れなるかな、その儀式浅きに似たりといえども、しかしながら恋慕悲歎の志より起れり」といっている。また、紀州にでかけたとき、西の沖に島がかすんで見えたのを、天竺になぞらえ、「南無五天諸国処々遺跡」を唱え、泣き泣き礼拝したという（『栂尾明恵上人伝記』）。明恵のインドへの憧れはつよかった。

元久二年（一二〇五）、明恵はついに天竺にわたることを決意した。志を同じくする仲間は五、六人、さっそく準備にとりかかり、玄奘三蔵の『大唐西域記』などを参考にして旅行の計画をたてた。大唐の長安城（今の西安）から中天竺の王舎城（今のラージギル）に至る道のりの里数がくわしくしらべられた。今も高山寺にのこる『印度里程記』には、

「印度ハ仏生国ナリ。依恋慕之思難抑、為遊意計之、哀々マイラハヤ」と記し、そこには、インドへの飛びたつような思いがこめられている。しかし、この渡天竺への思いはかなえられなかった。旅仕度の衣裳まで用意したのに、にわかに重病にかかり、春日大明神の託宣をうけて、ついに断念したのである。

末世の辺土に仏国土を

ところで、古代末の動乱の世を生きた人々は当時のインドの実状をまったく知らなかったわけではない。たとえば、鴨長明は、

「かの天竺は南州（須弥山の南にある大州）の最中《もなか》、正しく仏の出で給えり国なれど、像法の末より、諸天の擁護ようよう衰え、仏法滅し給えるが如し。霊鷲山《りようじゆ》のいにしえのこと、虎狼のすみかとなり、祇園精舎の古き砌《みぎり》は、僅かに礎《いしずえ》ばかりこそは残りて侍るなれ」

と、『発心集』の末尾に記している。わが国の僧侶の間でインドへの憧憬の念が高まっているとき、インドでは仏教は衰退していたのである。人々は末法の世の到来という呪縛にとらえられた。

「五濁悪世、闘諍堅固の世」、「王法仏法滅尽の世」といわれた古代末の乱世にあって、すでに覚憲は「仏法は人によりて久住し、また人によりて衰滅す」（『三国伝燈記』）と冷徹

な眼で現実を直視していた。そして『平家物語』が「この法は釈尊の附属（教義を授けること）、波羅奈《はらない》国の馬鳴《めみょう》比丘、南天竺の龍樹菩薩より次第に相伝しきたれる……さすが我朝は粟散《そくさん》辺地の境、濁世末代といいながら……」と記した。その世界の片すみにあって、粟をまき散らしたような国にあって新しい動きがあらわれてきた。すでに、一〇世紀末には、源信が「往生極楽のための教えと修行こそは、汚濁にまみれた末世の人々を導く眼であり、足である」とかんがえ、「厭離穢土、欣求浄土」の願生心をうみだした。この『往生要集』の思想は末法の世に生きる人々の心を深くとらえた。一二世紀末、法然は停滞した伽藍仏教を否定し、仏陀が生きていた当時の仏教教団に想いをはせ、「すべての人が平等の慈悲をうける世界、あまねく一切を摂せんがために、仏像をつくり仏塔を建立することによって往生の本願とせず、ただ称名念仏の一行をもって本願とする」と原始仏教への回帰をめざし、その原点にたって称名念仏を主張した。

親鸞にはじまる浄土真宗は蓮如によって再興され、戦国の乱世にあって、仏法がすべてを支配し、人々は仏法によって保護され、処罰されるという理想の世界・仏法領の実現をねがい、現実に寺内町の建設に力をつくした。いっぽう、日蓮も既成の権威を根底から否定して宗教の世界に還元し、あらためてその意義を問うという姿勢をとり、釈尊御領の理想を示し、その実現をめざし、皆法華圏を構築するために強い折伏をもってのぞんだ。わが国の中世末期にあらわれた新しい仏教の動きには、仏陀によってうみだされた仏教の原点にたちかえり、混沌とした乱世のきびしい現実のなかからうみだされた理想の世界を実現しようとする強い意志がこめられていた。親鸞は法然をたたえて「粟散片州ニ誕生シテ念仏宗ヲヒロメシム　衆生化度ノタメニトテ　コノ土ニタヒタヒキタラシム」（『浄土高僧和讃』）とうたい、日蓮も「末法に生をうけて、辺土のいやしき身」（『頼基陳状』）といっている。ともに仏教の創唱の地、天竺へのつよい憧れにかわりはなかった。

私たちも、玄奘の行程にしたがって、仏教文化の原郷をたずねてみることにしよう。

1 仏陀の世界を求めて

玄奘、天竺にはいる

長安の求道僧・玄奘

七世紀も三〇年をすぎたころ、西トルキスタンの高い山にかこまれた谷あいの道に設けられた突厥《とっけつ》の関塞《かんさい》・鉄門をこえて、バクトリアにはいり、オクサス川を渡ろうとする、ひとりの中国僧侶がいた。当時、唐代初期の中国では関外に出ることはつよく禁じられていた。この国禁を破り、天竺《てんじく》国をめざし、旅をつづける玄奘三蔵《げんじょうさんぞう》がその人であった。

玄奘は西紀六〇二年に、河南《かなん》省陳留《ちんりゅう》県に生まれ、幼時から人品がすぐれ、その聡明さは抜群であったという。一三歳で出家し、兄の長捷《ちょうしょう》とともに、洛陽《らくよう》の浄土寺で勉学した。一六歳になると兄とともに長安（現在の西安）におもむいた。ところが当時の長安はまだ唐朝の草創の時期でもあり、兵乱があいつぎ、仏教を学ぶ講席もなかった。玄奘はこれをみて深く慨嘆し、多くの学僧が逃れていた蜀《しょく》の成都《せいと》におもむき、そこで数年間修行をつみ六二二年、二〇歳で受戒した。

その後も各地の学僧をたずね、研鑽《けんさん》をつづけようとしたが、蜀の条令や兄の諫《いさ》めにあって果たせなかった。そこで玄奘はひそかに商人の友となり、舟で揚子江を下って荊《けい》州、相《そう》州、趙《ちょう》州などの高僧をたずね、さらにようやく教学の中心となっていた憧れの長安にふたたびはいり、善光寺の法常《ほうじょう》、弘福寺の僧辯《そうべん》について勉学をつづけた。この二人の高僧は玄奘を、「釈門千里の駒」と賞揚し、「仏道がふたたび慧《え》を明らかにするのは、まさに貴方によってなされるであろう」と嘆賞した。しかし、仏教の深義を学び、その疑問を解明しようとする玄奘の意欲となやみはますます深まるばかりであった。ついに、玄奘は真理の究明のために仏教の本源地である天竺国インドに留学することを決意した。

そこで志を同じくする僧侶たちとともに、インド留学の許可を申請した。しかし、一切の対外交通を禁じていた唐朝初期の政府はこれを許可しなかった。他の僧侶たちはみな断念したが、ひとり玄奘のみは諦《あきら》めることなく、インド留学の決意をかため、西域旅行の準備をすすめた。

西域への旅路

六二九年、ついに玄奘は西域旅行の第一歩をふみだした。このとき、二六歳であった。長安を出発した玄奘は、泰《たい》州から蘭《らん》州へ進んだ。涼《りょう》州では都督の監視がきびしく、昼は伏して夜進むという難行の旅であった。瓜《か》州では州吏李昌《りしょう》の好意をうけ、石槃陀《せきはんた》という若い胡《こ》人が同行を約したが、まもなく王法を破ることをおそれて中途ではなれていき、けっ

玄奘三蔵法師
（東京国立博物館蔵）

きょく玄奘ただ一人でゴビ砂漠を縦断することになった。ここには五烽《ほう》（五つの見張台）があった。第四の見張台から八〇〇里にわたる莫賀《ばくが》延磧《えんせき》はまことに苦難にみちた旅となった。空を飛ぶ一羽の鳥もなく、地を走る一匹の獣も、また一茎の水草もない砂漠の旅であった。あたりを見まわしても茫然《ぼうぜん》として人も鳥もみえない、夜になると妖魑《ようち》（ばけもの）が火を発して群星のように輝き、昼は砂嵐がふきまくるといった日がつづいた。ついに玄奘は四夜五日の間、一滴の水を飲むこともなく砂漠をさまようことになった。ひたすら菩薩《ぼさつ》の慈悲をねがい、ようやく幻のような青草のしげる草原に達し、あやうく命を救われた。こうして玄奘は伊吾《ハミ》にたどりつくことができた。

ここで高昌《こうしょう》国王にあい、その熱意にほだされてハミから天山《てんざん》北路へ出ようという予定を変更して高昌国の都（今のカラホージャ）へ向かった。そこで手厚いもてなしをうけ、王から往復二〇年の費用と西突厥《とっけつ》の葉護可汗《ヤブグー・カガン》をはじめ西域二四国への紹介状と通訳や少年僧をつけて送ってもらった。こうして、一行は天山南路を西へ進み亀茲《クチャ》につき、雪どけを待って凌山《りょうざん》（今のペダル峠）を越えた。早春の凌山越えはきびしかった。七日間の行程で、同行十数人が凍死し、多くの牛馬が倒れた。

やがて一行は西突厥の葉護可汗にあい、高昌国王の手紙と贈物をわたし、可汗の大天幕にみちびかれて歓迎をうけた。ここでも玄奘は高昌国とおなじく滞留することをのぞまれたが、初志をかえず天竺へめざして旅をつづけた。可汗は通訳をつけて西トルキスタンへおもむかせた。素葉城《スーヤブ》から、タラス、タシュケント、サマルカンドを結ぶ天山北路を西へ進んだのである。そして康国《サマルカンド》から南へ鉄門をこえ、多くの苦難にみち、あたたかい好遇にささえられた西域のながい旅路のはてに、玄奘はようやくオクサス川に到達したのである。

大雪山を越えて

オクサス川を渡り、その南の活国《かつ》（現在のクンドゥズのあたり）にはいった。このオクサス川はアム・ダリアとよばれ、今もアフガニスタン北辺の国境を限っている。活国で政変にあい、一カ月滞在したのち活国から西へ縛喝国《バクトラ》（現在のバルク地方）へ向かった。縛喝国の北にはオクサス川が流れ、仏教の聖跡の多いところで、人々はここを小王舎城とよんでいた。この縛喝国は広々とした沃野《よくや》のオアシスにあり、その都城はきわめて雄大であった。仏寺は一〇〇あまり、僧徒は三〇〇〇あまりで、みな小乗（自分ひとりでなく、多くの他者をも救うという大乗仏教にたいして、俗世間をはなれて修行と思弁に専心する出家教団）を学んでいた。数多い伽藍《がらん》のなかでも、城の西南郊にある納縛僧伽藍《ナヴァ・サンガーラーマ》は「新しい寺」という意味で、この国の先王が建てたものであり、その建築は華麗で、さまざまの珍宝を蔵していた。そのなかには、金属とも石ともわからぬ一斗《と》あまりの仏陀沐浴《もくよく》のたらい、長さ一寸もある黄白色に輝く仏歯、長さ三尺あまりの仏陀の箒《ほうき》などがあった。玄奘はこの寺に一カ月あまり滞在し、インドの磔迦《タッカ》国から巡礼にきていた小乗にくわしい慧性《プラジュニャーカラ》や寺の僧と交わった。

　縛喝《バクトラ》国から慧性とともに東南に向かい、大雪山にはいった。大雪山はヒンドゥ・クシュ山脈のことで、その「ヒンドゥ殺し」の名のとおり、インド人をよせつけなかったという高嶺である。これをギリシア人は、鷲の飛ぶ青天井よりもなお高いという意味の「パロパニソス」とよんだ。この天下の険の谷間に梵衍那《バーミヤーン》国がある。深山のなかにひらけた都城も、北に絶壁を負い、谷にまたがっている。数十カ所の寺院と数千人の僧徒がいる仏教のさかんな国で、国王みずから玄奘を迎え、その宮殿に招いてもてなした。

バーミヤーンから北インドへの道

　ここには法相《ほっそう》によく通じた二人の高僧がいた。彼らも玄奘に接して「脂那《チーナ》の遠国にも、これほどの高僧がいるのか」と感心し、厚くもてなし、各地を案内し礼拝してまわった。

このバーミヤーンでとりわけ玄奘を驚かせたのは、王城の東北の山にたつ高さ一五〇尺の石造の仏の立像であった。この国の先王が建てたもので、金色にまばゆいばかりに輝いていた。その東にも高さ一〇〇尺あまりの仏の立像があり、玄奘はこれを銅製のものとみた。さらに、その東方にある寺院には長さ一〇〇〇尺もの仏の涅槃《ねはん》像があり、その絶妙の荘厳さは深く胸にせまるものがあったと記している。のち仏教がおとろえると、二大石仏は父《パーダル》・母《マーダル》の像、二大石仏の間にある坐仏の像は子供《バッチャー》の像とよばれるようになったという。次頁の図は一九世紀末にアフガニスタンに滞在していたイギリス人の医師が描いたスケッチで、石仏の前の広場が軍事教練に使われている。

バーミヤーンへの道

　梵衍那《バーミヤーン》国で一五日を過ごした玄奘らは、南へ迦畢試《カピーシー》国をめざして旅立ったが、二日めには荒れ狂う吹雪に深山の道を迷った。やがて小さな沙嶺《されい》につき、猟師に

バーミヤーンの仏立像
（J・A・グレーのスケッチ）

出あって道をたずね、迦畢試国についた。この国の王も熱心な仏教徒で、僧侶とともに玄奘を出迎えた。

この国の都城は今のベグラームである。都城には寺院が一〇〇カ所あまり、僧侶も六〇〇〇人あまりいて、その多くは大乗仏教を学んでいた。たくさんの仏塔や僧院がそびえていた。しかし天祠《てんし》が数十カ所と異道が一〇〇〇人あまりもいたと記している。天祠はヒンドゥ教の祠堂であり、異道というのはその教徒のことをいうのであろう。それだけ、インドに近づいたことを示している。

伽藍は一〇〇カ所以上あり、各寺の僧はたがいにあらそって、玄奘をそれぞれ自分たちの寺に案内しようとした。そのなかで城の東、山を背にして三〇〇人ほどの僧のいる沙落《シャラ》迦《カ》寺は、その昔、この国に「漢の天子の子」が人質としていたときに建てられたものである。この小乗の寺に、慧性とともに玄奘も宿ることにした。

その年の夏を、玄奘はこの寺での安居《あんご》ですごしている。あとでも述べるが、インドでは雨期に外出すると、草木、小虫を知らずに踏みころすおそれがあるとして、修行者たちは洞窟などにこもって修行に専心した。この習慣を安居といい、ひろく仏教教団に一般化していたのである。夏の安居が終ると、慧性はバクトラへ向かって帰っていった。玄奘らは東へ進み、今もシア・コー（黒い山）とよばれる黒嶺をこえて、いよいよ北インドの境に入ったのである。

仏陀の御影を拝しに

玄奘は『大唐西域記』のなかで、迦畢試《カピシー》国から濫波《ランパ》国へはいるところで、インドの総説の項目をもうけ、名称、境域、数量、暦と気候、風俗習慣、文字と学芸・教育、族姓、軍事と刑罰、礼式、葬制、賦課と労役、産物などについてくわしくのべている。玄奘は迦畢試国と濫波国をかぎる黒嶺をもって、言語や風俗、気候や風土、生業や産物など北方文化圏と南方文化圏を分かつ境界と考え、迦畢試国より以北をインドの域外とした。

したがって、濫波国、今のラグマンのあたりは北インドの境ということになる。ここにも寺院が一〇カ所あまりあり、僧侶はみな大乗を学んでいた。南に向かい、峠を登ると一基の塔がある。昔、仏陀が南から歩いてきて立たれた所だという言い伝えがあった。

峠を南へ下り、川を渡ると那掲羅曷《ナガラハーラ》国である。都城は今のジェラーラーバードあたりに

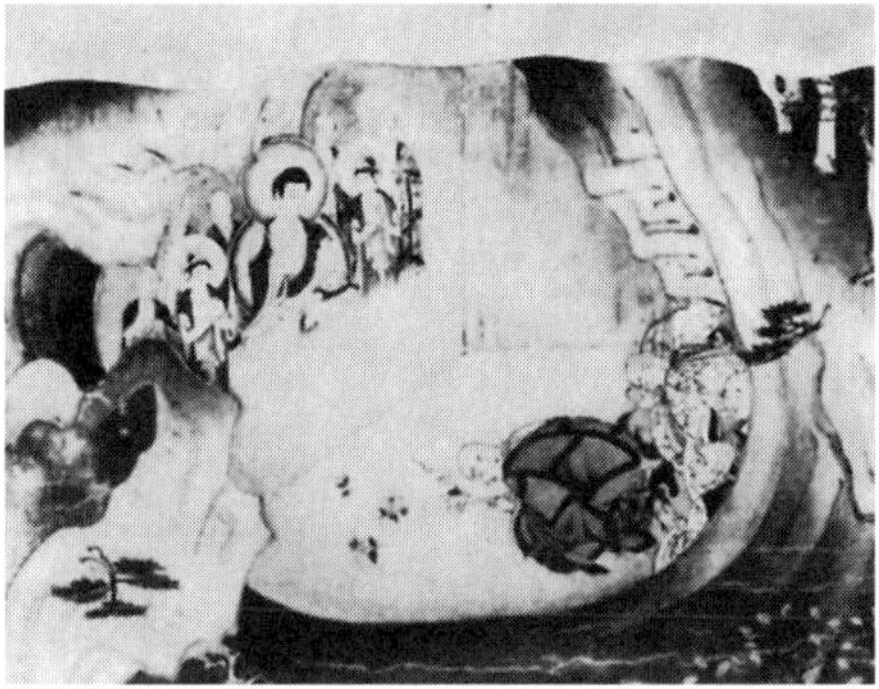

玄奘，仏影を拝す（「玄奘三蔵絵」藤田美術館蔵）

なる。都城の東南に三〇〇尺あまりの仏塔があり、アショーカ王が建てたものだという。このあたりから先には、いたるところに仏陀の聖跡があった。なかでもゴーパーラ竜王の石窟についてきいた話は玄奘の心をとらえた。

昔、その石窟には悪竜が住んで害を与えたので、仏陀が中天竺から空を飛んできて、これをしずめた。今でも仏陀の影が洞中にのこっているというのである。

そこで玄奘は、都城の西南二〇里あまりにあるというこの石窟をたずねようとした。案内を求めたが応ずる人はなく、ようやくひとりの少年が石窟に近い寺の荘園までおくってくれた。そこからは、このあたりの地理にくわしい老人の案内で先へすすんだ。数里ほどいったところで、五人の山賊があらわれた。帽子をぬぎ法服をあらわすと、「どこへ行くのか」とたずねた。「仏影を拝しに石窟まで」と答えると、賊は「このあたりには賊が多いということを聞かなかったか」とかさねてたずねた。「それは聞いた。しかし、いまわたしは仏を礼拝しようとしているところ。たとえ猛獣が満ちていても恐れません。まして、あなたたちは賊とはいえ人間ではありませんか」。これをきいて、山賊たちもついに発心して礼拝することになった。石窟は渓流のほとりにあり、西に向かって口をひらいていたが、なかは暗闇でなにひとつ見えない。案内の老人は「このなかをまっすぐ進むと岩壁につきあたる。そこで五〇歩ほど後戻りし、真東に目をこらせば、仏の御影がみえる」といった。玄奘は言われたとおりに闇のなかを東の岩壁まで進み、仏影窟のなかで真剣に祈願し、礼拝をくり返すと、やがて如来の影が岩壁にありありと輝き出た。仏身と袈裟《けさ》は赤黄色で、膝から上は、はっきりと見えたが、蓮華《れんげ》の座から下はややぼんやりとしていた。仏陀の左右や背後には菩薩や聖僧の供奉《ぐぶ》する姿もみえた。

玄奘は窟外に待っていた老人と五人の山賊に火をもってきて焼香させた。明かりをもってくると仏影は消えた。灯を消し、もう一度拝むと、ふたたび仏影はあらわれた。六人のうち五人は、それを見ることができた。礼讃文をとなえ、花や香を供えているうちに仏影は消えたという。

このように、仏陀の聖跡の多い那掲羅曷《ナガラハーラ》国には伽藍は多かったが、僧侶は少なかった。たくさんの仏塔は荒廃していた。ヒンドゥの寺院は五カ所にあり、異教徒も一〇〇人あまりいた。

ガンダーラの聖跡へ

那掲羅曷国から東南へ山中を進み健駄邏《ガンダーラ》国に達した。国の東にはインダス川が流れ、その都城はプルシャプラで、今のペシャワールにあたる。このガンダーラ地方は、西方や中央アジアからインドにはいる門戸にあたり、文化史上重要な役割をはたしてきた。そしてガンダーラ美術を生みだしたことはよく知られている。ここはまた、玄奘がはるかに師と仰いできた無著《アサンガ》、世親《ヴアスバンドウ》の生まれたところでもある。玄奘がたずねたころには、国は衰え、王家も絶え、迦畢試《カピシー》国の属領となっていた。民家は王城のほとりに一〇〇〇戸あまりしかなかった。一〇〇〇カ所あまりの寺院も朽ち傾き、多数の仏塔もくずれ落ちていた。ヒンドゥの祠堂が一〇〇カ所あまり、その異教徒も雑居していた。

プルシャプラの東南に、仏法に深く帰依したカニシュカ王が建立したという仏塔がある。この仏塔は総高四〇〇尺、基部は周囲が一里半、高さ一五〇尺で、その上に金銅の相輪二五層がたっていたと玄奘は記している。シャー・ジー・キー・デリーの発掘で有名なカニシュカ大塔がこれである。

カニシュカ大塔から東北へインダス川を渡ると、布色羯邏伐底《プシユカラーヴアテイー》城がある。今のチャルサダのあたりがその遺跡にあてられている。プルシャプラに先行するガンダーラ前期の都市である。この地にも仏教の聖跡は多い。仏陀が鬼子母《きしも》を教化して、他人の子を奪い害することをやめさせたのもこの付近だという。仏陀が菩薩であったころ、一〇〇〇回生まれかわって王となり、盲者に眼を施したという千生捨眼の場もここだという。

さらに東南へ進み、インダス河畔の繁華な町烏鐸迦《ウダカ》漢茶《カンダ》城（今のオーヒンド）についた。文法学者の生まれたところである。ここから北へ向かい、山をこえ、川を渡って烏仗那《ウッディヤーナ》国にはいった。この国には堅固な城が四、五カ所あったが、国王は瞢掲釐《マンガラ》城にいた。もとこの国には、スワート川をはさんで寺院が一四〇〇もたちならび、僧侶も一万八〇〇〇をかぞえる仏教の一中心であった。玄奘が訪れたときには、すでに仏教は衰えをみせ、ヒンドゥ教徒が雑居していたという。スワート川の上流にはアパラーラ竜泉や仏足石などの聖跡も多かった。なかでも都城の東北数十里のところにある観世音菩薩をまつった寺は、四方からの参詣人がひきもきらぬ聖地であった。ここから、また烏鐸迦漢茶城へひきかえし、インダス川を南へ渡り、タキシラへ向かった。

カシュミールに学ぶ

呾叉始羅《タクシャシラー》国は今のタキシラで、古くから西方や中央アジアとインドを結ぶ交通の要衝と

カシュミール

してひらけ、古代インドの教学の中心として重要な位置をしめ、仏教の盛んな地であった。有名な高僧の童寿《クマーララータ》もここで学んだ。ところが、玄奘が訪れたときには、国はすでに衰え、先には迦畢試国に属していたのが、当時は迦湿弥羅《カシュミール》国の属領となっていた。寺院も数多くあったが荒廃がはげしく、僧侶もわずかしか残っていなかった。

呾叉始羅《タクシャシラー》国から険しい山道をこえ、鉄橋を渡り、迦湿弥羅国についた。玄奘が西の国境の関防、石門につくと、国王の叔父が馬車をもって出迎えた。その夜は石門に近い護瑟迦羅《フシュカラ》寺院（今のウシュキル）に泊ったが、朝になると寺の僧たちがたくさん集まってきてもてなした。ここに数日間滞在して、王城へ向かった。一由旬《ヨージャナ》（約三〇シナ里、約九・六キロ）進むと、ダルマシャーラーがあった。これは「法舎」の意味で、国王が旅人をとめたり、貧しい人たちに施すために建てた公共施設である。王はここまで群臣と都の僧侶たちをつれて出迎えた。その夜は都の闍《ジャ》耶因陀羅《エーンドラ》寺院に泊った。そして翌日、王宮に招待された。

　この国は四周を高い山でかこまれ、中央の盆地に湖水をたたえた風光にめぐまれ、要害の地でもあった。王城には寺院が一〇〇カ寺あまりあり、僧侶は五〇〇〇人あまりもいた。アショーカ王が建てたという仏塔が四つもあり、いずれも仏舎利《ぶっしゃり》が納めてあった。カシュミールは古くからインド仏教史上重要な位置を占めてきた。カニシュカ王が世友《ヴァスミトラ》はじめ五〇〇人近い学者を集めて第四結集《けつじゅう》を行ない、仏教の経典を編集し、注釈をつくったのは、このカシュミールだという。結集というのは、仏陀の死後、その教えを成文化し、散逸を防ぎ、教権を確立するために教法を整理する編集会議のことをいう。中国の僧侶のなかでも、仏図澄《ぶっとちょう》、鳩摩羅什《くまらじゅう》や、賢劫《げんごう》経を訳した法護《ほうご》らは、ここで修学したという。玄奘も二年にわたって滞在し、僧称《サンガキールティ》法師についてもろもろの経論を学び、周辺の聖跡を礼拝してまわった。

　磔迦《タッカ》国についた。玄奘は濫波《ランパ》国よりこの磔迦国のあたりまではインドでも辺境なので、その風俗、衣服、言語など、いずれもインドとはやや異なり、ひなびて軽薄の風があるとしている。ここから奢羯羅《シャーカラ》城、那羅僧訶《ナラシンハ》城をたずね、さらに磔迦国の東境の一大城についた。この城中には数千戸の家があったが、ここでも仏教の信者は少なく、多くはヒンドゥ教を信じていたと玄奘は記している。中インドに近づくと、ヒンドゥ教はいっそうその力をましていた。

さらに東へ進んで、至那僕底国《チーナブクティ》についた。チーナブクティとは、「シナの封地《ほうち》」の意味で、むかし人質としてカニシュカ王のもとに来ていた「漢の王子」に、冬の居住地としてあてがわれていたところからこの名があるという。今のフィローズプルあたりである。玄奘はここで、高僧調伏光《ヴィニータプラバ》について一四カ月間アビダルマや仏教論理学を学んだ。

これより東北へ進んで闍爛達羅国《ジャーランダラ》にはいり、高僧月冑《チャンドラヴァルマン》について四カ月間小乗の教えをうけた。

中インドへはいる

いよいよ中インドの境にはいり、秣菟羅国《マトゥラー》に来た。都城は今のマトゥラーにあり、中インドの西北の端に位置し、古くから西方への交通の要地であり、バラモン教をはじめ、仏教やジャイナ教などの重要な聖地でもあった。ここにはアショーカ王が建てたという三つの仏塔をはじめ、過去四仏の遺跡、舎利弗《シャーリプトラ》や目犍連《マウドガリヤーヤナ》、優婆離《ウパーリ》、文殊師利《マンジュシュリー》など、玄奘がかねて経典で親しんできた仏の高弟たちの塔もあった。この地方はまた、ガンダーラとならんで仏教彫刻が盛んに制作された地でもあった。

秣菟羅国から東北の薩他泥湿伐羅国《スタネーシュヴァラ》をへて、さらに東に四〇〇余里、窣禄勤那国《シュルグナ》についた。都城には仏寺が五寺、僧侶が一〇〇〇人あまりもいて、その多くは小乗を学んでいた。玄奘も高僧ジャヤグプタについて学び、その冬と翌春のなかばまでを過した。ここでもヒンドゥ教の祠堂が一〇〇カ所にあり、異教がさかえていた。

ガンジス川を東へ渡り秣底補羅《マティプラ》国にはいった。国王はシュードラで、仏法を信じないでヒンドゥ教を奉じていた。玄奘はここで、徳光《グナパラ》論師の弟子である密多斯那《ミトラセーナ》という九〇歳の高僧について弁真論を学んだ。そこから北へ三〇〇里で婆羅吸摩補羅《ブラフマプラ》国。さらに東南へ四〇〇余里で堊醯掣呾羅《アヒチャトラ》国。これから南へ二〇〇余里、ガンジス川を渡ると毗羅刪拏《ヴィラシャーナ》国。ここの住民の多くは外道を信じ仏法を敬わない。アショーカ王が建てたという仏塔は半ばくずれていたが、それでも一〇〇尺あまりもあった。

清らなる曲女城

羯若鞠闍《カヌヤークブジャ》国についた。ここは、当時インドに最大の勢力をもち、分裂していたグプタ帝国の再統一と文化的秩序の回復をなしとげたハルシャ・ヴァルダーナ王、玄奘のいう戒日王が統治していた。この都城はガンジス川にのぞみ、玄奘が曲女城と訳したところである。

大昔、ある仙人が美しい姫一〇〇人をもつ王に、その姫のうちひとりを妻にほしいと申し入れた。王は当惑してことわったけれども、まだ幼い姫が、「では私がまいりましょう」

と言いだした。しかたなく王は幼女をつれて仙人のもとにいった。すると仙人は「なぜこんな幼いものを」と言い、王が「ほかにだれも承知しないので」と答えると、仙人は腹をたてて姫たちをのろい、腰のまがった姿にしてしまったという。これがカヌヤー・クブジャ（腰のまがった姿の娘たちの町）の名のあるいわれである。

玄奘がみた曲女城の城壁と濠は高く堅固で、市中には高楼や大きい建築がたちならび、美しい花園や清らかな池水が人々の目をなぐさめ、諸国の珍しい品々が街にあふれ、豊かな生活をたのしんでいた。仏寺は一〇〇余寺、僧侶も一万人をこえ、大乗と小乗をともに学んでいた。ヒンドゥの祠堂も二〇〇あまりあった。ハルシャ・ヴァルダーナ王は軍備を充実したが、文治にも力をつくし、学術宗教を保護し、とくに熱心な仏教徒として殺生を禁じ、肉食を断ち、聖跡に寺院を建て、都市や村落には法舎を設けて福利施設を充実させた。また五年に一度、国王が施主となり、国内の僧尼貴賤のすべての人々をへだてなく供養し布施する無遮大会《むしゃだいえ》には、ひろく一般に国の倉庫をひらいて、武器をのぞく他の資財をおしみなく施した。年に一度は諸国の僧を集めて供養したという。

王は熱心な仏教徒であったが、バラモンも尊敬し、ヒンドゥ教の盛大な祭も行なった。フン族によって滅ぼされたグプタ朝の統一帝国を再興し、文化的隆盛を再現したのである。玄奘はのちにこの王城に招かれ、大乗仏教を講ずることになる。

東南へガンジス川を渡って阿踰陀国《アヨーデイヤー》につく。仏寺一〇〇あまり、僧侶も数千人おり、大乗と小乗を学んでいた。ここは昔、無著《アサンガ》、世親《ヴァスバンドウ》が説法し著述したところで、玄奘はしたしくその跡をたずね礼拝した。さらにガンジス川を下ろうとし、途中で賊にあったが、仏の加護で賊をしりぞけることができた。

仏跡をたずねる

こうした旅路のはてに、玄奘はいよいよ仏陀が在世中にじっさい活動した中インドにはいり、仏の誕生・成道・教化・涅槃の聖地をたずねる旅をつづけたのであった。

阿耶穆佉《アーヤムカ》国から鉢羅耶伽《プラヤーガ》国をへて、悪獣野象のすむ大森林を無事に通りすぎて、憍賞弥《カウシャンビー》国にはいった。ここはその昔、仏の信者として知られたウダヤナ王が統治していたところである。城内の故宮には大精舎があり、梅檀《せんだん》でつくった仏像がまつってあった。これは、心から仏を思慕するウダヤナ王がつくらせたという像である。そして仏がこの像に、後世の教化を委嘱されたと伝えるものでもある。城内の東南隅には、ゴーシラ長者が仏陀のために建てた精舎や浴室の跡があり、仏陀の髪と爪を納めた仏塔があった。

ここには、唯識の巨匠としてしられた無著、世親の遺跡もあった。しかし、当時仏寺は一〇寺あまりあっても、みるかげもなく荒れはてていた。僧侶は三〇〇人もいたが、小乗

仏伝図　誕生（シクリ出土　ラホール博物館蔵）

ばかりを学んでいた。これにひきかえ、外道の寺院は五〇余もあり、つよい力をもっていた。

これより東北にすすみ、室羅伐悉底国《シュラーヴァスティー》にはいった。経典で舎衛《しゃえ》国として知られ、有名な祇園精舎《ぎおんしょうじゃ》のあったところである。この地のスダッタ長者が精舎を建て、寄進して仏陀とその弟子たちの住まいにあてたのがこの精舎で、都城の西南にある。玄奘が訪れたときにはすでに荒廃し、ただ東門の左右にアショーカ王が建てた七〇余尺の石柱があり、左の柱頭には法輪が、右の柱頭には牛の彫刻がのっていた。また城内には、仏陀の時代に活躍した勝軍《プラセーナジット》王の宮殿の跡や、王が仏陀のために建てた法堂、仏陀の乳母のための精舎の跡なども見た。そのほか、仏の聖跡も多かった。仏寺は数百あるが荒れはてている。僧侶は少なく、小乗の正量部を学ぶ者ばかりである。そして天祠は一〇〇もあり、外道はさかんであった。

舎衛城から東南にむかい、仏陀の生地劫比羅伐窣堵国《カピラヴァストゥ》に来た。玄奘がみたのは荒廃した王城の城壁であり、宮殿の跡であった。父の浄飯《じょうぼん》王の正殿というところにも、摩耶《まや》夫人の寝所というところにも精舎が建ち、それぞれ浄飯王、摩耶夫人の像がおいてあった。ほかにも、誕生した悉達多《シッダールタ》太子を仙人が占った所、太子がシャカ族の勇士たちと力を競った所、また城の四門を出て老人、病人、死者と出家をみた所などを教えられた。仏陀降誕の地、ルンビニーの森をたずね池のほとりに無《む》憂花《ゆうげ》樹をみた。仏陀の生母摩耶夫人がその樹の下で仏陀を産んだという。その花はあざやかな赤い色で人目をひいていた。近くには、アショーカ王の建てた大石柱が中途で折れ地上にたおれていた。なお、このカピラ城の遺跡を求めて、一九六七年から立正大学のネパール仏教遺跡調査団が発掘調査をはじめた。

涅槃の聖地へ

玄奘はルンビニーから密林と曠野《こうや》をぬけて藍摩《ラーマ》国についた。昔の都城は廃墟となり人家はまれだった。しかし、この国の先王が、仏陀の入滅後、舎利《しゃり》の一部をもち帰って建てた塔があった。さらに東方へ進むと、森のなかに高さ三〇尺余の仏塔があった。これは仏陀の入滅の際、舎利を手に入れることのできなかった僧侶たちが、やむなく火葬の地の灰炭をもち帰って納めたものである。

さらに東へ旅をつづけ、仏陀の入滅地、拘尸那掲羅《クシナガラ》国についた。故城には住む人も少なく、まったく荒廃していた。沙羅《サーラ》の林をたずねて、仏入滅の臥像を安置した甎造《せんぞう》の仏堂に

サールナートのダーメーク塔

まいり、またアショーカ王の建てた大塔と仏涅槃のことを記した石柱をみた。

つぎにガンジス川に沿うた婆羅痆斯《ヴァーラーナシー》国、今のヴァラナシをたずねた。仏寺が三〇余、僧侶は三〇〇〇人あまりいて小乗正量部を学んでいた。またヒンドゥ教の聖地として、その祠堂が一〇〇あまり、これを信ずるものは万人余もいた。仏陀が最初に説法したという鹿野《ろくや》苑《おん》（現在のサールナート）につくと、僧侶が一五〇〇人もいる立派な寺があり、アショーカ王が建てた大塔や石柱もあった。

サールナートから戦主《ユツダパティ》国をへて吠舎釐《ヴァイシャーリー》国についた。ここは仏陀が維摩《ゆいま》経を説かれた所であり、仏滅後一〇〇年、七〇〇〇人の僧侶が集まって第二回の結集《けつじゅう》を行なったところでもあった。かつて仏寺は数百もあったが、その多くは壊れ、わずかに三寺か五寺をのこすのみで僧侶はほとんどいない。ここでもヒンドゥ教の力がつよかった。都城の跡は荒廃しきっていた。

ガンジス川を南に渡って、摩掲陀《マガダ》国についた。この国は仏陀の時代に、有名な奉仏の王ビンビサーラやその子アジャータシャトルが統治した強大な国で、仏陀はその首都王舎《おうしゃ》城《じょう》を中心として説法し教化をすすめたのである。学者賢人を崇敬する気風のつよい地方で、仏寺が五〇余、僧も万人をこえ、その多くはめずらしく大乗を学んでいた。都城はのち、パータリプトラにうつされた。パータリプトラ（現在のパトナ）はわずかに城壁をのこすのみで荒廃していたが、アショーカ王の王宮跡の北には高さ数十尺の石柱があった。ここはもと牢獄のあったところで、恐ろしい酷刑がなされていたが、王が深く仏教に帰依してから刑をゆるめ、この獄を廃したのだという。ほかにも、仏在世中の聖跡が多かった。

菩提樹のもとで

玄奘がもっとも深く心をうたれたのは、尼連禅《ナイランジャナー》河のほとり、仏陀成道の地である菩提樹の下にある、いわゆる金剛座の前にぬかずいた時である。今の仏陀伽耶《ボードガヤー》である。なお、一九五九年、京都大学の長尾雅人教授を団長とするインド仏跡踏査隊は、その調査の一環としてこのボードガヤーで試掘調査を行なった。

菩提樹の高さは五〇尺ばかり、その下の金剛座をみる人はほとんどいなかった。仏法をすて外道にはしるものが多いためだという。金剛座の南北の隅には東向きにたつ二つの観自在菩薩像があった。この像が没すると仏法も滅びると伝えられているが、現に南の像は胸のところまで地に埋まっていた。玄奘は五体を地に投げてかなしみ、「仏陀が成道されたころ、私はいずこをさまよっていたのでしょう。今仏法がおとろえはじめたこの時期になって、はじめてこの聖所に来ることができるとは、なんと罪ふかい身であろう」と号泣した。

こうして仏法の求道をこころざし、西域をこえ長い旅をつづけて、中インドの仏陀の聖跡をたずねることができたのだが、そこで玄奘がみたのは、仏法の盛行する世界ではなかった。多くの寺院や遺跡は荒れはて、異教徒の寺院が多く、わずかに残る仏教寺院にも小乗教徒が多かった。大乗仏教を修学しようとした玄奘は、この地では仏法が衰え、像法の世がまさに終わり、末法の世にいたろうとする時にあることを認識しないわけにいかなかった。玄奘はきびしい危機の意識をもって、仏法の究明とインド哲理の修学のために、ナーランダー学問寺にはいった。

ナーランダー学問寺

仏の聖地を巡礼した玄奘は、一〇日目にナーランダー寺の僧たちの出迎えをうけた。寺では二〇〇余の僧、一〇〇〇余の信者が、幢《はた》や蓋《かさ》、華や香をもって出迎えてくれた。そのうえ寺衆の前で、「法師はこの寺に住むことになった。寺中の僧の共有財はすべて同様に使用できる」と、宣告された。外国の僧にも、なんの差別もみとめない待遇を約束された。四方のあらゆるものが同一の資格で僧伽《サンガ》に属し、その財を共有するという仏陀の四方僧伽の理想は生きていたのである。

ナーランダー学問寺（僧房）

ナーランダー寺院はボードガヤーの東北にあり、仏陀の高弟、目犍連《マウドガリヤーヤナ》、舎利弗《シャーリプトラ》はこの付近の出身だという。大僧院が創基されたのはグプタ朝五世紀ころといわれ、あたかも総合大学の機能をもつものであった。この僧院で玄奘は、寺衆から「正《しょう》法蔵《ほうぞう》」と尊称されている当時一〇六歳の高齢の学僧、戒賢《シーラバドラ》に師事することになった。最良の環境で最良の師について、念願の瑜伽師地《ゆがしじ》論を修学できることにきまり、玄奘はふたたび王舎城の聖跡を巡礼した。法華経や般若《はんにゃ》経の説法が行なわれた鷲の峰、仏陀の教団が住んだ竹林精舎、仏滅後、弟子たちが仏の説法を収集し確認する第一結集を行なった石室などである。ついで新王舎城もたずねた。

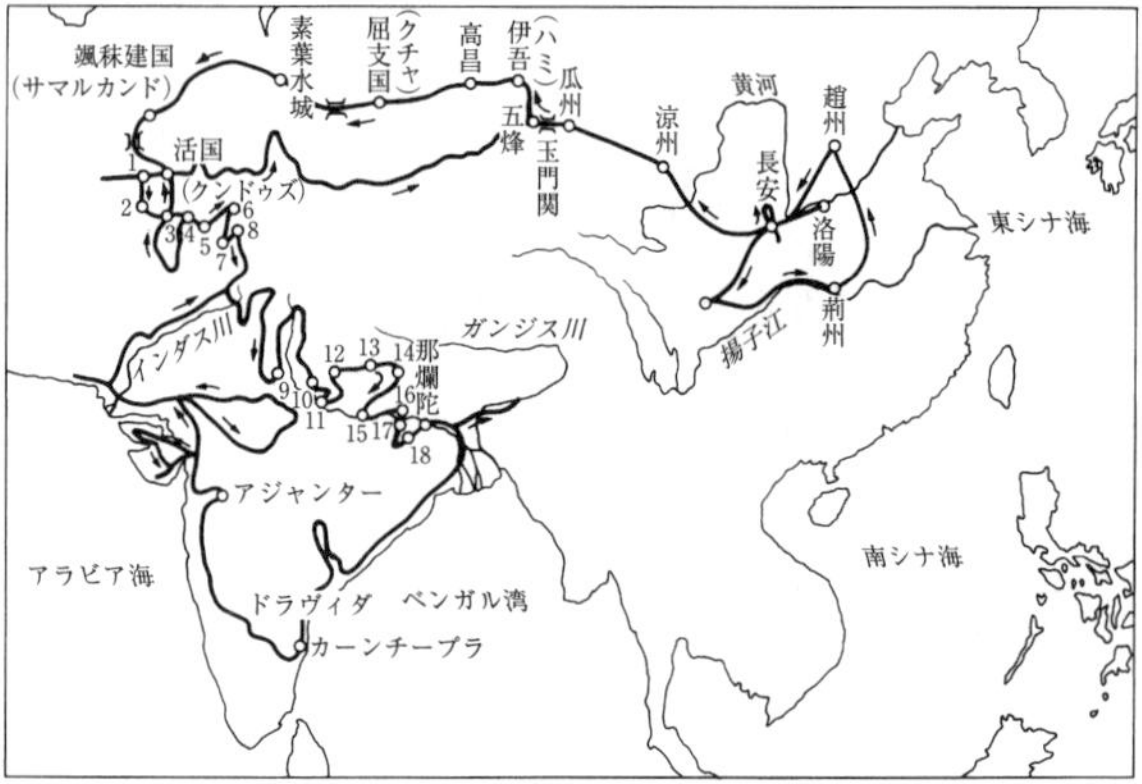

玄奘の行路図
（地図中の番号は次頁表の国名と対応）

聖跡を巡礼してナーランダー寺院に帰ると、玄奘は五年にわたる研究生活にはいった。一〇〇歳をこえてその学殖を伝えようとする戒賢老師と玄奘の間に、真剣な学修の日がつづいた。仏教の論理学やサンスクリット文法の研究も深めた。

修学のほぼ成った玄奘は、東・南・西インドへの見学旅行にでかけた。

インド全域に見聞をひろめた玄奘は、ナーランダー学問寺に帰ると、老師戒賢の命により、摂《しょう》大乗論など唯識教学を講義した。大乗はもとより諸学をきわめ、インド論理学をも学んだ彼は、大乗の徒から大乗天、小乗の徒から解脱《げだつ》天とよばれた。このころ、小乗正量部の智護《ちご》、竜樹《りゅうじゅ》系大乗教学の師子光を論破したりもした。

	国名	仏教				外道	
		概況	寺の数	僧の数	宗派	天祠の数	人数
1	縛喝国(バクトラ)		100余	3000余	小乗		
2	梵衍那国（バーミヤーン）		数十	数千	小乗説出世部		
3	迦畢試国（カピシー）	崇敬三宝	100余	6000余	多習学大乗法学	数十	1000余
4	那掲羅曷国（ナガラハーラ）	崇敬仏法	多(塔荒廃)	少		5	100余
5	健駄邏国（ガンダーラ）	少信正法	1000余(荒廃)			100余	雑居
6	烏仗那国（ウッディヤーナ）	崇重仏法 敬信大乗	1400(多・荒蕪)	昔 18000	大乗	10余	
7	呾叉始羅国（タクシャシラー）		多・荒蕪	寡少	大乗		
8	迦湿弥羅国（カシュミール）	邪正兼信	100余	5000余		頗多	
9	秣菟羅国（マトゥラー）		20	20000余	大小二乗	5	雑居
10	羯若鞠闍回（カノーシュ）	邪正相半	100余	10000余	大小二乗	200余	数千余
11	憍賞弥国（カウシャンビー）		10余	300余	小乗	50余	多
12	室羅伐悉底国（シュラーヴァスティー）		数百	寡少	正量部	100	多
13	劫比羅伐窣堵国（カピラヴァストゥ）			30	小乗正量部	2	雑居
14	拘尸那掲羅国（クシナガラ）						
15	婆羅痆斯国（ヴァーラーナシー）		30余	3000余	小乗正量部	100余	10000余
16	吠舎釐国（ヴァイシャーリー）	邪正雑信	数百	稀少		数十	雑居
17	波吒釐子城（パータリプトラ）	尊敬仏法	50余	10000余	大乗法教	数十	多
18	王舎城（ラージャグリハ）					バラモン 1000家のみ	

玄奘の旅程

帰国の途へ

インドにおける修学の目的をはたした玄奘は、いよいよ中国へ帰って大乗の教えを広めようとし、恩師戒賢老師の許可をえた。ところがそのころ東インドのクマーラ王の招きをうけた。またハルシャ王の懇請で王都曲女《カヌヤークブジャ》城にも招かれ、一八日間にわたる大法論を無事に終え、無遮《むしゃ》大施《だいせ》にも立ち会ったのち、玄奘はあらためて帰国を申し出た。王は滞留をすすめたが、玄奘の帰国の意志は固かった。そして再度トルキスタン乾燥地帯の難路をとって長安へと向かった。

六四五年正月、国法をおかして敦煌《とんこう》の関をこえてからじつに一七年ぶりに、玄奘は無事帰国した。唐朝の太宗は洛陽宮に玄奘を謁見し、かれの国法違反の旅をとがめず、生命をかけて中国仏教のために求道《ぐどう》した行為を賞揚した。玄奘は帝の保護をえて、仏典翻訳に専心した。

仏法求道のために天竺への旅に出たのは玄奘だけではない。五世紀の法顕、六世紀の宋雲、七世紀の義浄、八世紀の慧超《えちよう》や悟空《ごくう》らも、苦難の多い旅をつづけて天竺を訪ねている。そして玄奘の克明な旅行記『大唐西域記』をはじめ、これら求法僧の記録は、インドの地誌として数少ない文献史料となっている。

玄奘の帰国したころ、ハルシャ王の修好使節が六四一年に唐の長安を訪れ、唐朝からも翌々年に答礼使として王玄策らがハルシャ王廷をたずねている。ところが、六四七年にふたたび王玄策がたずねたときには、すでにハルシャ王は死んで嗣子がなく、国内は乱れて入国を拒否されたという。そこで王玄策はチベットにはいり、チベットとネパールの兵八〇〇〇をかりて中インドに攻めいり、ハルシャ王の後をうばった王位略奪者を捕虜にして長安へひきあげた。

埋もれた仏教文化の原郷

こうしてグプタ朝のあとをうけたハルシャ王によってほぼ統一されていた北インドは、ふたたび小国の分立する状態となった。これからのち、インドの諸王は人々とともにヒンドゥ教を信じ、バラモンを尊び、仏教は急速に衰えることになる。そして、社会的にも文化的にも、ヒンドゥ文化がいっそう広い範囲にひろがっていった。やがて、一一、一二世紀になると、西方からイスラーム教がしだいに強い力をインド全土にもつようになり、仏教はヒマラヤ地方をのぞいて、インドからその姿をまったく消してしまうことになる。インドの仏教文化は人々の記憶からはなれ、沈黙の世界に埋没し、わずかに仏教の経典や伝説のなかに生きつづけたのである。玄奘や他の求道僧たちのように、仏跡を実地にたずねることはむつかしくなってしまった。

じっさい、一三五六年にイスラーム教のフィローズ・シャー（一三五一～八八）がデリー地方のトプラーとミラートでそれぞれ一基の石柱を発見し、これをデリーに運んだとき、この石柱にきざまれた碑文についてバラモンの学者にたずねると、「王さま、わかりました。『この柱はフィローズ・シャー王以前にはだれも動かしえない』と書いてあります」と答えたという。だれひとりこの碑文を読解できるものはいなかったのである。この有名なアショーカ王柱の碑文は、これから五世紀あまりものちのプリンセプの解読をまたねばならなかった。埋もれた仏教文化を解明するためには、考古学的調査にまつほかなくなってしまったのである。

埋もれた過去を掘る

アジア協会の設立

閉ざされたインド古代の栄光と忘れられた仏教文化が解明されはじめたのは、一八世紀も終わりに近くなってからである。当時、インドでは、イスラーム支配のムガル帝国は衰えをみせ、一六〇〇年に東インド会社が成立し、一七七三年にはイギリス領インドとなり、しだいにその植民地を拡大していた。一七八四年、高等裁判所の判事であったW・ジョーンズ(一七四六～九四)が主唱して、カルカッタにベンガル・アジア協会を設立した。この協会は歴史、考古、美術、科学、文学など多方面にわたるアジアの研究を目的とし、この方面の研究を大きく刺激した。一七八八年には機関誌「ベンガル・アジア研究」が発刊され、一八一四年には協会の会員による収集品を収納するための博物館が設けられた。

このベンガル・アジア協会設立の背景には、初代ベンガル総督W・ヘイスティングスの意向がつよくはたらいていた。同総督は有名なイギリスの文人S・ジョンソンから東洋の伝統と歴史を精細に検討し、建築遺構や廃墟となった都市の遺跡を調査するように勧告をうけていた。また、総督自身インド統治のために、土着の宗教的、社会的慣習を理解する必要を痛感し、サンスクリットで書かれた古代の法典の翻訳と編集をさせていた。そのころ、サンスクリットを英訳できる人はなく、ペルシア語訳されたものを英訳していた。こうした事情が若い研究者たちを刺激した。

C・ウィルキンズ（一七五〇～一八三六）はサンスクリットでかかれたヒンドゥ教の聖典『バガヴァッド・ギーター』を英訳し、またインドの碑文学の先鞭《せんべん》をつけた。W・ジョーンズは四～五世紀ころのサンスクリットの戯曲『シャクンターラー』や古代インドの古典ヒンドゥ法典『マヌ法典《スムリティ》』を英訳し、サンスクリットとペルシア語、そしてギリシア語、ラテン語、ケルト語、ドイツ語とが親縁関係にあることを指摘し、同一語族に属するであろうことを想定した。この洞察はドイツの言語学者F・ボップにうけつがれ、印欧比較言語学の成立をみた。

W・ジョーンズ

イギリス人のインド古典研究はH・T・コールブルックによって、哲学、宗教や文法、天文学、数学などの領域にまでひろげられ、また、のちにアフガニスタンの踏査でしられるH・H・ウィルソンもサンスクリットの碑文の研究に貢献した。

初期のインド研究は主として文献的研究であり、カニンガムのいう「書斎考古学」といった傾向がつよかった。しかし、野外調査がまったく行なわれなかったわけではない。碑文の研究にも野外調査は欠くことができなかった。しかし、ベンガル・アジア協会で野外調査の占める位置はけっして大きくはなかったのである。

一八〇〇年、インド政庁はF・ブキャナンに南インドのデカン高原の南部マイソール地方の農業文化の調査を委任した。南インドのさまざまな種族の生活について興味深い調査がなされたという。一八〇七年にはベンガル地方の統計調査の委任をうけ、ひきつづいてビハール、シャーハーバード、バーガルプル、ゴーラクプル、ディナジュプル、プラニヤ、ラングプル、アッサムなどの七地方を七年間にわたって調査した。ブキャナンは歴史や文化財の調査をとくに依頼されたわけではなかったが、もちまえの勤勉さでもって、これらの地方の地誌、歴史、文化財について克明な調査と記録をのこした。じっさい、彼のビハール州のガヤーの仏教遺跡をはじめ多数の建築遺構や遺跡の実測調査と記録は、貴重な史料として、その後の調査に大きく貢献した。

その後、このブキャナンの調査は突然に中断されてしまい、この調査は東インドを中心にし、他の地方に及ぶことは少なかった。インド政庁はブキャナンの後継者を求めはしなかったし、調査を継続しようともしなかったのである。

ヴァンダリズムの横行

インド総督府は、建築遺構や遺跡の組織的調査に冷淡であり、その必要をみとめようとはしなかった。文化財の調査と保存はつねに併行してすすめられるべきものであるから、当然に歴史的記念物の保存についても無責任であり、無自覚であることはまぬがれなかった。

たしかに、一九世紀のはじめにはタージ・マハルを保存するための委員会が設けられ、またシカンドラ、ファテプル・シクリやランバフの保存工事が命令され、アマースト総督のもとでR・スミスによってクトゥブ・ミナールの精細な修理工事が行なわれた。しかし、そこには歴史的記念物を保存するための明確な方策も計画もなかったのである。保存事業に支出する年間経費も微々たるものにしかすぎなかった。

こうした状況のもとで、文化財にたいするヴァンダリズムが横行したのである。当時、駐屯軍がその兵舎を拡大するために建築遺構をとりこわしたり、一般に家屋を建てるために廃墟となった記念建造物の断片を運びさることはごく普通に行なわれていた。そして責任ある高官の間でさえ、それは例外ではなかったのである。たとえば、シャー・ジャハン

ヤクシー像
（アマラーヴァティー出土
アマラーヴァティー考古博物館蔵）

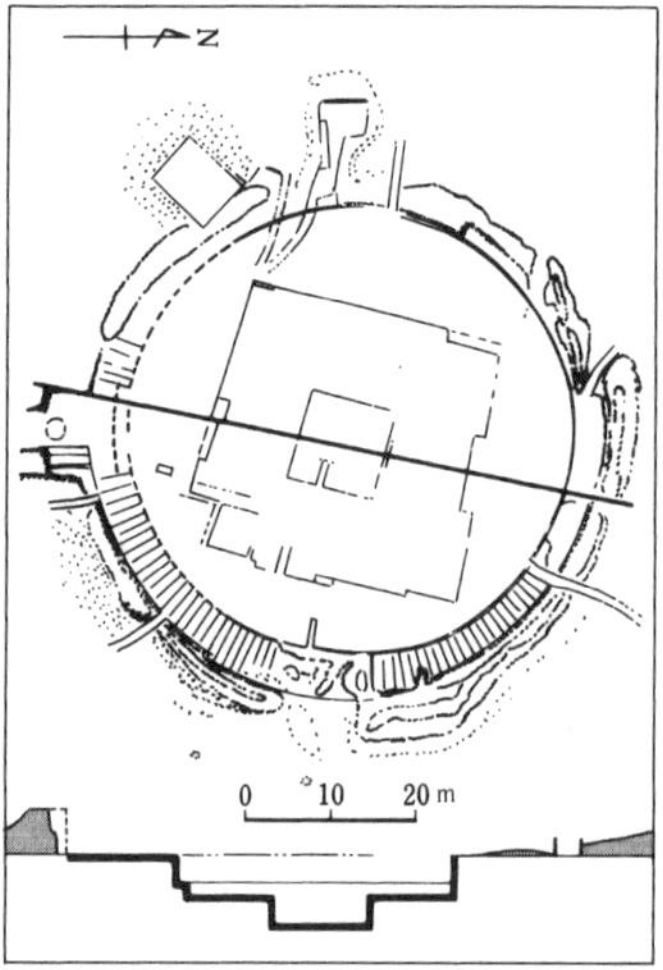

アマラーヴァティー塔の平面図
（マッケンジー測量）

の宮殿の大理石の浴場がとりはらわれ、ジョージ三世への贈り物にされようとし、のち初代インド総督ベンティンクのもとで競売にされたこともあった。そのほか、大理石をとるためにタージ・マハルの一部をこわすとか、シカンドラ庭園を耕作のためにこわしたりすることもあったという。

C・マッケンジー（一七五三〜一八二一）は南インドを中心に、はじめは地方測量部に、のち一八一五年以降はインド中央測量部に三八年間も滞留して各地の遺跡の調査と遺物の収集につとめた。そして、じつに二六三〇の実測図と七八の平面図をとり、さらに六二一八の古銭、一〇六点の彫像、八〇七六の銘文を収集した。前頁の右図はマッケンジーの測量したアマラーヴァティー仏塔の平面図である。カニンガムは、「マッケンジーは発掘をし、図面を作製したが、建築遺構を保存しようとも碑文を解読しようともせず、考古学的資料の収集家であっても考古学者ではなかった」と批判している。だが、マッケンジー自身の乏しい資金で費用をまかないながら調査をすすめ、考古学の発達に寄与したところは大きかったといえよう。

しかも、このマッケンジーでさえ、アマラーヴァティーの仏塔の遺構から彫刻の部分をひきはずし、英本国へ運送してしまうことになんの疑いもいだかなかったのである。すでに一八世紀末、この地の小藩王が都市建設のために、この塔から石材をとり出したので中心部が開掘されて池となっていた。また、貴重な欄楯《らんじゅん》(仏塔のまわりの玉垣)や石板もこわされていたのだが、ここにまったくこの遺跡は破壊されてしまうことになった。いま、アマラーヴァティーでは、わずかに仏塔の痕跡しかみることができない。大英博物館、マドラス、カルカッタ博物館に分散した遺物を見るしかないことをインドの考古学者は嘆くのである。文化財保存にたいする認識と自覚の欠如は、まことに空おそろしい結果をもたらすものである。

すでに、一八一〇年ベンガル州条令一九、一八一七年マドラス州条令七などで、公有の記念物にかんする制限と保存が規定されていたが、この制限は私有の記念物には及ばなかった。また、中央や地方の官庁による記念物撤去の命令にたいしても無効であったといわれる。文化財破壊の暴挙を克服し、文化財保存の認識をたかめるためには、文化財の組織的調査と保存対策が確立される必要があった。それは、まずJ・プリンセプとA・カニンガムをまたなければならなかった。

プリンセプの貢献

J・プリンセプ（一七九九〜一八四〇）は、一八三二年から四〇年まで、カルカッタ造幣局の分析試験官をつとめたが、そのかたわらベンガル・アジア協会の幹事としても活躍したのである。プリンセプは根っからの科学者としてすぐれた才能をもちあわせ、その緻《ち》密《みっ》さ、明確な展望と組織的構想力をインド古代史の研究にも発揮した。プリンセプは古代の碑銘の解読と考古学的調査の組織化によって仏教文化の解明に大きい役割をはたした。

プリンセプの碑銘解読の研究は一八三四年から三七年までに限られ、この短い期間にカローシュティー文字とブラーフミー文字の解明という偉業をなしとげたのである。カローシュティー文字の研究は、C・マッソンがアフガニスタンを踏査し、とくにジェラーラーバードやベグラームの仏塔から収集した古銭の研究を手がかりとした。これらの古銭には王の肖像とともに表面にはギリシア文字が、裏面にはカローシュティー文字がきざまれていたのである。そこで、マッソンはカローシュティー文字でかかれた数個の王の名前をギリシア文字に対応させていた。このマッソンの研究を発展させて、プリンセプは古代の西北インドを中心に使われていた右から左へ書いていく左行文字であるカローシュティー文字の体系を明らかにしようとした。

ブラーフミー文字の研究は、一八一二七年六月、サーンチーの仏塔の欄楯《らんじゅん》にきざまれた短い碑銘の写しを手にしたことから始まる。プリンセプはこれらの碑銘がすべて同じ二つの文字で終わることに気づき、これがインド・アーリヤ語の寄進（dānam）という意味を表わしているのではないかと推定した。この鋭い直観を基礎にして研究をつづけ、ブラーフミー文字の全体系を明らかにすることに成功した。この成果をふまえてデリーのアショーカ王柱の碑文を解読しようとした。その結果、この柱が疑いもなくアショーカ王柱であることが明らかになった。これらの碑文の解読と研究を通して、たとえばアショーカ王の祖父で、マウリヤ王朝の創始者であるチャンドラグプタがアレクサンドロス大王の年代記にみるサンドラコットスに比定でき、アレクサンドロス大王と同時代であること、またバクトリア・ギリシアやインド・スキタイの王の名称などもかなり明らかになった。

こうして、プリンセプは二〇〇〇年以上も忘れられていた記録をよみがえらせることに成功し、インド古代史に確実な年代基準をあたえ、インドの古代文化の解明に大きく貢献したのである。

プリンセプはまた野外における調査活動を促進し、組織化することにも努めた。プリンセプ自身、一八二五年ころには野外調査として、ガンジス川左岸のヒンドゥ教徒の聖地として知られ、仏陀のころにはマガダ国の西北の交通・商工業の中心でもあったヴァラナシの市街地や建築物の正確な平面図を測量し、記録にのこしている。そして当時ようやく新しい時代をむかえようとしていた野外における考古学的調査の紹介と発表の機会をつくることに尽力した。

先にもみたC・マッソンのジェラーラーバード、カーブルの踏査、ヴェントゥラー将軍やコートによるマーニキャーラ仏塔の発掘とパンジャーブ地方の調査や、カニンガム将軍によるサールナート仏塔の発掘などの成果を公表する場として、プリンセプが幹事役をひきうけていたベンガル・アジア協会の機関誌を提供することに努めたのである。プリンセプは単なる文献学者にとどまることなく、野外における実測調査の経験をもち、文献研究と野外調査の結合と協力をはかろうとした。マッソンの踏査や古銭研究とプリンセプのカローシュティー文字の研究はその好例である。当時プリンセプ自身もそうであったように、専門の考古学者がいたわけではなかった。そこで考古学的調査に関心をもつ野外調査家や旅行する好古家たちの収集する資料の紹介にも意を用いた。その結果、彼のもとにインドの各地から多くの貨幣や碑文などの資料が集まってきた。そこで、これらの遺物の保存にも関心をもち、一八三七年七月には政府に国立博物館の設立を要請している。この要請にこたえて、ベンガル・アジア協会の博物館を整備し改造して、発見された重要な遺物の保存に万全を期することが約束された。

こうしてプリンセプは、研究、調査の組織化、保存の対策に懸命の努力をつづけた。しかしプリンセプの本職はあくまでも造幣局における分析試験官のしごとであった。「私の時間のほとんどは計量の作業につかわれている。まったく時間の空費だ」となげきつつ、研究をつづけていたのである。ついに過労の結果病気にかかり、一八三八年一〇月にはインド古代研究へのはげしい意欲をもやしながら、インドをはなれなければならなくなった。希望を失い、約一年にわたる療養生活を英本国でつづけたが、一八四〇年四月、四〇歳の短い生涯をとじた。その研究生活は、けっしてながくはなかったが、プリンセプはインド古代の研究と調査に不滅の足跡をのこしたのであった。

キットーの野外調査

プリンセプと同じ時代に活躍し、プリンセプに協力してインドの考古学に貢献したM・キットーとC・マッソンの活躍を通して、当時の野外調査活動の状況をみてみよう。

M・キットーはもともと建築家として活躍し、『図説インド建築』（一八三八）という著書もある。彼はまた古代にたいする強い情熱をもち、一八三六年にプリンセプに会い、その熱心なすすめで古代研究のための野外調査をはじめたのである。そして、カンダギリの磨崖碑文を精査、ダウリのアショーカ王の磨崖詔勅を発見し、石窟や彫刻の実測調査を行なった。プリンセプは彼を注目すべき好古の旅行家と評している。キットーは作図家《ドラフトマン》として丹精をこめた正確な図面を作製し、調査者として熱意をもち根気づよく調査をつづけ多くの寺院、彫刻、碑文などを探訪したのである。のち一時軍隊に復帰したり、カルカッタ—ボンベイ間の幹線道路建設の工事にたずさわったりしたが、一八四六年にふたたび考古学的研究にもどることができた。そこで、ビハール州を踏査したいというプリンセプの遺志を実行して一八四六年から四七年にかけてビハール州とシャーハーバード州の大部分を踏査し、古代に関する貴重な知識をもたらした。

やがて、西北州の副知事であり考古学にもつよい関心をもっていたE・トーマスの斡旋《あっせん》で、月給二五〇ルピーで考古学調査官として政府に採用された。その後ヴァラナシにサンスクリット学院を設立する計画を依頼され、その計画が採用されて建設工事がはじまると、ヴァラナシに住んで工事を監督することになった。この事業に多くの時間をとられることになったが、ただカニンガムを中心にすすめられたヴァラナシの郊外にあるサールナートの大規模な発掘調査には参加し、大きな僧院の発掘を担当し、ここでも多数の彫刻を実測した。学院の建築工事は非常にきびしく、「なんとか、はやく学院のしごとからはなれて図面と報告の整理にかかりたいものだ」とうったえていたという。

一八五三年のはじめには、はげしい校務に健康をまったく害し、英本国に帰国しなければならなくなった。しかし、この船旅は彼の病をいっそう悪化させた。英本国につくとまもなく、キットーもプリンセプと同じくインド古代研究のため過労にたおれ、同じ四〇歳でその生涯をとじたのである。

マッソンの調査

C・マッソンは、クッチ駐在官ポッティンガー大佐を介して、マッソンの収集品を東インド会社に譲渡するかわりに、一八三四〜三七年の期間の調査に必要な費用を負担してもらうという条件でボンベイ政庁と契約を結び、ひきつづきペシャワールとカーブルを中心に精力的な活動をつづけることになった。

ビーマラーン出土の舎利容器
（大英博物館蔵）

この期間にマッソンが収集したコレクションは英本国に送られ、東インド会社の博物館に保管されたという。これらの収集品については、そのつどマッソン自身の記述とJ・プリンセプの図示と所見をつけてベンガル・アジア協会誌に発表され、やがてプリンセプによる研究にまで発展したのである。しかし、ここには収集にいたる踏査と調査の過程がほとんどふれられていないために、インド古代史の研究者たちの間に、マッソンによる調査の総括的な記述を要望する声がしだいにつよくなってきた。そこで、サンスクリット学者でもあり、ベンガル・アジア協会の幹事をつとめたこともあるH・H・ウィルソンが『古代アーリヤン』という書物を編著して、マッソンに踏査と調査の過程を発表させた。

これによると、一八三三年すでにカーブルに長い間滞在し、カーブルの北方ベグラームを中心に精力的な古銭の収集をつづけていたマッソンは、トランシルヴァニア生まれの薬学者ヘーニッヒベルゲルとカーブルでおちあった。ヘーニッヒベルゲルは中近東を旅行し、カラチからラホールにはいり、ここでシークの藩王の医師としてつかえたが、古銭・古物にも深い関心をもっていた。

ちょうどそのころ、C・ヴェントゥラーらによるマーニキャーラ塔の調査がすすめられており、これを見聞したことが彼のこの方面への関心を大きく刺激したらしい。かれはヨーロッパへの帰路、アフガニスタンを通り、カーブルでマッソンに出会い、アフガニスタンに数カ月滞在することになった。マッソンとヘーニッヒベルゲルの二人はときには協力し、ときに単独でカーブルとジェラーラーバード近郊の多数の塔址を調査し、古銭や古物を収集した。かれらは玄奘が訪ねたカピシー国とナガラハーラ国の跡を調査したのである。

マッソンは塔址の調査について克明な記録をのこした。まず、塔址を塔（トープ）と古墳（チューミュラス）とに分け、ランクづけをした。そして、それぞれの中央の舎利室をめがけて孔をあけていったのである。現在、大英博物館に保管されている有名なビーマラーン舎利容器が発見されたのは、マッソンのいうビーマラーン第二塔からである。その発見の模様をマッソンの記述でみてみよう。

「ビーマラーン第二塔、これは第二級の塔で、周囲は三七・八メートルである。（略）胴部の装飾は柱型の上に連続したアーチがならび、上下をそれぞれ繰型《くりがた》のついた胴飾ではさまれている。

ヘーニッヒベルゲルはこの塔を北からひらいたが、途中で中止してカーブルへ帰ってしまった。私はこの作業をひきついで中心部をめざして掘った。塔の中心部に四角のスレートでつくられた小さい室をみつけた。ここからたくさんのりっぱな遺物を発見したのである。これらは蓋のついた球形の壺の中にあったが、蓋にも壺にも表面に細い針か何か鋭い尖った道具でひきかいたような文字の列がきざまれていた。それはカローシュティー文字であった。蓋をはずすと壺の中には少量の細かな土があり、その土の中に真珠、サファイア、水晶の玉がまじっていた。そして中央に純金の舎利容器があった。この舎利容器には蓋がなく、容器の外側には八つの像があり、それぞれ整形なアーチとこれをささえる柱型で分たれていた。アーチとアーチの間には翼をひろげた鷲がえがかれていた。これらをはさんでアフガニスタン東北部のバダクシャーンに産するルビーが上下にそれぞれ一二個はめられていた。容器の内側にはかたくなった粘土が塗ってあった。容器と滑石の壺の中には、印章と思われる小さい金属板があり、坐像が彫られていた。ほかに三〇個の小さい金の円形装飾品、種々の珊瑚《さんご》の玉、たくさんの真珠、一八個のサファイアの玉、瑪瑙《めのう》、水晶などがあった。滑石の壺の外側には四個の銅貨があったが、非常に保存がよかった。これはもっとも貴重な発見で、この記念物の時代を明らかに示すものであった。表面にはギリシア文字の銘があり、磨滅していたが、『バシレオス　バシレオン』（諸王の王）とよめた。裏面にはカローシュティー文字で、さいわいはっきりとアゼス一世の名が記されていた。この塔には内部に円天井の室はなく、舎利容器などは基壇の上の円筒との境目で発見された」

このようにして、現在カーブルやジェラーラーバード近郊にのこる仏塔は、ほとんどかれらによって孔があけられている。のちにW・シンプソンが指摘したように、仏教遺跡にたいする理解がすくなかったために、遺跡を破壊したことも大きかったが、その調査の克明な記録をのこした点で、その後の調査に大きな貢献をすることにはなった。

仏塔の荒廃

もちろん、カーブルやジェラーラーバード近郊の仏塔址の崩壊した現状をマッソンやヘーニッヒベルゲルらのみのせいにするわけにはいかない。いまも、ダルンタの峡谷からナガラハーラの平原にはいってまもなく人々の眼をひきつける整斉なナンダーラ塔にまつわる話をマッソンは次のようにつたえている。

昔、デリーでずるがしこいインド人が一人のアフガン人にどこから来たのかとたずねた。

「ダルンタから」と答えると、その男は「ナンダーラ塔を知っているかね」とかさねてたずねるので、「もちろん、知っていますよ」と答えた。すると、そのインド人は「もし、朝日がたちのぼったときに最初にかがやく石をナンダーラ塔の東面からとりだしてくるならば、五〇〇ルピーをあげよう」ともちかけてきた。

アフガン人はデリーから帰ってきたが、ナンダーラ塔をみるにつけ、インドの男との約束を思いだしていた。そして、ふたたびデリーにでかけるとき、深く考えもしないで、日の出の前にナンダーラ塔へでかけ、朝日にかがやいた石をみつけてとり出した。

これをデリーへ運んで、インドの男にさしだすと、さっそく約束の金額をアフガン人に支払った。そしてアフガン人の目の前で、ハンマーでもって石をわってみせた。すると、おどろくアフガン人の前にたくさんの宝石があらわれた。それはたしかに支払われた金額よりもはるかに高価なものであった。インドのずるがしこい男は「このばかめ、お前がこんなにも単純でなかったならば、地上で最高の金持になれたろうに」とさけんだ。

このはなしは当時ジェラーラーバード一帯でなんの学的関心もなく、ただ財宝を目あてに仏塔を乱掘し、盗掘することが横行していたことを物語っているようである。こうした乱掘による破壊は、風雨や地震などの自然力による破壊や偶像破壊の習慣をもつ異教徒による破壊とあいまって、仏教遺跡の荒廃を促進したものといえよう。

それにしても、マッソンらは古銭・古物にのみつよい関心をもち、塔身の舎利室をめがけて孔をあけ、結果的には遺跡の破壊をもたらすことになった。かれらは塔址をはじめ仏教遺跡についてはつよい関心を示そうとはしなかったし、まして保存の対策などには考えもおよばなかった。じっさい、この時代には、野外の考古学的調査の正しい機能はまだ十分に理解されていなかったようだ。遺構や遺跡の調査も単にその実測図を作製し、美術品や古銭・碑文などを発見し、博物館をかざるための手段としか考えられなかった。遺構や遺跡の調査によって文明の実体を明らかにする確証を見出し、沈黙の世界からその文明史的意義をものがたらせるという考古学の本来の機能を確立するためには、なお多くの試行が繰り返され、多くの研究が重ねられなければならなかった。

カニンガムとインド考古調査局

プリンセプの死後、積極的な調査活動をつづけたのはJ・ファーガソンとM・テイラーである。ファーガソンは後にふれるように、インドの各地を旅行して建築遺構の調査とその体系化につとめた。M・テイラーは南インドのデカン高原のショーラプル地方にある巨石でつくられた墓に関心をもち、この墓地を発掘し、その構造と構成について正確な記録をのこした。この調査によって、インドの考古学ではじめて発掘のもつ真の意義が理解さ

Ａ・カニンガム

れ、層位の構成が図示されたといわれる。テイラーはこのストーン・サークルを、アーリヤ民族侵入以前の先住民族ツラン族によって構築され、北インドなどにはないこの地方特有のものと考えた。ところがカニンガムはこれをみて、デリーやミルザルの山地にも同様のものがみられることを指摘し、これは仏塔の周囲に円形にとりめぐらされた欄楯《らんじゅん》の祖型であり、サーンチーの大塔などの欄楯の列はこれが発展したものと推定している。なお、テイラーのこの方面の研究と発掘調査の技術を継承する人はでなかったという。いっぽう、一八四四年にはイギリスの王室アジア協会からインド総督府にたいして、有能な専門家を採用してアジャンターなど石窟の保存と壁画の模写の事業をすすめるように提案された。ハーディング総督も適格な調査員を任命して、遺構や遺跡に関する正確な情報をえたいと考えるようになった。また、一八四七年にはデリーにインドで最初の民間の研究団体として考古学協会がうまれた。この協会は短期間しか活動しなかったが、様式の研究によって編年を試みるなどインドの考古学研究に大きく寄与した。

こうした動きを背景にして、Ａ・カニンガムがあらわれ、インドの考古学的調査の組織化に力をつくすことになる。彼によってようやくインドには、はじめて考古学調査の組織が設けられ、インド考古学は新しい時代を迎えることになった。そしてカニンガムが考古学調査官に任命された。

カニンガムは一八六一年から六五年まで北インドの各地を旅行し、建築遺構や遺跡の踏査をつづけ多数の実測図を作製した。この調査にはプリンセプの時代から蓄積されてきた考え方や技術が使われているが、同時に地誌についても十分に検討されている点が注目される。それというのも、ちょうどこのころ中国の求道僧法顕や玄奘のインド旅行記が英訳され出版されており、これによって地誌の検討が大きく問題にされることになったのである。カニンガムは「プリニーの記録によってアレクサンドロス大王の足跡をたどるように、玄奘の七世紀のインド旅行記によって仏教の歴史と伝承の地を訪ねてみたいと思った」と『インドの古代地理』のなかで述べている。ところで一八六五年になると、理由ははっきりしないが、ローレンスの総督府は、いったん中止することになり、カニンガムはイギリスへ帰国した。こうして考古学調査の中央組織は失われたが、H・H・コールらは、地方考古学調査官として活躍した。やがて、一八七〇年になると、イギリス政府のインド省大臣アルガイル卿が、文化遺産の調査と保存はやはり中央組織によってすすめられるべきことを明言した。この提案をうけてメイヨー総督はインド考古調査局を復活することを決定し、その初代長官にカニンガムを任命した。考古調査局の再建にあたり、二名のちには三名の補佐官が選ばれ、その運営に参加した。カニンガムと補佐官たちはインドの北部から東部の全域にわたって調査したが、なかでもアレクサンドロス大王に関係のあるアオルノスの岩、タキシラの町、サンガラの城塞や、仏陀の生涯と関係のあるシュラーヴァスティー、カウシャンビーなどの都市、中インドのバールフトの仏塔、エランやウダヤギリのグプタ王朝の遺跡などが調査のおもだったもので、その成果は『インド考古学調査』全二三巻などによって報告された。

カニンガムらの調査はインドの北部と東部に限られていたので、一八七三年には西インド考古調査局が、一八八三年には南インド考古調査局が設けられ、J・バージェスが担当することになった。また、一八七三年には総督府は地方政庁に記念物の保存修理を指示したが、これにたいし一八七八年に、リットン総督は記念物の保存は行政面でも財政面でももっとも権威のある中央の総督府の責任であるとし、一八八一年にはH・H・コールが記念物保存監督官にえらばれ十分な成果をあげたが、わずか二年でこの制度は廃止され、保存事業はふたたび地方政庁にゆだねられた。また、インドの古代史の研究には遺跡調査と併行して碑文の研究が必須であり、カニンガム自身、碑文の収集と解読につよい関心をもち、権威ある専門家によって碑文を王朝別に整理編集する必要を痛感していた。総督府への彼の要請で、一八八三年J・F・フリートが政府の碑銘専門官に任命された。

インド考古調査局はその後もいくたの紆余曲折をへるわけだが、インドの埋もれた古代文化を解明するための全国的組織はカニンガムによって基礎づけられたといえよう。カニンガムは先にもみたように、ハラッパー遺跡をはじめ先史遺跡については十分な理解も関心も示さなかったし、発掘調査については層位的考察に欠け、調査の対象も建築、彫刻、古銭、碑銘などに限られ、建築についても記念的構築物だけをとりあつかい、一般の住居などは無視していたと批判されもする。

しかし、カニンガムがとくに仏教時代の遺跡について数多くの調査による成果をあげ、また広く調査の端緒をきりひらき、その後の仏教遺跡の調査にはたした役割は大きい。カニンガムらによってきりひらかれ発展してきた仏教遺跡の調査によって、仏教文化の発展のあとをたどってみることにしよう。

2 仏教の時代に——僧伽と仏塔と都市

仏陀を求める人々と仏教教団

アーリヤ人とバラモン文化

インダス文明の都市は、他の古代文明の都市に比べて、宮殿や王墓のような巨大な記念的建築もなく、その栄光をたたえる芸術的作品にも乏しかった。しかし、発掘調査によって明らかにされた都市遺跡には住区計画や道路、下水道などの都市的施設をそなえ、各都市の間には共通した都市の構成がみられ、人類史上はじめての計画的都市として注目される。

ところが、前一五〇〇年ころ、インダス文明の都市はほろんでしまう。西北から侵入してきたアーリヤ人に圧倒されたとする説がつよい。じじつ、初期のヴェーダ文献には都市破壊者《プランダラー》ともよばれる軍神インドラが「悪魔の城塞を破壊し」、火神アグニが「町を焼きはらった」とあり、城塞をもつインダスの都市の破壊をつたえているようだ。

この征服者アーリヤ人はもと遊牧民であり、インダス侵入のころから定着しはじめ、農耕生活にはいろうとしていたといわれる。リグ・ヴェーダには都市の破壊については語られているが、都市の再建や建設についての記述はなく、煉瓦もあらわれない。インダス文明の窯焼《かまやき》煉瓦を主とした建築や都市建設の技術は忘れられたようだ。当時アーリヤ人は村落をつくり、木造の家に住んでいた。かれらは適当な土地をみつけて定住するとき、まずそのしるしとして各家長が火神アグニをまつり聖火を燃やす炉を設け、これを中心に家を構えたという。

都市は発達しなかったが、丘の上に石や土、木、ときには鉄で柵を築き外敵の来襲にそなえ、洪水の際の避難の場とした。この柵のことをプルとよんだが、のちには濠や柵でかこまれた町が発達してくると、これをプラとよぶようになった。

村落生活を主にしてパンジャーブ地方に定住していたアーリヤ人は、その勢力を拡大して前一〇世紀ころから東へ移動し、ヤムナー川とガンジス川の中間、クル・パンチャーラ地方に農耕文化を展開させた。この地方は肥沃《ひよく》な土壌と高温多雨の気候にめぐまれ、農耕生活に好適で、アーリヤ人はここに多数の村落を建設し、司祭者《ブラーフマナ》を中心に孤立した閉鎖的な経済生活をいとなみ、バラモン文化を完成した。それは司祭者による祭祀《さいし》祈禱を重視する神秘的傾向をつよくもち、煩瑣《はんさ》な祭式哲学を展開させた。

また社会的にはカースト制度が形成された。この制度は征服された先住民が奴隷として労役や家庭の雑務に従事し、一般の自由民から厳重に差別され、アーリヤ人のなかでも司祭者と武士はとくに優越し、その職業が世襲され、かれらの間に身分的差別がしだいに深くなって形成されたといわれる。ブラーフマナ（司祭者）、クシャトリヤ（王族）、ヴァイシャ（庶民）、シュードラ（奴隷）の四姓からなり、ほかに四姓外にチャンダーラとよばれる不可触的賤民をうみだした。

都市形成の動き

こうして、インド的特徴をそなえた農村社会をつくり、司祭者を中心に農耕生活をいとなんでいたアーリヤ人は、ガンジス川沿いに東方へ進出した。そして、その勢力をガンジス川の中流から下流までひろげてくる前六世紀ころになると、社会的にも文化的にも大きな変化がおこった。それは都市形成の動きであり、新しい宗教の成立であった。

ガンジス川を東へ移住し定着したアーリヤ人は積極的な開墾を行ない、森林をきりひらき、灌漑用水の施設をつくり、農業の生産をたかめ、物資が豊富になるとしだいに商工業が発達した。そして、各地にジャナパダとよばれる一定の境域をもつ集落が発達し、その中心区は城壁でかこまれ、その中に議場や役場が設けられていた。クシャトリヤの青年は、兵役を終えて二一歳になると、政治的権利と義務をえて会議に参加したという。会議は定例の会議のほかに緊急の事態に際しても召集され、戦いのときにはここから太鼓をならして住民によびかけたといわれる。インドの歴史家V・S・アグラワラは、このジャナパダ

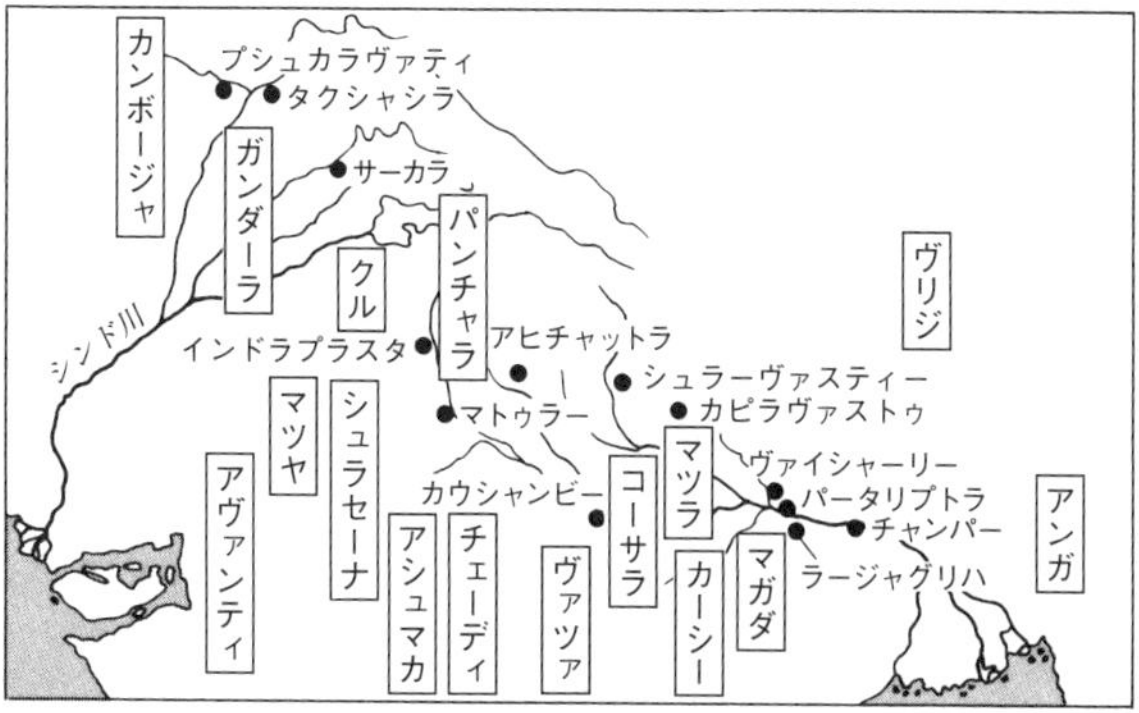

前5世紀のころの一六大国と都市

とギリシアの都市国家とを対比し、その類似性を強調している。

これらのジャナパダのいくつかは、やがて都市《ナガラ》へと発展していく基核となった。じっさい、初期の仏典をみると仏陀があらわれる前六世紀ころには、一六大国とよばれる大国があげられ、なかでもコーサラ、マガダ、アヴァンティ、ヴァツァの四国が有力であったという。これらの大国《マハージャナパダ》の中心には都市《ナガラ》が発達したのである。

仏教の誕生

そして、この期のアーリヤ人の東方への移動はインダス文明圏への侵入とは異なり、武力のみにたよらず先住民族との間に混血が行なわれた。このことは現代のインドの民族分布状態の調査からも明らかで、純粋のアーリヤ人が居住しているのは西北インドやカシュミールであり、ガンジス川流域の住民はアーリヨ・ドラヴィダ族、すなわちアーリヤ人とドラヴィダ人との混血からなっている。植民地にあたらしい民族が形成されてくると、アーリヤ人固有の習俗や宗教にあきたらなくなり、バラモン文化を重視しなくなってくる。また、先にみた商工業の発達と都市形成の動きは、経済力をもった商工業者の台頭と王権の伸張をうながし、バラモンを中心とするカースト制を動揺させることにもなった。

こうして伝統的な儀礼や習慣はしだいに崩れ、在来の閉鎖的なバラモン文化にあきたらず、自由な立場から思索し修行し、独自な宗教的解決をはかろうとする人もあらわれてきた。仏教の立場から異端として六師外道とよばれる思想家たちもその代表で、それぞれ独自な思想を展開し、新しい倫理の追求をはじめた。時代は新しい超人種的な世界性をもつ宗教の出現を要請していたのである。仏教はこうした環境で生まれた。

仏陀はラージャグリハ（王舎城）、ヴァーラーナシー（婆羅痆斯）、ヴァイシャーリー（吠舎釐）、シュラーヴァスティー（舎衛城）、サーケータ（沙計多）、カウシャンビー（憍賞弥）などの都市の周辺で、その宗教的活動を展開した。その一つ、ラージャグリハの都城についてみてみよう。

仏陀と王舎城《ラージャグリハ》

王舎城は一六大国の雄、マガダ国の首都で、いまはラージギルとよばれ、パトナの東南九六キロのところにある。周囲を山でかこまれた地域で、いまは住む人は少ない。

この都は新旧の二城にわかれ、旧王舎城は山城《ギリヴラジャ》ともよばれ、四周を山でとり囲まれた要害の地であったが、ビンビサーラ王あるいはその子アジャータシャトル王のときに放棄され、その北郊に新城が築かれたという。これが新王舎城である。このビンビサーラ王は富国強兵の策をとり、マガダ国が強大になる基をひらいた。仏陀と同時代で頻婆沙羅王と漢訳仏典には記され、仏教を保護したが、その子アジャータシャトルに幽閉されて死んだ。のち、このアジャータシャトルも仏教に帰依し、仏教を保護したという。旧王舎城は内壁と外壁の二重の城塞でかこまれていた。内壁でかこまれた部分が旧城の中心で、その中央に「ラージャグリハの神殿《パルテオン》」ともよばれる位置にマニヤール・マト遺跡がある。この遺跡を一八九一〜九二年にカニンガムは仏塔と推定して調査したが確証はえられず、のち一九〇五〜〇六年の調査によって、この地方の土着信仰である蛇《ナーガ》崇拝の祠《ほこら》とされている。ほかにビンビサーラ王が息子アジャータシャトルによって幽閉されたという牢獄の跡などもある。

外壁は旧城をめぐる山の尾根に四〇キロにもわたる城壁の跡をいまも残している。この

王舎城の城壁（外壁）

城壁は厚さが五・三メートルもある粗雑な石積みで、間隔をおいて長さ一四～一八メートル、厚さ一〇～一二メートルの四角の稜堡《バスティオン》が設けられている。この城壁はなんら建築的意匠を示すものではないが、インドにおける最初の石造構築物として注目される。

　内壁と尾根の上の外壁との間には、内城の東門の東に第三の塁壁があり、ここから北へ坂道をのぼると鷲の峰《グリドラクータ》にたっする。この坂道はビンビサーラ王にちなんでビンビサーラ道ともいわれた。仏陀にはデーヴァダッタという従弟があり、仏陀の出家前から競争者《ライバル》で、仏陀が覚《さと》りをひらいてから弟子となった。しかし、のちに仏陀にそむき、五〇〇人の弟子をひきいてガヤーに住み、アジャータシャトルをそそのかして父王を殺し王位につけ、仏陀をおそおうとしたという。また、このビンビサーラ道で従弟デーヴァダッタが岩を投げおとして、仏陀をなきものにしようとしたといわれる。鷲の峰には仏陀がながく滞留されたという石窟があり、その前には石積みの建物の跡

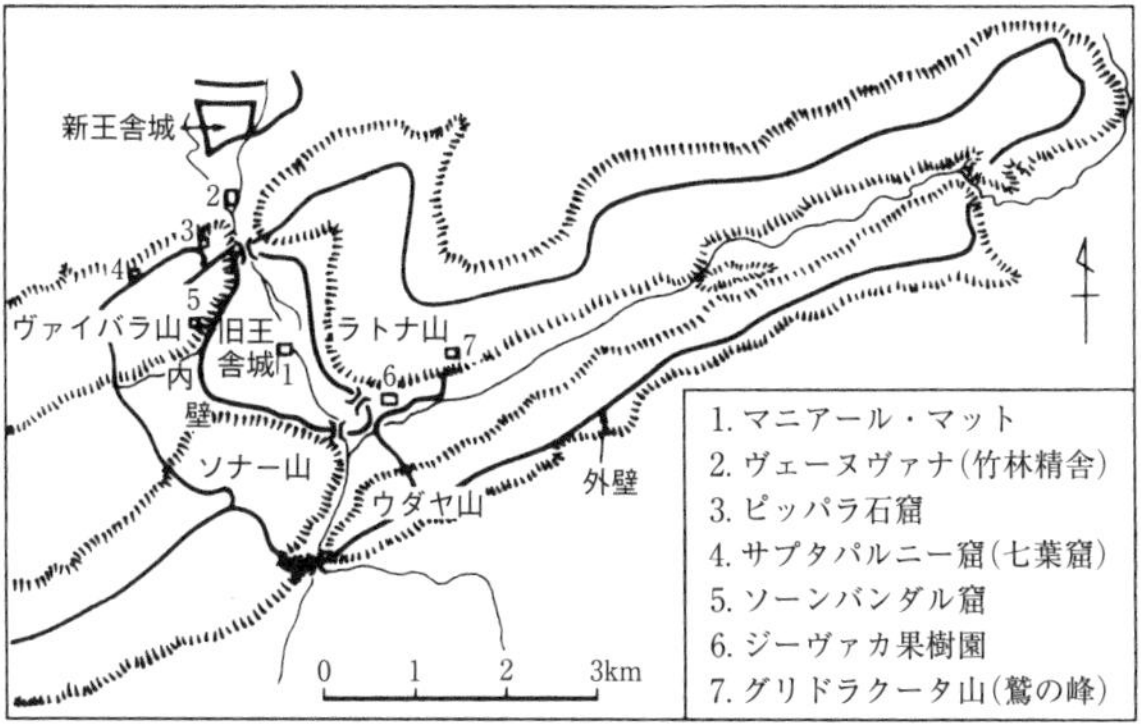

王舎城と新王舎城

もある。このあたりは仏陀にまつわる遺跡が多く、仏教徒の聖地となった。

内壁の北門と東門の外には、山すそにそれぞれ竹林精舎、ジーヴァカ果樹園などの初期の仏教教団の僧院の跡がある。外壁の西部にあたるヴァイバラ山には、石窟や石室が多く、ピッパラ石窟やサプタパルニー石窟にあてられる。外壁の北隅に接したピッパラ石室はもと見張塔であったのが、のちに僧侶の瞑想の場となり、仏陀の死後、その教えを成文化するための第一結《けっ》集《じゅう》を招集したマハーカーシャパの住所ともなったという。このピッパラ石室の西、岩山の断崖にある石窟はサプタパルニー石窟にあてられ、石窟の前に長さ三六メートル、幅が東で一〇メートル、西で三・六メートルの台地がある。ここで仏陀の死後、半年をへて第一結集が行なわれたという。

南東の山すそにひらかれたソーンバンダル石窟もかつてはピッパラ、サプタパルニー石窟にあてられ、仏陀とその弟子阿難《アーナンダ》の住所にもあてられたりした。しかし、この石窟で発見された碑文によって、仏教とならんでこの地で活躍したジャイナ教の僧侶が三、四世紀ころにひらいたことが明らかになった。仏教とほぼ同時代にマハーヴィーラによってひらかれ、霊魂と非霊魂によって宇宙が成るという世界観をもち、戒律とさまざまな苦行による解脱を説くジャイナ教もこの地で活躍していたのである。また仏陀が成道をとげたガヤーは、ラージャグリハの南にあり古くからマガダの植民地であった。

新王舎城

新王舎城は旧城の北門を出た北方の平原にある。要害堅固な山にとり囲まれた旧王舎城から、北方の郊外の平地に遷都したのである。新城をとりまく城壁は南の部分がよくのこり、南の城門の跡もみられる。城壁の内部は小石と土でかためられ、外部を大きい石で積み上げたもので、厚さは四・五〜五・四メートル、所によっては三・三メートルの高さにたっし、ところどころに半円形の稜堡が設けられていた。

一九〇五〜〇六年、インド考古調査局は、城内の一部を発掘し、三層からなる住居址を明らかにした。下層は深さ二・四メートルで、中層は壁の厚さが二七〜三七センチ、基部が玉石でその上に高さ六〇センチまで平石を積み重ね、さらに煉瓦を積む形式をとっている。上層の床は煉瓦敷きでその上に低い壁がたち、排水溝もみられ、その住居の一つには土器の輪を重ねた倉庫や、くさび型の煉瓦でつくられた井戸もあった。出土遺物には下層から前二〜前一世紀のブラーフミー文字をもつ二つの粘土板をはじめ、方形刻印のついた銅貨、表面に象、裏面に垣根のめぐらされた樹木の描かれた六枚の銅貨、イスラーム期の銅貨、さらにグプタ期の文字をもつ粘土の印章、仏教彫刻の断片や仏教の経文や象徴をえがいたテラコッタ（粘土を焼いた素焼）片もみられ、この都市が仏教期からイスラーム期までつづいたことを示している。この新王舎城もやがて首都の地位を失うことになる。首都はガンジス川に面して水陸交通の要衝であるパータリプトラへと移った。

新王舎城の一部は発掘されたが、当時の都市の構成はまだ明らかにするまでにはいたってはいない。仏陀の弟子たちの詩句を集成したものとしてしられている『テーラ・ガーター（長老の詩）』をみると、都市の中心的施設であった宮殿についての記述がある。たとえばマガダ国の東にあったアンガ国の都バッディヤの大金持の一人息子であったバッダジ長老は「かの王をパナーダと呼び、その宮殿は黄金でつくられ、横に一六の部屋があり、高さは（横の）一〇〇〇倍あるという。一〇〇〇の階段があり、一〇〇の門があり、黄金でつくられ、いろいろな旗で飾られている。そこには、六〇〇〇を七倍するガンダッバ神が踊っていた」とつたえ、カーリゴーダの子であるバッディヤ長老も、「かつてわたしは、高く円い城壁がめぐらされ、堅固な見張塔のついた部屋で、剣を手にした人々に護られ、しかもおののいて住んでいた」とつたえている。都市は宮殿を中心にいちじるしく発展していたようだ。

王舎城の東南、ガヤーで成道をとげた仏陀はマガダ国の首都、山に囲まれた王舎城に行った。「すぐれた相好にみちた（目ざめた）人は托鉢《たくはつ》のためにそこへ赴いた」と、仏教の聖典のなかでももっとも古く、歴史的人物としての仏陀のことばに近い詩句を集成したという『スッタ・ニパータ』に記されている。その後、仏陀は諸国を遊歴し一カ所に永住しなかったが、しばしば王舎城をたずね、人々を教化したといわれる。仏陀は死を前にして、侍者の阿難《アーナンダ》に、王舎城ですごした場所を感懐をこめて思い起こしながら語っている。

「王舎城は楽しい。鷲の峰という山は楽しい。ゴータマ・ニグローダ樹は楽しい。盗賊の崖は楽しい。ヴェーバーラ山の側面にある七葉窟は楽しい。仙人山の側にある黒色窟は楽しい。寒林にある蛇頭巌は楽しい。タポーダ園は楽しい。カーランダカ竹林は楽しい。ジーヴァカ果樹園は楽しい。マッダ窪地にある鹿の園は楽しい」（大般涅槃経）。つぎに仏陀がとりわけ追憶にふけったと思われるカーランダカ竹林やジーヴァカ果樹園などの精舎がつくられた過程についてみてみよう。

仏陀と四方僧伽《サンガ》

カピラヴァストゥの王子の地位をすてて出家した仏陀は、絶望と孤独のうちに真の自己を追求しようとした。そして禅定《ぜんじょう》の生活をつづけることによって、やがてガヤーの菩提樹のもとで悟りの境地にはいったといわれる。したがって、仏陀はいっさいの世俗的な人間関係を否定し、現実社会にある階級的・身分的区別を無意義であるとした。仏陀のもとには都市の富裕な商人や手工業者、農民、寡婦や遊女、そして盗賊にいたるまでカースト制の桎梏《しっこく》から離脱することを希《ねが》う人々が集まり、仏教に帰依した。こうして原始仏教では仏陀の人格を慕って諸方から集まって来た人々が集団を形成していた。そこには出家して修行する僧侶も、在俗の信者も、ともに仏陀の教えをきく人として平等であり、この点では僧俗の区別はなかったといわれる。

ところが教団が発展して、教団の権威が確立してくると、出家修行者は在家《ざいけ》信者にたいして優位にたつようになった。じっさい、僧侶と信者はその生活様式からまったく異なり、「この在家の生活はせま苦しく、わずらわしくて、塵のつもる場所である。ところが出家はひろびろとした野外であり、わずらいがない」(スッタ・ニパータ)とあるように、僧侶たちは俗事にわずらわされることなく仏教の修行に専心したのである。出家した男性の修行者は比丘《ビクシュ》、女性は比丘尼《ビクシュニー》とよばれ、森の中に集まって教法をきき、遊行《ゆぎょう》して修行をつづけた。この集団を僧伽《サンガ》とよび、のちには修行者たちの共同生活所をサンガーラーマとよぶようになった。

出家修行者を「眉をひそめて見下すことをやめ、合掌してかれを礼拝せよ。飲食をもってかれを供養せよ。このような施しは成就して果報をもたらす」（スッタ・ニパータ）と、仏陀は在俗の信者にさとした。ここでは通念における乞食の考えはなく、出家者に食物を施すことは在家者の義務とされている。古代インドにあった出家者優先の原則がつらぬかれている。在俗の信者は出家修行者にたいして施しをして物質的援助をなし、彼らから教えをきいて修養に努めたのである。

仏陀は出生の地域や身分にとらわれず、あらゆる四方のものがすべて同じ資格で僧伽に属し、老幼をとわず、したがって強力な統率者によって規制されることもないという「四方僧伽」を理想とした。四方僧伽は世俗の権力をはなれて、まず出家者だけの完全な理想社会をうみ出し、その精神的教化をもって一般社会を改革しようとするものであった。四方僧伽は仏陀がめざした理想社会を実現するための原点となるものであった。

安居《あんご》と僧院

古代インドでは入門式を終えた再生族（ブラーフマナ、クシャトリヤ、ヴァイシャ）が、その人生を、学生期、家住期、林棲《りんせい》期、遊行期の四期に分けた。その後半の林棲期を森林のなかであらゆる感官を制して生活し、遊行期を世間の執着をすてて遊行の生活をつづけるのを理想とすると、インド古代の代表的法典『マヌ法典《スムリティ》』は規定している。

初期仏教の出家修行者たちも当時、宗教的瞑想にふけるのにもっともふさわしいと考えられていた「森の生活」を重んじ、独住して修行し、遊行して教化の生活をつづけた。それは森、林、叢樹の下、洞窟や雨露をしのぐ程度の簡単な住居としての庵、茅屋《ぼうおく》、房舎などであった。ところで、インドでは夏に雨期が三〜四カ月つづき、その間に樹木が成長し、動物は巣にこもって活動の精力をたくわえた。それで、草木を踏みつけたり、動物に危害を加えないために、当時どの教団でもこの期間は外出しないで一定の住居にとどまる習慣があった。ところが仏教の教団では、はじめ僧侶たちが時期をかまわず布教活動をつづけ、外部から非難をうけた。そこで雨安居《うあんご》の制が定められることになった。雨期には、僧侶たちが一定の場所に定住して仏陀や先輩から説法をきき、指導をうけて修行し、また次の布教活動にそなえて衣をつくろうなどしたのである。

「行け、汝ら修行僧よ。ヴァイシャーリーのあたりで、友人を頼り、知人を頼り、親友を頼って雨期の定住（雨安居）に入れ。わたしもまた、ここの竹林村で雨安居にはいろう」（大般涅槃経）とあるように、仏陀はじめ教団の僧侶たちは雨安居の生活にはいることになった。雨安居がはじまると、在俗の信者たちは僧侶たちが集まっている所にきて、衣食を提供し、説法をきくようになった。

この雨安居の制は、出家遊行者の集団であった仏教の教団を、一定の場所に定着させる傾向をうみだした。僧侶たちは会合し、法論をかわし、安居などの宗教行事を行ない、瞑想修禅の生活を送る場として、僧侶自身が都市からほど遠からぬところに、僧侶の秩序を保つため一定の地域を限って結界《けつかい》を設け、仮設の小屋住まい（アーヴァーサ）を築いた。また富裕な信者たちは僧侶のために、その所有する園林を安居の場に提供し、寄進するようになった。

精舎《ヴィハーラ》の出現

毎年、同じ僧侶たちが定期的に同じ場所に集まってくると、仮設的な住房はしだいに常設的な建物となり、雨期があけてもそこにとどまるものもでてきた。こうして、しだいに森林や山窟での修行、孤独な禅定の生活から、平地の都市近郊での出家者たちの集団生活へと移行し、僧侶は遊行の隠遁者から定住の修道者となり、多人数の僧侶を収容する精《ヴィ》舎《ハーラ》の出現をみた。教団の人々が集団生活をなす「サンガの園」（サンガーラーマ）に、財力のある信者が精舎を寄進することをはじめたのである。

「精舎によって、寒暑、悪獣、蛇、蚊、冷雨を防ぎ、激しい風熱のくるのを防ぐ。禅定に入り観想をなすための住居と安楽を与えんがために、サンガに精舎を施すことは最上なりと仏は讃嘆したもう」（律蔵、坐臥具犍度）ということになったのである。

こうして、都市の近郊に王や富豪によって精舎が寄進されることになった。まず、マガダ国のビンビサーラ王は王舎城の入口に近く竹林精舎を寄進した。ビンビサーラ王は「この竹林園は村から遠からず、近すぎず、往来に便利であって、すべて希望する人々が往きやすく、昼は喧騒少なく、夜は音声少なく、人跡絶え、人に煩わされることなく、瞑想に適している。われは竹林園を、仏陀を長とする修行僧のつどいに寄進しよう」（律蔵）とかんがえたのである。先にみた旧王舎城の内壁の北門の外にある池の近くが、この竹林精舎の跡だという。

コーサラ国の首都、舎衛城《シュラーヴァスティー》の郊外にある祇

祇園布施（バールフトの欄楯より）

園精舎もよく知られている。舎衛城の裕福な商人スダッタが寄進したもので、彼は慈悲深い人で、「孤独な人々に食を給する人」ともいわれ「給孤独長者」と漢訳されている。伝説によれば、かれが商用で王舎城へでかけたとき、仏陀と出家の僧侶たちのすがたをみて心をうたれ帰依することになった。仏陀を舎衛城へ招待し、仏教教団に「ジェータの園林」を寄進しようとした。この園林はジェータ太子が所有していたので、スダッタ長者が譲りうけたいと頼んだところ、「地面に黄金をしきつめたら譲ってもよい」といわれ、スダッタはさっそく黄金を車で運び、買いとって寄進した。太子もこれをみて感激し、ともに精舎を建てて寄進したという。精舎の施設として、ジェータ太子はまず門屋を建て、長者は居間、物置、集会所、火堂、台所、便所、経行堂、井戸小屋、温室、池、亭屋などを建てたといわれる。この祇園精舎の跡は今のサヘートであることが、一九〇七年のJ・フォーゲルの発掘調査によって確認された。

カウシャンビーのゴーシタ衆園《アーラーマ》もゴーシタらの富豪によって寄進されたものである。一九五五年アラハーバード大学のG・R・シャルマらの調査で発見された碑文によって仏陀生存時からの遺跡であることが確認され、前六世紀から後六世紀にかけて一六層にわたって構築されていることも明らかになったが、残念なことに早期の五層はまったく攪乱《かくらん》されてしまっていた。

ジーヴァカ果樹園

早期の精舎の様相をよくつたえるものにジーヴァカ果樹園の跡がある。ジーヴァカは王舎城の売春婦サーラヴァティーの捨て子であったが、アバヤ王子に拾われ、のち当時学問技芸の中心であったタクシャシラーで医学を学んだ。やがて王舎城に帰り、外科医としてすぐれた腕前をふるい、大いに産をなした。仏陀の人格にふれ、深く帰依し、時には仏陀を治療し、また仏陀にしたがう僧侶たちを無料で診療していたという。そして王舎城の東門の外にある果樹園を寄進したのである。

ジーヴァカ果樹園の発掘調査は一九五三年から五五年にかけて、D・R・パティルらによってすすめられ、遺跡の大部分が明らかになった。その平面構成をみてみよう。

両端が半円形になった幅六メートルに長さ三五メートルの細長い広間をもつ建物が東西に平行してならび、二五メートルに三五メートルの中庭に面して、それぞれ二つの戸口をひらいている。この二つの建物を中にして四三メートル平方の周壁がとりめぐらされ、その北の部分は幅一〇メートルで煉瓦敷きの床になっており、北東の隅には五メートルに一四メートルの矩形の小屋があり、東の部分にも四メートルに一六・五メートルの矩形の小室がつき、南には四メートルに七・五メートル、四メートルに二〇メートルの二つの矩形室が向きあっている。そして周壁の南東には幅一〇メートルに長さ二八メートルで両端が半円形になった広間があり、東面して二つの戸口が開かれている。これらはすべて自然石を粗に積み上げたもので、この上には木造の建物が建てられたのであろう。出土遺物は赤色土器、鉄釘、テラコッタの球や動物土偶などで、A・ゴーシュのラージギル地方の編年では、前NBP期で、前五世紀以前の遺跡ということになる。ところで、このNBPというのは北方黒色磨研土器の略号で、ハラッパー文化の彩陶以後、赭色《しゃしょく》土器、彩文灰色土器とともに編年の基準となる土器である。前五世紀から前二世紀の中ごろにかけて、鉄器や貨幣と伴出する。

この両端に半円形をもつ平面はのちのチャイティヤ堂を思わせるが、この広間をもつ建物は当時の比丘たちが雑居して会合した場であろうか。二つの広間にかこまれた中庭は、雨あがりの日には集会所にもつかわれたろう。矩形の小室は仏陀や高僧の独房、小室などにあてられたのだろう。確証する資料はなく、推測するしかないが、後代の精舎の構成とはまったくその様相は異なり、もっとも早期の精舎の構成を示すものとして貴重である。

ところで、これらの精舎がすべて都市の近郊に建立され、「都市から遠からず、近きにすぎず、往来に便にして、すべて教えを求むる人々の往きやすく」(律蔵)という位置を占めていたことはきわめて意義深い。先にもみたように、古代インドにおける広範な都市化を背景にして、仏教がうまれてきたことはうたがいない。しかし、仏陀はけっして都市生活をそのまま肯定もしなければ、また全面的に否定しようともしなかった。都市には仏陀に帰依する人が多かったし、仏陀にとって救済すべき多くの人が都市にいたわけである。精舎を都市の近郊に設け、僧侶と在俗の信者との結びつきをはかろうとした。いうなれば、精舎は世俗世界と宗教的精神世界の接点に位置していたことにもなる。

やがて、精舎によった教団は、すべての組織がそうであるように、自律的な展開をとげるようになる。修道院の性格をもった精舎には全員が集合できる集会所《マンダパ》が重要な施設となり、そこで宗教的行事や学問的会合が行なわれた。教団が発展してくると部派、分派の形成も顕著になる。また、増大した教団のなかには、教団の利益をとくに追求する僧侶もあらわれ、信者から生命をつなぐだけの喜捨をうけて満足していた仏陀在世当時の修行者の面影もうすれてきた。

こうして四方僧伽《サンガ》の理想はしだいにうすれたが、しかし消えることはなかった。四方僧伽は仏教教団の組織的原理としてたえず問いかえされてきた。仏教教団は四方僧伽の理想と現前僧伽の現実との交渉のなかで発展してきたものともいえる。

仏陀の死と八分起塔

仏陀は四五年にもわたる教化活動をつづけ、その身の上にふかく老衰のかげがさし、死の時がせまってきたことを知った。仏陀は侍者の阿難《アーナンダ》にこうかたった。「アーナンダよ、わたしはすでに八〇歳になって齢をかさね老衰し、人生の旅も終わろうとしている。アーナンダよ、たとえば古い車は革紐《かわひも》のたすけによってやっと動くことができるが、思うにわたしの身体も革紐のたすけによってやっと動いているようなものだ」（大般涅槃経）。しかし、末期にのぞんでもなお心をはげまして教法の活動をやめず、最後の説法の旅を、王舎城からヴァイシャーリー、そしてクシナガラへとつづけた。死の時がせまったことを知った阿難《アーナンダ》はその屍体をどう扱うべきかをたずねた。

「アーナンダよ、舎利供養にわずらわされるな。お前たち僧侶は真理のために努力しなさい。葬儀のことは篤信の在家の信者にまかせておけばよい」（大般涅槃経）と答えた。なおも重ねてたずねると、古代インドの理想の帝王である転輪聖王《てんりんじょうおう》の場合と同じく火葬して、四方に通じる大道の辻に仏塔《ストゥーパ》をたてるのだと答え、仏陀のほかに辟支仏《びゃくしぶつ》（仏陀と同じく悟りをひらくが、仏陀とは異なり他の人のために法を説かない人）、仏弟子、転輪聖王はいずれも仏塔《ストゥーパ》をたてて供養するにふさわしいと説かれた。

仏陀の死をきいて、七カ国から「舎利をもらいうけて塔をたてたい」という申し入れがあり、仏舎利はマガダ国、ヴァイシャーリー、カピラヴァストゥ、アッラカッパ、ラーマ村、ヴェータディーパ、パーヴァと入滅の地であるクシナガラの八つに等分されることになった。これが八分起塔といわれるわけである。ほかにこの配分をしたドーナ・バラモンが遺骨の壺を、配分がすんだあとで来たピッパラーヤナは灰をあたえられ、それぞれ瓶塔《へいとう》と灰塔を建立したという。あわせて一〇カ所に仏塔が供養されることになった。

ピプラーワー塔から出土した舎利容器

ところで、この八分起塔の一つが発見されたと注目されたことがあった。一八九八年、W・C・ペッペが発掘したピプラーワー塔がそれである。

ピプラーワーは仏陀の生誕の地カピラヴァストゥの東南一八キロメートルの地にあり、このあたりには小高い丘がいくつか点在していた。この地方は当時すでに六〇年前からヨーロッパ人が森林を開拓し、土地を改良して豊沃な農地としていた。ペッペはこの農地を管理するすぐれた技術者であり、また有能な調査者《サーベーヤー》でもあった。一八九七年、ペッペはひときわ大きく径が三四・八メートル、高さ六・五メートルもある大きく目立って突きでた丘に、頂上を横ぎる幅三メートル、深さ二・四メートルの試掘のトレンチを掘った。この丘は、三七×二五×七・五センチメートル、あるいは四〇×二六×七・五センチメートルの煉瓦で築かれた仏塔であることがわかった。

同年一〇月にはインド古代史の研究者として有名なV・A・スミスがこの発掘現場を訪

れ、古い仏塔《ストゥーパ》の跡であることを確認し、いくつかの仏塔の調査にたちあった経験から、もし舎利容器のようなものが発見されるならば仏塔の中心線上で、塔のまわりの繞道《にょうどう》のレベルでみつかるだろうと予想した。

あくる一八九八年一月はじめ、ペッペは塔の頂上から下方へ三メートル掘りさげたところ、凍石のこわれた小さい壺を発見した。壺の中には粘土がつめられ、その中に珠玉、水晶、黄金の装飾品などがふくまれていた。

この頂上から三メートルのあたりから、煉瓦でかこまれた径三〇センチメートルの円形のパイプが下へのび、それを六〇センチメートル下ると径一〇センチメートルになった。周囲の煉瓦には型でつくられた整形なものと粗な不整形なものとがあった。この煉瓦造りの中を五・四メートル掘ったところ、大きい石板にたっした。この石板は一三〇×八〇・六×六五・六センチメートルの砂岩でできた箱の蓋で、正しく磁石の南から北へむけておかれ、粘土のつまったパイプの中心から東へ七八センチメートルずれていた。この石板の蓋をはずすと、箱の中に滑石製舎利壺二、ロータ型滑石製舎利壺一、滑石製小舎利壺一、水晶製舎利壺一の五個の舎利容器がふくまれていた。砂岩の箱は舎利室であったのである。この仏塔には、先の頂上から三メートルの凍石製の舎利壺とあわせて六個の舎利容器がおかれていたことになる。

ほかに砂岩の石室には木製の器もいくつかあったらしいが、いずれもこわれて粉々になっていた。なお、この石室はネパールの北陵では得られない良質の砂岩を、大へんな労力と費用をかけて石塊からほりだしたもので、一枚石《モノリス》でできていた。蓋をふくめて石箱の重量は六九六キログラムもあった。煉瓦造りはこの石箱の下方六〇センチメートルもつづき、煉瓦造りの底部から塔跡の頂部まで六・五メートルもあった。

舎利容器には骨片をふくんでいたが、それはほんの数日前にとりあげたものであるかのようにみえた。壺の中には黄金の装飾品、卍《まんじ》字を刻した印章、背後に三つまたのやり、前に卍字をもつライオンの像を刻した数個の金箔《きんぱく》、象を刻した金箔、小さい人形、真珠など多数の宝石がみられた。そして容器の蓋の一つには刻文がみとめられた。

以上がペッペによって王立アジア協会の機関誌に報告された調査の概要である。ペッペは仏塔の中央部を発掘し舎利室を発見したのであるが、V・A・スミスはさらに仏塔のまわりを発掘し、繞道の構成も明らかにすることを期待しているが、これ以上の発掘はされなかったよう

仏教銘文のある舎利容器
（ピプラーワー出土　インド博物館蔵）

だ。仏塔の中心部の発掘調査について、ペッペは調査の記録と測量した平面図と断面図をのこしたが、不幸にも郵送中に破損し掲載できなくなったという。

最古の仏教銘文

ところで問題の刻文は先にみた六個の舎利容器のうちの一つ、高さ一五・二センチメートル、径一〇・二センチメートルの舎利壺の蓋にきざまれていた。刻文の文字はこの地に近いルンビニーのアショーカ王柱（後述二三六・二三七頁参照）に刻まれた碑文の文字と同じであるが、ただ長母音の記号がなく、マガダ語のようにrの代りにlを用いており、アショーカ王以前の文字であろうとする説もある。したがって、現存する仏教銘文の最古のものということになる。

この碑文をH・リューダースは「シャカ族の世尊仏陀のこの舎利容器は、スキティの兄弟たちが、その姉妹、妻子とともに奉献せるものなり」とよんでいる。仏陀の遺骨であることが銘刻されていたことになる。しかし、ペッペは六個の舎利容器のそれぞれについて、その中に収められた遺物を記録することをしなかった。遺物は一括してペッペ夫人の測図によって克明に記録された。

ところで、この刻文をJ・F・フリートは、「世尊仏陀の親族であるスキティの兄弟たちのこの舎利容器は、その姉妹、妻子たちが奉献せるものなり」とよんだ。S・レヴィもこれと同じ解釈をしている。先にみたリューダースやスナール、バルトらの仏陀の遺骨とする説と対立し、納められた遺骨はシャカ族の遺骨ということになる。銘文の解釈の相異によるものである。

しかし、いずれにしても仏教経典、ことに法華経などの大乗経典によって、仏陀は伝説や神話のなかの人物のように神格化してあつかわれ、その実在をうたがわれさえしたのだが、このピプラーワー塔出土の舎利容器はその実在を確証するものとして貴重である。

ヴァイシャーリーの仏塔

仏舎利の八分起塔を考古学的に実証するヴァイシャーリーの仏塔が発掘された。調査は一九五七年、A・S・アルテカーの指導で、K・P・ジャヤスワル研究所が行なった。遺跡は古代のヴァイシャーリーの城塞都市の跡に比定されるラジャ・ヴィサル・カ・ガル村(ビハール州)の西北八〇〇メートルにある。玄奘《げんじょう》の記録は、王城の西北、アショーカ王柱の南東にある仏塔について、「仏滅後、ヴァイシャーリー王が八分された仏陀の遺骨をもち帰り、ここに塔をたてた。のちにアショーカ王がこの塔をひらき、九斗《と》をとりだし、一斗をのこした。その後、ある国王がまた塔をひらこうとしたが、地震がおこりはたせな

ヴァイシャーリー仏塔の発掘

かった」と記している。

発掘調査で明らかになったこの遺跡は、基核になった小塔のまわりに四回にわたる拡大の過程がみとめられる。基核になった小塔は径七・五メートルで、北方黒色磨研土器（NBP）を含む堆積層の上に泥土板をつみかさねて築いたものである。仏塔などを拡大することを、仏教では増広というが、第一回の増広は、基核の塔のまわりに焼煉瓦（三七・五×二二・五×五センチメートル）で築かれた。この西側に亀裂がみられたが、土でふさがれていた。基核の塔と第一回増広の塔との間にもNBPが含まれていた。第二回の増広は比較的小さく、ほとんどが古い焼煉瓦をつかっている。第三回の増広で塔の径は一二メートルになった。第四回の増広では、四面にアーヤカとよばれる矩形の台がつけられた。このアーヤカ台を仏塔の四面に設ける方式はナーガールジュナ・コンダにも多くみられ、H・サルカルはヴァイシャーリーを根拠地として大衆部の普及と関連づけてかんがえている。

アショーカ王による仏舎利容器の埋納

基核の小塔を調査したところ、南側に幅七五センチメートルの亀裂があり、この攪乱された亀裂の塔の中心に近いところから、滑石の高さ五・二センチメートル、径四・九センチメートルの舎利容器が発見された。舎利容器は上の方から圧力をうけたためひびがはいっているが、中には四分の一ほど灰状の土がたまり、小さいほら貝一、ガラス玉一、金箔一、銅パンチ貨幣一、などがはいっていた。この舎利容器には銘文はきざまれていなかった。

この調査の結果から、アルテカーら調査を担当した考古学者たちは次のような結論をだした。すなわち、北方黒色磨研土器（NBP）を含む基核の小塔と第一回増広は、NBP土器がいきわたっていた前六～前二世紀のもので、とくに第一回増広の外側の堆土に含まれた研磨砂岩はマウリヤ王朝、おそらくはアショーカ王のころのものとかんがえられるとした。したがって、基核の小塔はマウリヤ王朝以前、第一回増広はマウリヤ朝ということになる。そこで、この基核の小塔こそ、八分起塔の一つだとかんがえた。基核の塔の中心部に設けられた亀裂はアショーカ王によるもので、ここから発見された舎利容器は仏陀の遺骨をおさめたもので、灰状の土がのこり、遺物が含まれていたのはアショーカ王が舎利の一部分をリッチャビ族のためにのこしたという伝承を示しているとした。なお、第一回の増広の塔の西にみられる亀裂も、玄奘がいうある国王が塔をひらこうとして地震にあい中止したというその時の坑であろうかとかんがえた。遺跡は玄奘の記録と一致することになる。考古学の調査と仏教の伝承が結びあって、この塔がもとヴァイシャーリーのリッチャビ族によって建立された八分起塔の一つであることが実証されたのである。

聖跡巡礼と遺物崇拝

仏陀の死後、仏教教団が発展してゆくなかで、僧侶と信者の間にしだいに分裂がみられ、これと対応して開祖仏陀のすがたもまた発展し変容した。出家した僧侶は僧院を中心に、仏教の教学を究明するために、しだいに煩瑣な修行や複雑な論理を追求するようになった。それはすでに完成した論理構成をもつバラモン教や外道のジャイナ教などと対抗するためにもぜひとも必要なことであった。

しかし、終日修行に専念し複雑な論理を高めあう僧侶たちに、結婚し家庭をもち、社会生活をいとなんでいる一般の在俗の信者にはついていけようはずはなかった。信者たちは世俗の生活と共存しうるような信仰の形態を求めた。それはまず仏陀の神格化としてあらわれた。

もと、仏教徒たちは仏陀を永遠の真理をさとった覚者として、そのすぐれた人格を慕っ

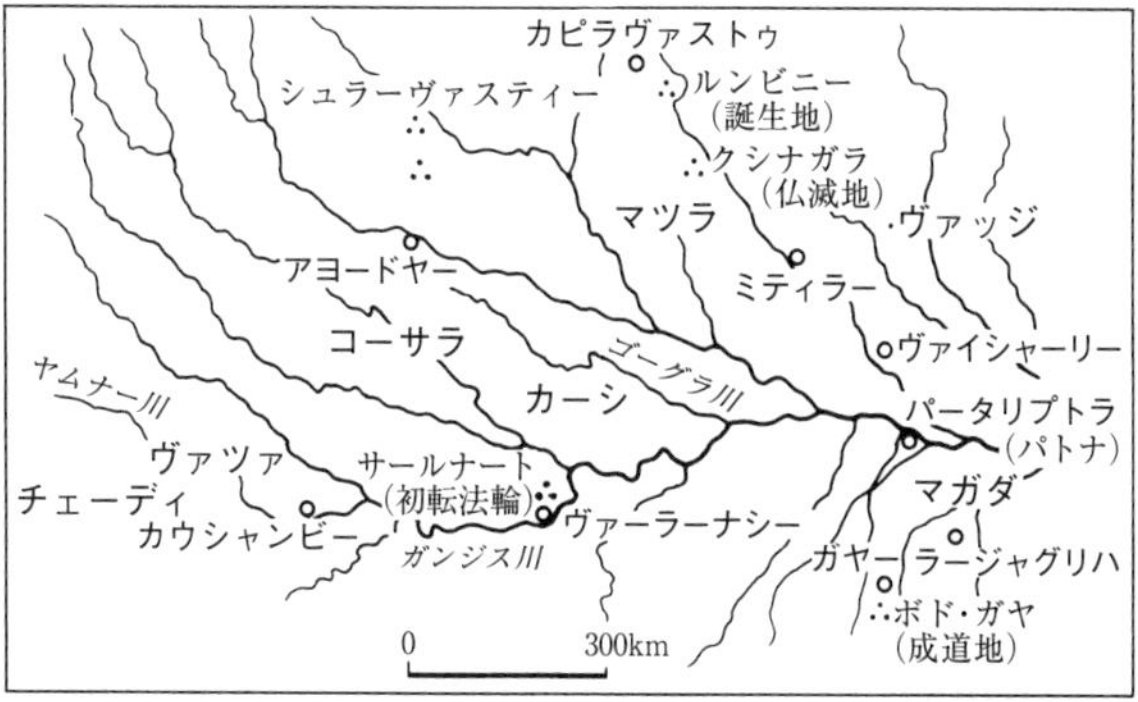

仏陀の聖跡

て集まったのであって、仏陀はけっして神秘的な人物でもなければ、超越神のごとき存在でもなかった。しかし、やがて信者のあいだに仏陀の偉大さが強調されて、その神格化がすすめられた。それは自らを救い、他をも救った「自覚覚他」という仏陀の救済者としての性格がもたらしたものといえよう。そして元来、中インドで古くから民衆のあいだで伝えられていた教訓的寓話集という本生譚《ほんしょうたん》が、超人間的存在となった仏陀の偉大な修行や前世の功徳をいろどってひろまり、信者のあいだにつよい影響をもたらした。また、在俗の信者は具象的な礼拝の対象をつよく求めるようになった。

この信者の要求にこたえて、聖跡巡礼と遺物崇拝がしだいにさかんになった。仏陀は死を前にして「アーナンダよ、この四処は信心がある善男子の見るべく、尊敬すべき処である」(大般涅槃経)として、仏陀の誕生した所(ルンビニー園)、仏陀の成道した所(ボードガヤー)、初めて説法した所(鹿野苑)、仏陀が涅槃にはいった所(クシナガラ)をあげて、聖跡巡礼の功徳を説いているのである。

仏陀はまた、「アーナンダよ、だれでも廟《チャイティヤ》の巡礼者として遍歴し、信心があって死ぬならば死後も善趣である天界に再生するであろう」(大般涅槃経)とも説いている。チャイティヤとは、もと死者の遺骨の上につくられた塚、またはその場所に植えられた樹木を意味していたといわれるが、のちに仏教徒やジャイナ教徒が、死んだ聖者の遺骨や遺物の上に塚を築くようになってからはストゥーパと同義につかわれ、礼拝堂、納骨堂、聖樹などを意味するようにもなった。

したがって僧侶たちも聖跡を巡礼し、仏塔を礼拝することはあったであろう。しかし、あくまでも在家の信者が中心になって、聖跡巡礼と遺物崇拝をしだいにひろめていったのである。こうした傾向は仏陀の教説のみを信じ、戒律や禅定修行を重んずる正統派からの非難にもかかわらず、信仰のために信者の精神的高揚をはかるものとして急速にひろがったのである。仏塔(ストゥーパ)はこうした環境で成立したのである。

この仏塔について、アーリヤ人がインドに移住した当初、土葬し塚を築いたのを起源とするハーヴェル説や、当時の家屋をまねて円形室に半球ドームをかける聖骨奉納室が発展したとするファーガソン説などがある。このように墳廟的起源をもつことは明らかであるが、遺骨を納めて起塔する習慣は初期ヒンドゥ教の儀式にもみられ、仏教に独自のものではなく、ただ仏教によっていちじるしく拡大、建築化されたものといえる。先にもみたように仏塔は仏舎利、さらにその髪爪、衣鉢や高僧の舎利を安置する一種の墓塚であると同時に、舎利などの遺物を蔵する故に神聖な建造物として礼拝の対象となったのである。

仏教寺院の出現

ペルセポリス炎上

ガンジス、ヤムナー両川の流域で一六大国がひらけ、仏陀があらわれたころ、西方のイラン高原ではペルシア帝国がその覇権をひろめ、ゾロアスター教がつよい力をもっていた。前六世紀の中ごろ、アケメネス朝のキュロス大王（在位前五五九～前五三〇）はメディア王国をたおし、メディアとペルシアの地を統合し、パサルガダイに都を定めた。パサルガダイはパーサルの陣営という意味である。つづいてダレイオス大王（在位前五二一～前四八六）があらわれ、東インドの西北部、アフガニスタン、トルキスタン地方から、西はエーゲ海からエジプト、南はアラビアの諸地方にもおよぶ世界史上初の大帝国を建設した。

インドの西北部についてみると、前五一六年のベヒストゥンの磨崖《まがい》碑文に、ガンダーラ人がペルシア帝国の臣民のうちに数えられている。ところでペルセポリスのダレイオス大王の宮殿の碑文や、かれの磨崖の陵墓であるナクシュ・イ・ルスタムの碑文には、ガンダーラ人とならんでシンド人も支配下の諸民族の一つにかぞえられている。これからベヒストゥンの碑文のかかれた前五一六年からダレイオス大王の没年である前四八六年のあいだにガンダーラからさらに東へ、インドの西北部までペルシア帝国の支配が拡大したことがわかる。

ダレイオス大王は広大なペルシア帝国を二〇あまりの属州に分け、王の親任する総督《サトラープ》に統治させ、また発達した査察使の制度を設け、「王の耳と目」として中央集権の実をあげた。またダレイオス金貨を鋳造し、通貨の制度を確立して経済生活の発展と租税徴収による国家経済の基礎をかためた。さらにスーサからサルデスにいたる「王の道」を中心に国道を建設し、一定の間隔に王室宿場を設け帝国内交通の組織化をはかった。ほかに大規模な建設事業として紅海とナイル川とを結ぶ運河の完成がある。またゾロアスター教を国教とし、アラム語を帝国共通の公用語として採用した。こうして、ダレイオス大王はキュロス大王の政策にならって、属州の諸民族にたいして寛容な態度でのぞみ、その自治と慣習の維持をみとめたが、ペルシア帝国統一のための実質的政策を着々とおし進めていった。

やがてダレイオス大王は、キュロス大王のパサルガダイの南七〇キロメートルに、マルヴ・ダシュトの平原を前に、クー・イ・ラハマトの山を背にして、「諸王の王、すべての民族の王」として東方世界に君臨していた王者にふさわしい、規模壮大にして豪華な宮殿を構築した。ペルセポリスはこの宮殿の遺構である。

ペルセポリスで発見された金と銀の二つの銘文板によると、ダレイオス大王は宮殿、謁《アパ》見殿《ダーナ》、後宮、宝庫などを、山麓の岩盤を利用して築いた大基壇の上に建てた。謁見殿は玄関、百柱殿などとともに、つぎのクセルクセス一世（在位前四八六〜前四六五）のときに完成している。この謁見殿はペルセポリス宮殿址のなかで最大の規模をもち、高さ二・六メートルの大基壇をもうけ、中央には三六本の列柱のたちならぶ正方形の平面をなす大広間をおき、前面と左右の両側面には吹きぬけの柱廊を設けている。この七二本の石柱がならぶ、いわゆる「列柱建築の原理」はあきらかにエジプト建築からつよい影響をうけたことを示している。このペルセポリスの石柱は高さ約二〇メートルもあり、柱身にはたて溝がきざまれ、柱礎も柱頭も複雑な装飾をもったものにかわっていく。柱礎は

ダレイオス大王
（イランビストゥン渓谷の岩面の浮彫より）

前廊と側廊では鐘形であるが、広間では方形の台を二重に重ねたものである。柱頭は前廊と広間では方形あるいは十字型の断面の複雑な装飾をもち、円柱から持送りの二方向への推移を用意をする上部と、卵舌文様の返り花やエジプト様の鐘形をした下部とからなっている。左右側廊の柱頭は牝牛、ライオン、人面獣身像などが背なかあわせになった柱頭装飾をほどこし、アケメネス朝ペルシアに固有な造形感覚と創作能力を示している。

こうした宮殿建築はペルセポリスばかりでなく、冬の都として重要な位置を占め、ダレイオス大王によって宮殿が創建されてから諸王が代々拡張した王宮の跡をのこすスーサ、夏の王宮の所在地として、またバビロンとイラン西部を結ぶ「王の道」に面した要衝であったエクバタナ（現在のハマダン）の宮殿にもみられたという。とくにフランス考古調査団がスーサの王宮の廃墟で発見した銘文によれば、木材をレバノンとガンダーラ、黄金をサルデスとバクトリア、ラピス・ラズリなどの宝石をソグディアナ、象牙をエティオピア、インド、アラコシアから、と領内の各地から資材をあつめ、煉瓦工事にはバビロニア人、石工にはイオニア人とサルディス人、金細工と壁面装飾にはエジプト人とメディア人、木工にはサルディス人とエジプト人、と領内の各地から技術者も動員されていたことがわかる。そしてスーサで建築工事を終えた職人や監督たちはペルセポリスに移され、そこで彼らの仕事をつづけたという。

このように、ペルセポリスにみられるアケメネス朝宮殿建築の構成は、ペルシア帝国の支配した西アジアの諸地方、古代オリエントの伝統的なモチーフと技術をもって、これらの地方の工人と材料を動員して完成されたことは明らかである。したがって、ペルセポリス宮殿は古代オリエントの建築芸術の伝統と様式を集成した一大芸術複合体とみることができる。

ペルセポリス全景

この古代ペルシアの栄光を象徴したペルセポリス宮殿も永続しなかった。前三三一年、マケドニアの王アレクサンドロス（在位前三三六～前三二三）が東方へ遠征し、ペルシアを征服し、ペルセポリスを占領した。壮麗なペルセポリス宮殿の炎上はペルシア帝国の終末を告げるものであった。

アレクサンドロスの東征

イランをおさめたアレクサンドロスは東へすすみ、ヘラート、ドゥランギアナ、アラコシア、ヒンドゥ・クシュ山脈の南部などの各地に新しい植

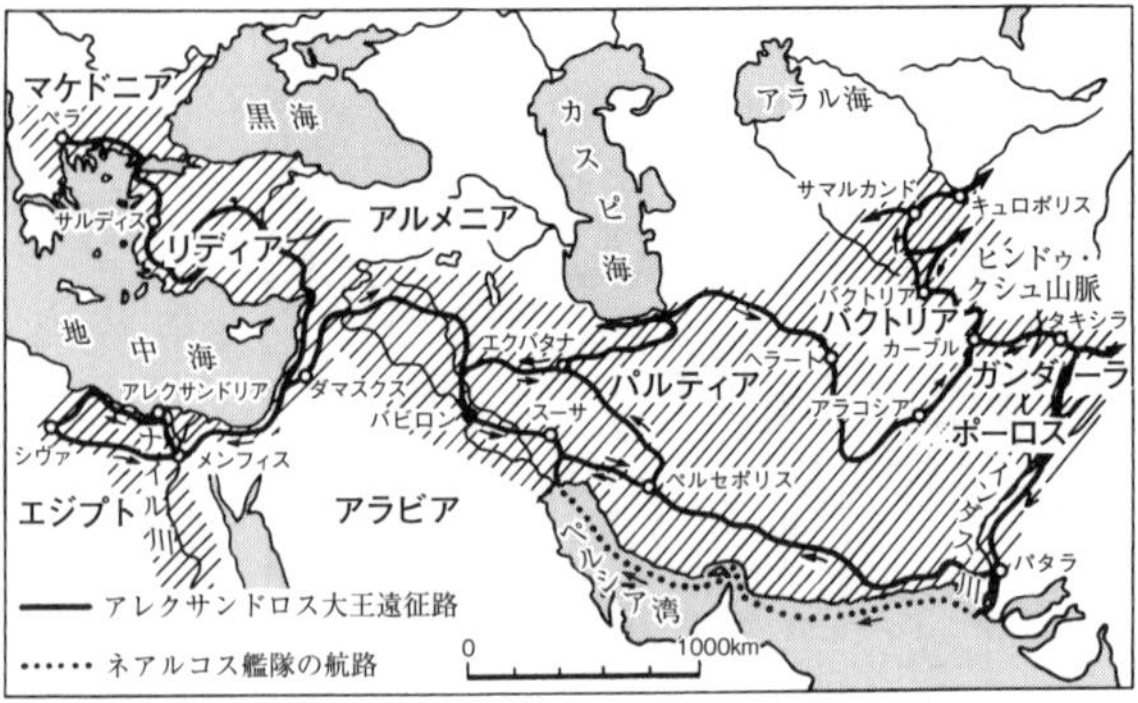

アレクサンドロス大王の東征地図

民都市アレクサンドリアを建設した。

そして前三二七年の春、アレクサンドロスはヒンドゥ・クシュ山脈をこえてインドにはいった。ペルシア帝国の後継者となったアレクサンドロス大王はダレイオス大王によって征服されたインドの属州をうけつぐためにも、アフガニスタンを西から東へ、さらに北へすすみ、そしてバクトリア（現在のバルフ）、ソグディアナ（現在のサマルカンド）から南へひきかえし、けわしいヒンドゥ・クシュの山脈をこえ、インダス川に沿うて南下し、苦難の多いたたかいの旅をつづけなければならなかったのである。当時、西北インドでは諸国が分立し、たがいに抗争をくり返していた。プシュカラーヴァティーやタキシラの都市は抵抗なくアレクサンドロスの軍をむかえいれたが、パウラハ王ポーロスなどは頑強に抵抗した。ポーロスとの交戦のようすをプルタコスは次のように記している。

「ポーロスに対する戦闘はマケドニアの士気を鈍らせて、インドでさらに前進するのを厭《いや》がらせた。現に二万の歩兵と二〇〇〇の騎兵を率いた相手をやっと撃退したほどであったから、幅三二スタディオン（約七〇〇〇メートル）、深さ一〇〇オルギュイア（約一七八メートル）もあり、向こう岸は多数の武器と馬と象のために蔽われているときくガンゲース川をアレクサンドロスが無理に渡ろうというのには、皆ではげしく反対した」（河野与一訳）。こうして、アレクサンドロスの軍はインドの本土に攻め入ることなく、インダス川沿いにさらに南下した。途中、アレクサンドロス大王の愛馬ブーケファーラスが死んだ。その死をいたみ、これを記念してヒューダスペース（現在のジェラム川）のほとりに町を築きブーケファラーとよんだ。今のジェラムの町がこの地にあたるという。そして、アレクサンドロスの軍隊は艦隊を編成し、海岸沿いに艦隊と接触しながら進む隊と、アラコシアを経由して進む隊とに分れてひきあげた。前三二四年の春、アレクサンドロスはスーサに帰還し、翌年オリエントの古い都バビロンでその生涯をとじた。

アレクサンドロス大王がインドに滞留したのはわずか二年にすぎなかった。アレクサンドロスは「神は全人類のあまねき父であり、全人類は同胞である。人類をギリシア人と異邦人に分かつべきではなく、善と悪に分つべきである」という信念にもとづく人類世界帝国の統一の理想をかかげて統治の政策を実行した。じっさい、ギリシアの植民都市アレクサンドリアを結ぶ水陸の交通網は裁然と整備され、アレクサンドロス貨幣が広範に流通した。東西物資の交易と人種的交渉はますます活発になった。こうしてアレクサンドロス大王の東征を契機に、東西文化の交流がいちじるしく促進されたことはみのがせない。そして、小国が分立していたインドにたいしてはそのナショナリズムを刺激し、国家的統合をうながすことになった。

マウリヤ王朝とパータリプトラ

アレクサンドロス大王の死後、その麾下《きか》の将校セレウコスが自立してシリア王となった。彼は前三〇五年、インダス川を渡り、かつてアレクサンドロスが攻略した諸地域を回復し、インド本土にまで攻めいろうとしたが、この進路にたちはだかる巨大な軍団があらわれ、この企てを挫折《ざせつ》させた。チャンドラグプタのひきいるインド連合軍がそれである。この結果、チャンドラグプタはアリア、アラコシア、ゲドロシア、パロパニサダイのアフガニスタンにおける四州をえ、古くからペルシアの属州となっていたガンダーラからヒンドゥ・クシュにいたる地域を譲渡され、セレウコスの王女を妃としたという。いっぽう、セレウコスはわずかに象五〇〇頭をえて引きあげざるをえなかった。インドのナショナリズムは西方からの衝撃を圧倒するまでに強固になっていたのである。

こうして、ガンジス川流域の小王国マガダからおこったチャンドラグプタは、西北インドからギリシア人の軍事的勢力を一掃し、北はヒマラヤ山脈、南はヴィンディヤ山脈をこえ、東はベンガル湾、西はアラビア海からヒンドゥ・クシュをこえバルチスターンに達する大帝国を建設した。インド文化圏にはじめて国家的統一をもたらしたマウリヤ王朝が出現したのである。この大帝国の首都としてパータリプトラが位置することになった。

一六大国の雄マガダ国からでたチャンドラグプタが領土を拡大し、広域な領土国家に発展してくると、周囲の山にかこまれた要害堅固な地である王舎城は、広い帝国を支配する拠点としてふさわしくなくなり、諸河川が合流し水陸の交通の便利なパータリプトラに都はうつされた。ガンジス川とソーン川が合流する地点よりやや下流の、ガンジス川の右岸に位するパトナがその跡にあてられている。

すでに仏陀の在世当時、マガダ国王アジャータシャトルが大臣スニーダとヴァッサカーラに、ヴァッジ人の侵入を防ぐためにパータリ村に城塞を築かせたと仏典はつたえている。これがパータリプトラの起こりである。マウリヤ帝国の首都となったパータリプトラについて、前三〇〇年ころセレウコスの使者としてチャンドラグプタの宮廷に派遣されたメガステネースが、その見聞をかきのこしている。これによると、パータリプトラはパリボトラとよばれ、インドで最大の都で、ガンジス川のエランノボアス川（現在のソーン川）の合流点にあり、長さ八〇スタジア（一四・四キロメートル）、幅一五スタジア（二・七キロメートル）ある。都市全体が濠でかこまれており、濠の幅は六プレトラ（一八二メートル）、深さは三〇キュビット（約一五メートル）である。城壁には五七〇の塔があり、六四の門があった。また、この都市は平行四辺形で木製の寨《とりで》でかこまれ、そこには矢を射るためのはざまがついている。城壁の前には溝があって都市の下水がそこへ流れこんでいた。

宮殿の壮麗さはスーサも、エクバタナもはるかに及ばない。庭園には孔雀《くじゃく》が飼われ、雉《きじ》が馴らされていた。繁った林があり、樹木のある芝生があり、木々の枝は植木職人によって丹念に手がいれられていた。宮廷の中には人工の池があり、大きい魚が養われていた、とメガステネースは記している。中国では巴連弗邑とか華氏城とよんだ。

華の都を掘る

このパータリプトラの都城と宮殿の遺跡は一九世紀末から発掘調査によってしだいに明らかになった。一八七六年、L・A・ウォッデル大佐はパトナの西郊で城壁の寨の跡を発見した。その調査の結果を、『アショーカ王の古都パータリプトラ遺跡の発見』（一八九二）で次のように記している。

「城壁の柵は一八七六年にはじめて発見されたが、その後一八九二年にも一・六ないし五・四キロメートルもはなれた場所で地表から五・四メートル下で木の柵が発見された。その一部をしらべたところ、材は径六〇センチメートルもあるラワン材でつくったものである。この材の側には石片があり、水に流されるのを防いだものらしい。これがメガステネースのいう木造の塔の跡なのであろう」

その後、ウォッデルはパトナの郊外、とくに遺跡の北端の各地で試掘をくり返し、マウリヤの古都パータリプトラの地誌的解明につとめた。そして一八九六年、パトナの南郊にあるブランディー・バーグ村の東のはずれで、一個の石の柱頭を発見した。このアカンサス文様（とげのあるアカンサスの美しい葉形を装飾のモチーフとしたもの、ギリシア建築とくにコリント様式の柱頭を特徴づける）のある石の柱頭は明らかにマウリヤ朝のもので、このあたりに重要な遺跡のあることを示していた。このまことに幸運な発見は、マウリヤの首都の地誌の解明に決定的な意義をもつものとして注目された。この成果をふまえて、パータリプトラの本格

アカンサス文様の柱頭
（ブランディー・バーグ出土　パトナ博物館蔵）

的な発掘調査がはじめられることになった。

一九一二年から翌一三年にかけて、ブランディー・バーグの南東に接し、やや微高地をなしているクムラハル村で、インド考古調査局のD・B・スプーナーが組織的な発掘調査をおこなった。この調査はボンベイのタタ財団の援助によるもので、クムラハルとブランディー・バーグの二地点ですすめられた。

クムラハルの発掘はイスラームの墓地とカール池の中間がえらばれた。ここはウォッデルが試掘でマウリヤ朝の石柱の断片を発見し、玄奘がいう故宮の北、アショーカ王の地獄に建立されたという石柱にあてた場所であった。スプーナーは地下二メートルで煉瓦のおちこんだ層に達した。これはウォッデルが石柱が崩壊した後に築かれたものとした煉瓦建築の遺構で、グプタ朝初期のものであった。この煉瓦積みのグプタ朝の建物をとりのぞいたところ、ウォッデルがアショーカ王の地獄石柱とした説はあたらないことが明らかになった。すなわち、発見された多数の石片はさまざまの色調をもち、赤味がかったのも灰色のもあった。その径も頂部で五〇センチメートルと短く、一本の石柱とはかんがえられなくなったのである。

発掘調査は南西の隅の墓地の部分を除いてすすめられ、砂岩をよくみがいた円柱が各列一〇本ずつ八列ならんだ列柱室の構成をもつことが、ほぼ明らかになった。柱間は四・二五メートル、屋根構造は木炭と灰に埋まっていたことから木造であったと推定された。また広間の南側には七基からなる木製の露台があった。なお、グプタ朝の建物層の直下に厚い灰層があり、さらに約二・七メートルの土器などを含まぬ粘土層があり、マウリヤ朝の建物の層にたっしている。この層位関係を、スプーナーはマウリヤの建物がガンジス川の氾濫で埋まり、のち火災にあって屋根が焼失し、石柱も火熱によって破裂し、その上にグプタ朝の建物が築かれたと解釈した。

パータリプトラの木寨

このクムラハルの列柱室の平面構成は明らかにペルセポリスの百柱の間のそれと類似している。先にみたウォッデルがクムラハルで発見したパルメットと渦文のある方形柱頭飾りや、グリフォン形の石製玉座の支脚などもまた、アケメネス朝ペルシア文化の影響をつよく示している。

ブランディー・バーグでの発掘調査では城壁の木柵が発見された。一九一二～一三年の調査で、スプーナーがブランディー・バーグ遺跡の南の端から東西にはしる一三五メートルにわたる木柵の列をみつけた。その西端が坂になっていた。

そこで、この木柵の性格と機能を明らかにするため、一九二六〜二七年にふたたび南北に地域をひろげて発掘をすすめることになり、インド考古調査局のJ・A・ペイジが担当して調査した。まず、スプーナーのトレンチの西端を拡張して煉瓦建築の遺構を確認し、東端も七五メートル延長した。その結果、木柵は高さ四・五メートルのラワンの角材が二列にならび、その向き合う間隔は四・四メートルあり、下部を横木でつなぎ、上部にも板をわたしていたことが明らかになった。

これは土塁のなかに設けられた通路か、あるいは内部に土をつめて土塁の核とするものか、舗装のための施設であるかと推定されている。いずれにしてもパータリプトラの都城の城壁の施設にはちがいない。この木柵はブランディー・バーグの東方二・四キロメートルのゴサム・カンダでも同じ構造が発見されているが、どれほどつづいているのか不明である。

ジャヤスワル研究所の発掘

インドの独立後一九五一年から五五年にかけて、パトナのジャヤスワル研究所がA・

S・アルテカーやV・ミシュラらを中心に、クムラハルのスプーナーの発掘地点を拡大し、またパトナ近辺でも発掘調査をはじめた。

クムラハルの調査では、スプーナーによって発掘されたマウリヤ朝の列柱室の構成がいっそう明らかになった。すなわち、列柱室はスプーナーの発掘した部分より西へはひろがらず、南東の隅の未発掘部分を調査した結果、予想どおり八〇本の列柱室であることが明らかになった。ほかに列柱室の南面に四本の柱があらわれ、これから南に入口が設けられたものと推定されている。そして、この四本の柱の東にあった木製の露台は階段で、舟でこの列柱室を訪ねてきた賓客に使用されたものとかんがえられるようになった。

また列柱の高さを、スプーナーは六メートルと推定したが、この調査で発見された石柱の断片が基部で径七五・五センチメートル、高さ一・五メートルで径七二・八センチメートル、頂部で径五七・三センチメートルあり、石柱はほぼ一様に上にいくほど細くなっているとかんがえ、石柱の高さを九・七五メートルと推定した。この長大な石柱を支えるために、基部に方一・五メートル、深さ一・五〜二・〇メートルの壺掘りがほどこされ、底部を厚さ一五センチメートルの青い粘土でかため、その上に四本の材木をくさびでつなぎ、方一・三五メートルの木製の台を設け、石柱の重量を分散させる配慮をしていたことも明らかになった。

テラコッタ婦人像
（ブランディー・バーグ出土　パトナ博物館蔵）

なお、列柱室をかぎる壁とか柵のようなものはなにも発見されず、その西部にもマウリヤ朝の建築遺構はまったくみられなかった。じっさい、この列柱室と関連した行政的な公的建築の遺構の発掘が期待されていたのだが、マウリヤ朝にもそれらしきものはみられなかった。シュンガ、クシャーン、グプタ各朝の建造物はすべて、仏教の僧院であった。マウリヤ朝の列柱室がこわれてからのち、この地域は公的に使用されることなく、仏教寺院として使われていたらしい。

この調査の結果、パータリプトラの層位関係は、前六世紀から一七世紀にわたる五期の層があり、うち六〇〇年から、シャー・ジャハンの時代にふたたび居住がはじまる一六〇〇年まで約一〇〇〇年間の空白があることが明らかになった。アルテカーやミシュラらは戦後の調査の成果をふまえて、その層位の構成を次のようにのべている。

第一期（前六〇〇〜前一五〇）焼煉瓦の建物に石灰を塗っており、マウリヤの研磨した砂岩の石柱が出土する。北方黒色磨研土器（NBP）も少しは出土するが、質の粗《あら》い赤色のかめ、灰色土器の鉢などがこの期のもっとも特徴的な出土遺物である。華麗な髪飾りをつけたテラコッタ婦人像（前頁図）も多い。この文化層は大火災で終わっている。

第二期（前一五〇～後一〇〇）煉瓦造りの建物や陶製の輪をつみ重ねた井戸がみられる。シュンガ朝のテラコッタ像や、パーチ型貨幣やカウシャンビーのランキー・ブル型の貨幣が出土した。粗灰陶、赤色土器の出土も多い。

第三期（一〇〇～三〇〇）クシャーン朝の貨幣やテラコッタも出土する。赤色土器の鉢、粗灰陶があり、銅のアンチモニー棒、フヴィシュカ貨幣型の護符などもでる。

第四期（三〇〇～四五〇）チャンドラグプタ二世の銅貨、赤色土器やグプタ様式のテラコッタも多数出土する。

第五期（四五〇～六〇〇）第四期と連続しているが、土器は赤色粗陶である。

第六期（七世紀以後）七世紀から一七世紀にわたっては生活層の痕跡はみとめられない。イスラーム支配の生活層でイスラームの釉陶《ゆうとう》と貨幣が多い。

マウリヤ朝の規範都市

こうして、クムラハル地区の発掘調査でみるかぎり、パータリプトラはマウリヤ朝以後も都市としてつづいていたらしいが、都市的繁栄はマウリヤ朝以後衰えたようだ。仏典には仏陀の予言のかたちで、次のように記されている。

「すぐれた場所である限り、商業の地である限り、パータリプッタ（パータリプトラ）は第一の都市であるであろう。パータリプッタには三種の災害があるであろう。すなわち火と水と内部からの分裂とによるものである」（大般涅槃経）

ところで、今までの調査では、パータリプトラの都市の構成はわからない。当時の都市の様相をつたえるのは先にあげたメガステネースの記述のほかに、チャンドラグプタの宰相をつとめたといわれるカウティルヤの『実利論《アルタシャーストラ》』がある。これによると、都城の位置について「国境の四方に、戦闘に必要な場合に処する都城を、その土地の自然に順応して造営する。水中の島又は低地の隔離せられている水城を、岩石地帯又は洞窟には山城を、無水地の密叢とアルカリ地には沙漠《さばく》城を、沼と水とがある処には林城を造営する。このうち、水城と山城とは地方民に対する防護所であり、沙漠城と林城とは林住族に対する防護所であり、或《あるい》は窮迫時に於ける避難所である」とその位置と性格を規定し、また「地方の中央に集合処としての道庁処を建設する。造営に適すと称せられた場所に、或は二河の合流処に、或はその水の涸《か》れない湖、池、溝渠《こうきょ》の側に、その地所の性質に基づいて円形・長方形・四角形の道庁城を造営する。常に右方に水を有し、貨物運搬者及び水への両路のある市場都市でもなければならぬ」（中野義照訳）とも記している。マウリヤ朝の都市について一般的な考え方を示したものとして注目される。そして都市のもっとも重要な部分として濠、塁壁、門がとりあげられ、その防御性が強調されている。都市をめぐって三重の環濠があり、それぞれ一四ダンダ（二五・二メートル）、一二ダンダ（二一・六メートル）、一〇ダンダ（一八メートル）ときめられているが、濠には水濠、泥濠、乾濠の三種があったとする説もある。塁壁は濠の内側に土塁の上に煉瓦で築き市壁とし、市壁には四隅に望楼を築き、二つの望楼の間に上屋をもつ二階の楼門を設け市門とするとしている。各門にはそこから向かう町の名がつけられていたという。

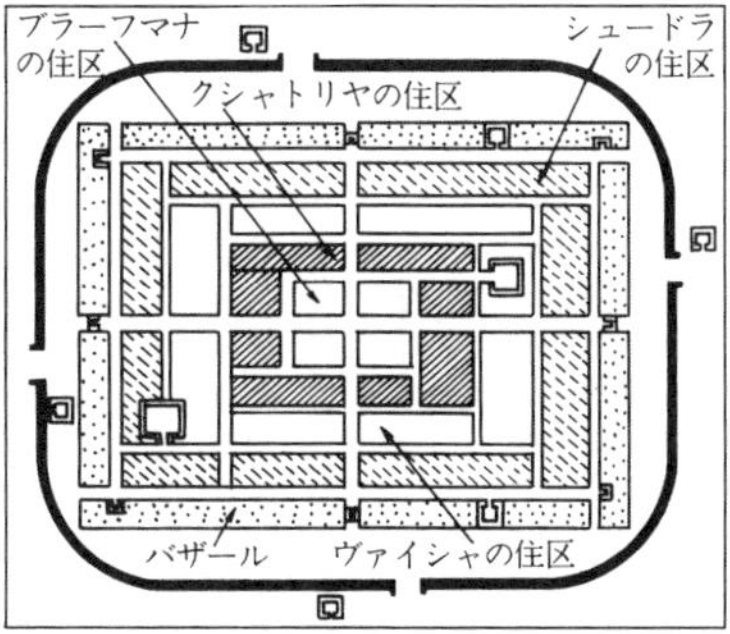

マウリヤ朝の規範都市

都市の内部は東西と南北にはしる三筋の王道によって居住地が区分され、これらの道路に連絡して一二の門とこれに相応する水池と秘路を設けるとしている。市内のもっともすぐれた位置に東面または北面して宮殿を造営し、この宮殿を中心にまず北方に都市および王の神格、ブラーフマナ、金銀宝石製造業者の住区、南に都市、軍隊、商業、工場などの長官と娼妓、音楽家などやヴァイシャの住区、東に香、穀類、調味料などの商人やすぐれた工人とクシャトリヤの住区、西に羊毛、糸、鎧《よろい》、剣などの製造者とシュードラの住区が定められ、その他、宮廷僧侶の住区は宮殿の北東に設けられた。大膳寮、象舎、倉庫は南東に位置を占め、商品庫、医薬庫は北西に、驢馬《ロバ》、駱駝《ラクダ》の保護所や労役所は南西に位置を占めていた。その住区に関連のある倉庫や施設が各地区をとりまいていた。

これらカウティルヤによって示されたマウリヤ朝の規範都市の形態は、環濠城塞都市であり、碁盤状の道路計画をもち、王宮を中心としながらもカースト制による居住区の分離をはかっていることをその特徴としている。このインド的性格をもつ規範都市の形態は、前四世紀ころのサンスクリット文法学者パーニニの記述にも、五五〇年から七〇〇年の間に成立したとみられる建築の技術書『マーナサーラ』にも一貫して流れるインド古代の都市にたいする考え方を示すものといえよう。

こうして、マウリヤ朝の都市の規範的形態は明らかであるが、当時の現実都市の形態はパータリプトラの発掘調査ではまだ明らかにされていない。パータリプトラのインド古代史に占める重要な位置をかんがえるとき、広域にわたる総合調査がさらにおしすすめられることが必要である。今後の重要な課題であるといえよう。

アショーカ王の法勅

アショーカ王（阿育王、在位前二八八～前二三二頃）はチャンドラグプタの孫で、マウリヤ朝第三代の王であった。父王ビンドゥサーラの没後、王位争奪のため多くの兄弟を殺し、王を軽んじたという罪名で五〇〇人の大臣を打ち首にし、たいせつにしていた無憂樹の枝を折ったというので五〇〇人の官女を焼き殺したという。人々はチャンダーショーカ（恐るべきアショーカ）とよんだほどである。

アショーカ王の磨崖法勅
（シャーバーズ・ガリ）

アショーカはインドの統一を拡大し完成しようとしてベンガルの南にあるカリンガ国を攻めた。この戦闘で一〇万を殺害したが、味方の軍も多数の死者をだした。飢餓と悪疫にたおれる人はこれに数倍したという。勝利をかちとったアショーカ王の胸に、戦争にたいする悲痛な悔恨と反省

アショーカ王柱・磨崖碑文の分布

がこみあげてきた。勝利のよろこびより、戦争への罪悪感をつよく感ずるようになった。

アショーカ王は戦いによる勝利ではなく、法《ダルマ》（道徳・真理）による勝利こそ真の勝利であると確信するようになった。そして「法の実行」を宣言した。領内の各地の磨崖や石柱に「アショーカの法勅」が刻まれた。磨崖とは大きい岩の一面を磨いて、そこに文字を刻んだもので、石柱は次にのべるアショーカ王が建立した砂岩の石柱を磨いて文字を刻んだものである。

磨崖法勅は南方インドやガンダーラなど山地や交通の便利な街道に面して建て設けられた。先にあげたキットーが発見したダウリのブラーフミー文字でかかれた磨崖法勅はアショーカ王が征服したカリンガ国に設けたものであり、山中の頂に近い岩に刻まれ、そばに高さ一・二メートルの象の前半が岩をきりぬいてつくられている。また、パキスタンの西北部ではシャーバーズ・ガリでカローシュティー文字でかかれた磨崖の法勅をコート将軍が発見し、マッソンやカニンガムが調査した。ここは古くから、ガンダーラの東西と北部を結ぶ交通の要衝の地であった。

一九五八年四月、アフガニスタンのカンダハールで若い教師によってアショーカ王の磨崖法勅が発見された。さっそくフランスやイタリアの研究者たちによって解読され、この碑文はギリシア語とアラム語の二つのことばでかかれていることが明らかになった。この磨崖の法勅は、古くアラコシアとよばれていたこの地方にまで、アショーカ王の法の精神がひろめられていたことを示している。アショーカ王はマウリヤ帝国の領内の各地に磨崖の法勅をおき、法の実行をはかったのである。磨崖の法勅によってアショーカ王の宣言は永久に消えることなく記録され、そして、領内の多くの人々に周知され、行きかう旅人の目にとまったはずである。ところで、この磨崖に碑文を刻む習慣は古代のインドにはなかったが、ペルシアでは前六世紀に、アケメネス朝のダレイオス一世の磨崖の碑文がベヒストゥンにみられる。アショーカ王はこのペルシアの方式を採り入れたのであろう。

力ある転輪聖王

アショーカ王はマウリヤ帝国の領域をこえて、仏教の精神をひろめようとした。磨崖法勅には、アショーカ王がすすめた社会福祉事業の大概を次のように記している。

「天愛喜見王（アショーカ王のこと）の領内いたるところ、またチョーダ諸王、パンディヤ諸王、サーティヤプタ王、ケーララプタ王（以上インドの南端のドラヴィダ系の王たちで、マウリヤに統合されていなかった）、タンバパンニ王（いまのスリランカの地域の王）、アンティヨーガと称せられるヨーナ王（シリア王アンティオコス二世でギリシア人の王）のごときもろもろの隣邦人、およびアンティヨーガ王に隣れる他の諸王の国内のいたるところ、天愛喜見王の二種の療院は建てられたり。すなわち、人のための療院と獣のための療院これなり。また薬草の人に効あり、獣に効あるものにして、そのまったく存せざる地方には、いずこなりといえども、みなこれを輸送せしめ、栽培せしめたり。樹根も果実も無きところには、いたるところ、すべてを輸送せしめ、栽培せしめたり。さらに路に植木を植えしめ、また幾多の井泉をうがたしめ、もって人畜の受用に供したり」（一四章法勅第二章・南伝大蔵経）

アショーカ王は教法大官という官職をもうけて社会福祉事業を管理させた。療病の施設を設け、薬草や果樹を植え、道路を整備し、井泉をひらいているのである。

じっさい、都市を中心に商業的交易活動を積極的にすすめるために、河川と陸上の交通路が開発された。すでにチャンドラグプタの時代に王道と駅亭が設けられた。ゴーラクプルの南南東二二・四キロメートルのソーガウラで発見された銅板（長さ六・三センチメートル、幅四・七センチメートル）は倉庫の標示板である。この標示板には二つの倉庫がえがかれ、「三つの大路が交叉するマナヴァシに二つの倉庫を設ける。ティヤヴァニ、マトゥラー、チェンチュへ運搬される物資を保管するためのもので、緊急の場合にのみ使用されるもので常用のためのものではない」（J・F・フリートの解読による）と記されている。倉庫の図は二階建で、下の階は四本、上の階は三本の柱が前面にみえるが、奥行の間数はわからない。奥行四間で方形平面をもつ藁葺《わらぶき》の建物であったのだろうか。これと類似した穀倉はいまもベンガル地方の農村にみられる。こうして、交通の便をはかるための施設が都市をむすぶ道路に設けられたのである。

ソーガウラの倉庫標示板

仏典には理想国家の特性として、(1)物資が豊富になり、人々の生活が安楽になる。(2)人々が仏教が説くような徳性をもち、実行するようになり、法をまもる。(3)全世界に山河のへだてがなくなり、交通が容易になり、村と村が接近する。(4)人々の心が相和し、言語も統一される。(5)宝石があり余るほど産出し、人々は見むきもしなくなる（転輪王修行経）の五つをあげている。この統一国家の理想を実現するのが転輪聖王だというわけである。アショーカ王自身、「昔は沙《すな》をもって世尊に布施したが、その功徳によって今は力ある転輪王の王位をえた」とのべているが、アショーカ王は仏教の理想とする統一国家の実現に努めた王であった。

アショーカ王の石柱

一八九六年一二月、A・A・フューラーはネパールのインド寄りの国境に近いパーダリヤのルンミンディ（ルンビニー）という村を発掘したところ、一本の石柱の下半分がみつかった。

この石柱に碑文がきざまれ、その上の部分はかけていたが下の四行半に、「神々に愛せられ温容ある王（アショーカ）は、即位灌頂《かんじょう》ののち二〇年を経て、みずからここに来て祭りをおこなった。ここでブッダ・シャカムニは生まれたもうたからである。そうして石柵をつくり、石柱を建てさせた。世尊がここで生れたもうたのを記念するためである。ルンミニ村は税金を免除せられ、また（生産の）八分の一のみを払うものとされる」と記されていた。熱心な仏教徒としてアショーカ王は仏陀の聖跡や仏弟子の遺跡を訪ね、多数の仏塔を建立し、記念の石柱をたてたのである。

先にのべたように、七世紀の中国僧玄奘は中インドでアショーカ王によって建立されたという石柱を数多くみている。五世紀の法顕も同様の記録をアショーカ王の石柱についてのこしている。『法顕伝』と『大唐西域記』を合わせて一六本のアショーカ王柱が記録されている。もとは三〇本もあったといわれるが、いま確認されているのは一〇本にしかすぎず、その多くは首都パータリプトラを中心とする北インドにかぎられている。

ヴァイシャーリーのアショーカ王柱

そのなかで昔ながらの姿をよくとどめているのがラウリヤー・ナンダンガルの石柱である。ここはパータリプトラの北、ネパールとの国境に近い、昔のヴァイシャーリー国、今のチャンパーラン地区のマティアの北四・八キロメートルの地である。一八三〇年ころ、この石柱を調査したB・H・ホジソンはマティアー石柱とよんだ。一八六一年、カニンガムはこの地方を調査し、石柱がラウリヤ村の東北〇・八キロメートルにあり、近くにナヴァドガルーとよばれる城砦の廃墟があるのでラウリヤー・ナンダンガルとよぶことにした。

この石柱は柱身の高さが九・八三メートル、径は下部で八九センチメートル、頂部で六六センチメートル、その上に鐘《ベル》型の柱頭と円い冠板《アバカス》をおき、獅子の像を支えている。柱頭の部分の高さは獅子の像を含めて二・一メートルである。石材は砂岩で、これを円柱状に加工し研磨したものである。アショーカ王の石柱につかわれた石材はすべてミルザープル地方（ウッタル・プラデーシュ州ヴァラナシ市の南方）の石切場からもってきたものである。そのうちには石切場から数百キロの遠方まで運んだものもある。一九三五～三九年にはこの西北一・六キロメートルにある大塔を発掘し、その基核部は前一世紀であることを確認し、また完形の四世紀ころの小塔をえた。

トプラーから発見された石柱は高さ一五メートル、径四〇センチメートル、重さが五〇トンもある。先にもふれたように、一三五六年イスラームの王、フィーローズ・シャーはこれをトプラーからデリーへ移したのである。まず石柱を地から抜きとるために、周囲に綿をしきつめて徐々に倒していった。それから石柱を牛皮と茅《かや》でつつみ、四二の車輪のある車を用意させ、その上に石柱をのせた。そして車輪のそれぞれに綱をつけ、二〇〇人ずつの人夫にひかせたという。八四〇〇人もの人数を必要としたわけである。こうしてヤムナー河岸へ運び、舟でデリーまで運んだ。目的地では石柱をたてるのにまた多くの労力と装置を要したという。このことからも多数の石柱を各地に建立したアショーカ王は、その加工と運搬と建立のために膨大な労働力と技術とを組織的に動員していたことがわかる。

アショーカ王柱の様式

アショーカ王の石柱の様式についてみよう。その特色をみると、第一に一本石《モノリス》を円形柱に磨きだした石柱であり、第二に建築物の構造体としての柱ではなく、仏法を象徴し仏陀の聖跡や仏塔に付属してこれを記念するために建立され、第三にペルセポリタン柱といわれるように、ペルシアの様式の強い影響をうけている。柱頭の部分をみても、いわゆる鐘《ベル》型の柱頭は明らかにペルシアにその起源をもち、蓮弁がひらいて垂れ下がる形を示し、ペルシアに比べてやや曲線をなし、その上の冠板《アバカス》の側面にある忍冬《にんどう》文様（ハニーサックルの訳語で、数枚の葉形が扇状にひろがった花文様である）はペルシアを通じてギリシア、アッシリアにつながるものである。これらの上にのる獅子の彫刻もペルシアで王を表徴するものとしてつかわれていた。彫刻の浮彫にみるアショーカ王の石柱型には頂部に法輪をおく場合も多い。帝国支配の象徴であった車輪が、仏法を示す法輪としてとりあげられたのである。

ペルセポリスの石柱

サールナートの柱頭
(サールナート博物館蔵)

ペルシアでは二頭の動物が前半だけ背中あわせに前肢を折り曲げ、腹ばう姿勢をしているが、これは構造体として梁《はり》をうける持送りの役割をはたしているからであろう。インドのアショーカ王の石柱では獅子または牛が一頭のる場合が多く、四頭の獅子の像がのる場合もある。

このアショーカ王の石柱の様式はのちになると建築の構造体としてもつかわれるようになる。石窟寺院などに柱や装飾の多い柱頭の発達したあとをみることができる。この場合、とくに柱頭上部の持ち送りの部分は時代に応じて変化し、編年の基準とみることもできる。

なお、サールナートから出土した四頭の獅子をもつ柱頭は現在インド共和国の国章のなかにもえがきだされている。四頭の獅子は仏法を四方に広めようとする姿勢を示すものといわれ、このアショーカ王の理想と精神をうけつごうとする意欲を示すものであろう。

アショーカ王の石柱は仏教がおとろえるとその本来の性格は忘れられ、カニンガムがラウリヤー・ナンダンガルの石柱を調査したときにもヒンドゥ教徒である村人たちはこれをシヴァ神の象徴たるリンガとして崇拝していたという。すでに仏教はすたれ、石柱の意味は忘れられ、その本来の機能は失われていた。

古くからインドには木の棒を地面につきたてて、大いなる勝利か特別な犠牲を記念し、ガルダ幢《ドヴァジャ》の神性をたたえる習慣があったという。そこには天と地を分かつ柱としてかんがえる、世界軸にたいするインドの宇宙観があるようだ。アショーカ王はこの伝統の上にたってペルシアを通して西方の技術を導入し、インド独自の意匠と構成を表現しこれを芸術的な存在にまでたかめた。そしてこの石柱は仏教の聖地に建立され、やがて仏塔とならび、あるいは仏塔に付属して荘厳《しょうごん》する記念的構築物・幢柱《ドヴァジャ・スタンバ》として位置づけられ、仏教寺院の特色ある構築物となった。またインド建築の発展にも深い影響をもたらしたのである。

じっさい、チャンドラグプタからアショーカの時代はペルシア帝国の崩壊、アレクサンドロス大王の東征という事件がおこり、これにともなう西方の衝撃がインド亜大陸を強くおそった時代であった。この西方の衝撃はマウリヤ朝の政治、文化のあらゆる面に深い影響をもたらした。インド的精神と知性は西方の文物をたんなる導入にとどめることなく積極的に吸収し、インダスの都市文明の崩壊後一〇〇〇年にして、ふたたびインド亜大陸に都市を中心としたインド独自の統一的文化を形成することに成功したのである。

八万四〇〇〇塔の建立

このインド古代の統一的文化を示す記念建築物《モニュメント》に仏塔《ストゥーパ》がある。アショーカ王は政治上、すべての宗教に寛容な態度をとり、それらを尊敬し保護してきた。王自身深く仏教に帰依し、広く仏塔をつくろうとしたのである。『阿育王伝』などによれば、昔アジャータシャトル王が塔をたてた王舎城へ行き、塔から仏舎利をとりだした。こうしてあわせて七つの塔から仏舎利をとった。ラーマ村でも塔から舎利をとろうとしたが、竜王がいて「この塔は予が供養するところであるから中止してほしい」といった。そこで王はその言にしたがい、本国にかえり、仏滅後起塔された八つの塔のうち七塔から仏舎利をあつめ、多数の舎利容器をつくり、舎利をいれて各地に塔をたてたという。先にみたヴァイシャーリーの仏塔の発掘調査はこの伝説を確証するものとして注目されたし、次にみるサーンチーの大塔はアショーカ王によって建立された塔を基核として構築されたものである。

このアショーカ王による八万四〇〇〇塔建立の伝説は中国の法顕や玄奘もこれを伝え、これらの塔をじっさい礼拝してもいる。アショーカ王の理想化された奉仏事業は中国の仏教徒にも知られ、信仰されもしたので晋《しん》から南北朝（紀元約三〇〇～六〇〇）にかけて中国にも阿育王がたてたといわれる塔が所々にある。わが国にも阿育王建立の八万四〇〇〇塔の一つだという塔が滋賀県蒲生《がもう》郡の石塔寺にみられる。隋や唐の皇帝が各州に舎利塔を建てたり、州ごとに国立の寺院をおいたのも、わが国で奈良時代に諸国に国分寺、国分尼寺が設けられたのも、すべてアショーカ王の事業にならったものといわれる。

アショーカ王は信者のあいだにひろまっていた聖地巡礼、仏塔崇拝のうごきを、仏教の聖地に石柱を建立し、各国地に多数の仏塔を建立することによって積極的にとりあげ、信仰の形態として定着させたということができよう。

仏教はマウリヤ帝国の国家的統合の指導理念としてとりあげられ、その法の精神によってアショーカ王は「マウリヤの平和《パックス・マウリアナ》」を保障し、国境をこえてひろく法を顕現しようとし、また仏塔や石柱を建立することによって統一国家の王の権威を象徴しようとした。そして民衆のあいだにつよまっていた仏塔崇拝、聖地巡礼の習慣を国家的権威をもって保護したのである。仏教の造寺の活動はいっそう活発になった。

サーンチーの仏塔

中インドのパルワ高原、ビルサ平原の丘の上にたつサーンチーの大塔は古い伏鉢《ふくはつ》塔の形式をよく示している。この大塔を中心にたちならぶ仏教寺院の遺構はその種類も多く、各時代の遺構がよく保存されているところからとくに注目される。

この仏教遺跡の草創には興味深い伝説があるが、すでにアショーカ王の時代にいくつかの仏教の建造物があり、ついでシュンガ、アンドラ朝の時代（前二世紀〜後一世紀）にはとくに盛んに造営がおこなわれ、古代インドの美術の粋がここに集められた。その後も仏教の一つの中心として前後一四世紀にわたる遺構と遺物が保存されているわけである。一三世紀ころ、この地方でも仏教がまったく衰弱してしまうと、叢林のなかに埋まり、人々から忘れさられてしまった。そのためにかえって異教徒たちによる破壊をまぬがれることになった。

一八一八年、テイラー将軍がこの遺跡を発見した。その当時、大塔のまわりの四つの塔《トー》門《ラナ》のうち南門は倒れていたが、他の三門はたっていた。大塔の伏鉢（アンダ）もほとんどそこなわれていなかった。伏鉢の頂部の平頭《へいとう》（ハルミカー）の部分もよくのこっていた。保存の状態は良好であったのである。第二塔、第三塔やその他の小塔、建物群もよく保存されていた。

テイラーによってサーンチーのすぐれた建築美が再発見されると、その建築と彫刻を紹介する多様な論文や報告、図集などが出版された。そのなかで注目されるのはカニンガムの『ビルサ塔群』（一八五四）、ファーガソンの『樹木と蛇の信仰』（一八六八）、メイセイの『サーンチーとその遺跡』（一八九二）などである。こうしてサーンチーの仏塔への関心がたかまってくると、その結果、財宝めあての心ない発掘や組織的でない調査を刺激することにもなった。それまでよく保存されてきたサーンチーの仏塔の遺構は急速に破壊された。

サーンチー大塔

　なかでも、一八二二年ボーパル地区の副行政官ジョンソン大尉が大塔を調査しようとして南東面を頂部から底部までひらき、大きい孔をあけたことは、その後ひきつづいておこされた大塔の破壊の原因となり、大塔の西門とそのまわりの欄楯《らんじゅん》の破壊をひきおこすことになった。

　一八五一年には、A・カニンガムとF・C・メイセイが先のジョンソンの調査とは異なったやり方で大塔の中央を頂部から垂直に下方へ外見をそこなわないように掘り進めていった。そして深さ一四・四メートルで煉瓦造りの小塔をみつけたが、めざす舎

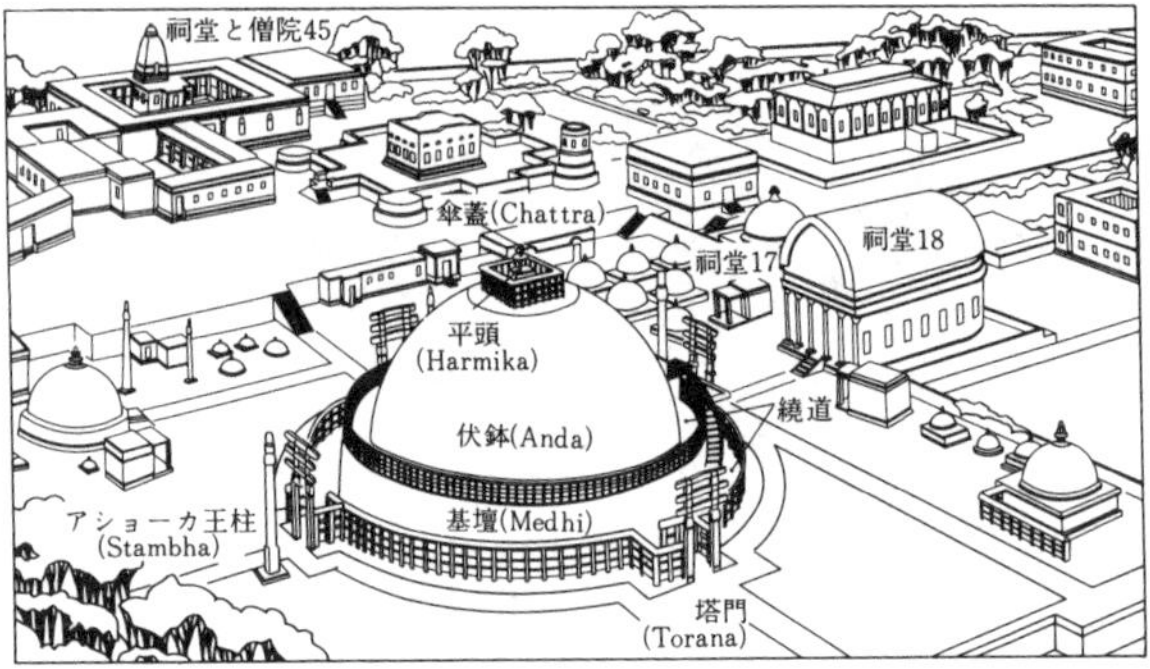

サーンチー仏教遺跡の復原

利容器はこの大塔からみつけることはできなかった。大塔のたつ丘上のテラスから西へおりる山の中腹にたつ第二塔、大塔の東北にたつ第三塔を調査し、これをひらいて一連の舎利容器をみつけた。第二塔には基壇の上部二・二メートル、中心より〇・六メートル西によったところに一小室があり、その中に石《せっ》函《かん》を置き、中に一〇人の長老の舎利を四つの容器におさめていた。第三塔には、基壇面の中央に一・五メートルもある大きい石の蓋をもつ小室に二つの石容器があり、それが仏陀の二大弟子舎利弗《シャーリプトラ》と目犍連《マウドガリヤーヤナ》の遺骨であることが銘文に記されていた。こうしてカニンガムらはジョンソンにつづく再調査でかなりの成果をあげることができた。

　しかし、のちにこの遺跡の広範な調査と保存事業をおこなったJ・マーシャルは、これらの貴重な成果も、調査によってもたらされた破壊をつぐなうことはできないとつよく批判している。じっさい、こうした不用意な調査は村人たちの掠《りゃく》奪《だつ》行為をうながすことにもなったのである。そのころ、大塔の南門の近くにたっていたアショーカ王の石柱もこの地方の地主の手によってとりこわされ、砂糖キビをつぶすのに使われていたという。この当時、サーンチーのこのすぐれた建築遺構を後の世代のために保存し、修理しようという考えは誰の念頭にもうかばなかったようだ。ただ一八六九年、ナポレオン三世の要望にこたえて大塔の東門の実物大模型がつくられ、はじめてヨーロッパの博物館に展示されることになった。

その後一八八一年になって、ようやくインド政府はこの建築遺構の保存を思いたった。記念物保存官のH・H・コールがまず、ジョンソンによって破壊された大塔を修復し、二年間かかって大塔の南と西の塔門、第三塔の塔門を再建したのである。しかし、これらの塔のほか、多数の崩れさった建築遺構の調査と広範な保存事業は一九一二年から一九一九年にわたるJ・マーシャルの調査・保存の活動をまたなければならなかった。

マーシャルによる調査と保存事業

マーシャルはまず、大塔と二、三の建物跡のほかすべて石の破片の山におおわれ、その上に叢林がしげっている全域を清掃し、大塔の南と東の地域を発掘し、そのほかいくつかの地点で試掘をおこない遺跡の性格を明らかにし、将来の本格的な調査にそなえた。そして遺構のすべてを修復しようとしたのである。これは正確な調査と根気のいる作業を必要とした。最後に遺跡に散在していた遺物を収納し管理する小さな博物館が建設された。彫刻、碑文、建築細部などを陳列し、遺跡の理解をたすけるための資料を展示した。こうして今日、すぐれた仏教遺跡公園として多くの研究者や観光客にしたしまれているサーンチーの基礎はマーシャルによって築かれたのである。この調査を、マーシャルはA・フーシェ、N・G・マジュムダルの協力をえて『サーンチーの遺構』（一九三八）に報告した。マーシャルはカニンガムらの調査をひきつぎ、広域にわたる組織的な調査によって数多くの事実を明らかにした。まず、大塔についてみると、カニンガムが発見した小塔を基核として拡大したものであるとした。これを仏教では仏塔の増広《アッチャーグーダイ》という。基核の小塔は焼煉瓦で築かれ、現在の大塔のほぼ半分の径をもっていたが、その形と構造はほとんどわからない。それというのもこの基核の小塔が増広される前にかなり破壊されてしまっているからである。煉瓦の大きさは四〇×二五×七・五センチメートルで、マウリヤ朝の煉瓦の大きさとほぼ一致している。

この小塔には基部をとりかこむテラスがあり、これとアショーカ王の銘文をもつ石柱とが同じレベルにあることから、小塔をアショーカ王のころに建立されたものと推定している。なお、小塔の形状は半球状で、木の柵と石の傘が頂部についていたと推察している。傘蓋《チャットラ》の断片が数個、石片の堆積の中から発見されたが、その径は五九センチメートル、その下側にはあざやかな放射状のほねが描きだされ、マウリヤ朝の石工の技法をよく示している。この傘蓋は小塔の頂部におかれていたのであろう。

なお、このアショーカ王の時代に建立された小塔を破壊したのは、シュンガ朝の初代の王プシャミトラであろうと推察している。プシャミトラは仏教徒を迫害し、仏教寺院を破却した王として知られているからで、この破壊のために基核の塔の正確な形状は知りえなくなったとしている。

ともかく前二世紀ころ、この基核の小塔のまわりに径三六メートル、高さ一六・二メートルの石積みの伏鉢（アンダ）を築いて拡大し、小塔との間を小石でつめたのである。小塔は増広によって今日みる大塔となった。このサーンチーの大塔は初期の仏塔の完成した形を示すものとして注目される。

すなわち、半球状の伏鉢を塔身とし、低い円筒状の基壇（メーディ）の上にこれを安置し、頂上には平頭《へいとう》（ハルミカー）という方形の箱状のものをのせ、その周囲を小さい欄楯（ヴェーディカー）でかこみ、上に傘竿《さんかん》（ヤシュティー）をたて傘蓋《さんがい》（チャットラ）をつけている。基壇のまわりと上縁には繞道《にょうどう》（プラダクシナ・パタ）という右繞《うにょう》（尊者のまわりを右まわりにめぐる敬礼のしかた）の礼拝をする道をつくり、その外側に欄楯すなわち玉垣をめぐらした。欄楯は木造の柵と同じく掘立柱をたて、三本の貫《ぬき》（スーチ）でつなぎ、上に笠石《いし》（ウシュニーシャ）をかぶせたもので、インドに古くからあった神聖なもの、ないしは場所を柵でかこう習慣を建築化したものである。

仏国土を地上に

サーンチーの大塔では欄楯が二重にめぐらされ、欄楯には四方に入口を開き塔門を設けている。塔門（トーラナ）は、二本の長い柱の上部に三本の水平材を通し、木造の原型をよくつたえている。わが国の鳥居を思わせる形をなしている。ここでは方柱の上に柱頭、その上に短い四角の柱を三つ順次つみ重ね、これらの短柱に水平材も三つに分割して左右からさしこみ、組み上げている。さらに水平材の間を小柱でつなぎ、多くの装飾的彫刻をのせているほか、柱や水平材の面にもくまなく浮彫を施している。その浮彫のほとんどは仏伝図（仏陀の生涯をあらわした図）または本生《ほんしょう》図（仏陀の前世の物語をあらわした図）で占められているが、仏伝図では仏陀の姿は示されず、仏陀を菩提樹などで象徴的にあらわし、仏像不表現の古代的伝統を固執している。こうして仏塔はゆたかな彫刻で荘厳《しょうごん》されていたのである。

大塔のほかに、先にのべた第二塔、第三塔や数多くの小塔が信者によって奉献された。仏塔の建立、修復そして増広は信者たちの間で大きな功徳があるとしてさかんに奨励されたのである。アショーカ王によって定着された仏塔崇拝の習慣は信者の間にいっそう深くひろまっていったのである。こうして仏塔が多数建立され、増広がくり返され、彫刻などで荘厳され、幡《はた》・華・蓋・香・衣服・飲食などが供されるようになった。それは信者にとっての理想の世界、仏の国土を地上に象徴的に表現しようとするものでもあったといわれる。サーンチーの大塔よりやや後に成立したとみられる、阿弥陀《あみだ》経によれば、極楽には、七重の欄楯とターラ樹の並木があり、天の音楽が奏せられ、七宝をもって作った池があり、八功徳水が充ちている、と述べられているのも、こうした考えと関連があろう。

サーンチー大塔と塔門

サーンチーの祠堂と僧院

サーンチーには仏塔のほかにいくつかの祠堂《しどう》がみられる。大塔の南にある第一七・一八号堂などがそれである。第一八号堂は、シュンガ朝の前方後円の平面をもつ建物の上に七世紀ころにつくられた建築で、石積みの厚い壁で基部の定形をつくるが、列柱は前方部のみ両側にそれぞれ五本ずつ、さらに正面にも二本あったのだが、今は九本がたったままのこっている。列柱は一本の石材《モノリス》をほりだした方形柱で高さ五・一八メートル、石積みの基壇の上にたてられ、上に肘木形をのせ、石の桁《けた》を支えている。後円部には中心に塔がおかれ、壁がめぐらされていた。メイセイはここで小さい骨片のはいった凍石のこわれた舎利容器をみつけ、さらに前二世紀に建てられた初期の建物のものとみられる粗なテラコッタの屋根瓦やマウリヤ朝の技法をもつ、みがかれた砂岩の鉢もみつけた。

第一七号堂は第一八号堂の北東にならぶグプタ朝（五世紀はじめ）の建築である。箱形平屋根で正面に列柱のある前室をもつ祠堂の形式で、この形式は当時の仏教でもヒンドゥ教でもとられたものである。メイセイはこの祠堂の調査で、蓮華座の上の坐仏の彫刻をみいだしたという。これら祠堂の中にも塔にかわって仏像が安置されたことを示しているようだ。

塔や仏像をまつる祠堂のほかに、僧侶たちが起居する僧院もみられた。僧院は中央に中庭をおき、そのまわりを列柱のならぶヴェランダがとりまき、さらにその周囲に僧房列がめぐらされるという典型的な形式をそなえている。七つの僧院のなかで、大塔の西の斜面、第二塔への坂道の途中にある第五一号僧院がもっとも人の目をひきつける。その構成は一九三六年のインド考古調査局の発掘調査で明らかになった。南北三二・七メートル、東西三二・一メートルのこの僧院は中央に方一六・二メートルの中庭をもち、西に三つ、東に一つある階段で幅二・一メートルのヴェランダにつづいている。ヴェランダの内側には孔のあいた縁石がめぐらされ、上の建物を支える柱がおかれていたらしい。東の正面に入口があり、これに対する西の特に広い室をのぞいて合計二二の房室がならび、それぞれの房室はヴェランダに通じている。四隅の房はヴェランダには直接つながってはいない。西面中央の房は他よりも一段と大きく、なにか特別の目的で使用されたものらしい。ここではヴェランダを区切って隔壁を設け前室とし

第17号祠堂（サーンチー）

ている。この房の西の外壁は外に突き出ていたらしいが、のちにこの西の外壁がこわれ、僧院の西の外壁をそろえ、現状にせばめられ、この時に第二塔への入口もつくられたことが明らかにされた。なお、この調査で多量の炭化した木片が出土し、これは、この僧院のヴェランダの列柱や僧房の屋根が木でつくられていたことを示しているとかんがえられている。この発掘調査の結果、この第五一号僧院をグプタ朝以前に建築されたものと推定している。

ほかに中央の台地の南に、三つの小さい三六・三七・三八号僧院があるが、これらはほぼ七世紀ころのもので、同じく東にある僧院複合体四六・四七はもっと新しい二世紀ころにたてられた僧院である。この四六・四七号僧院の東にある四五号僧院は、僧院と祠堂が結合したもので特色ある形態を示している。

伽藍の成立

調査の結果ここには七、八世紀ころ、中庭をかこんで僧房がならぶ僧院があり、三つの小塔の痕跡や縁石がヴェランダの端にのこっていることが明らかになった。ただ東面の僧房列はのちの僧房と祠堂の下になってその構造は明らかにできなかった。今みることができる建物は、この前身の僧院が大火で焼失したのちに、一〇～一一世紀ころに建築されたものであることも明らかにされた。この改築のさい、中庭のレベルを七五センチメートルひきあげ、南、北、西の三面の僧房も壁体を高く積みあげて再使用しており、ヴェランダの高さは中庭より九〇センチメートル高く築かれていることも明らかになった。ところで、東面に新しく構築された祠堂は、頂部にシカラ（高塔型の屋根）をいただく方形の室とせまい前室とからなり、西に階段をもつ基台の上にたっている。そしてこの祠堂のまわりには礼拝のための繞道がめぐらされている。

第51号僧院（サーンチー）

祠堂の内部をみると、天井はラテルネンデッケの構造を示している。ラテルネンデッケとは方形の平面の室に井桁《いげた》状に四つの梁を四隅にかけ、その上により小さい井桁状の四つの梁をのせることを幾層にもくり返してつみ上げ、最後に中央に小さい方形の開口をのこし、明り窓と煙出しを兼ねさせる天井架構の方式であり、木材の乏しい乾燥した地域で梁間を短くして架構を容易にするために案出されたもので、今も中央アジアの遊牧民の間で使用されているという。カシュミールのパンドランタン寺院、キジル、シムシム、敦煌などの石窟、中国の古墓、高句麗《こうくり》の古墳とひろくみられる。洞堂の内部と前室との間の柱型はそれ以前の建物の部材を再用している。この祠堂には仏像が安置され、側室にも龕《がん》が設けられ、荘厳《しょうごん》（仏像や仏堂を飾ること）がほどこされていた。僧侶が起居する僧院のなかに仏像をまつる祠堂が建立されていたことは注目すべきことである。

サーンチーの仏教遺跡をみると、信者が礼拝の対象としていた仏塔がしだいに増広され、数多く建立され、また仏塔を、のちには仏像をまつる祠堂もこれとならんで建立されている。そして本来これらとは独立していた僧侶たちの生活の場である僧院が仏塔や祠堂とならんでたてられ、両者が結びついて一つの伽藍《がらん》の形態をすら示していることがわかる。これは僧侶たちが仏塔崇拝を受容し、ついに第四五号僧院にみるように僧院のなかに祠堂を築くまでになった傾向を前提としていることはいうまでもない。こうして仏塔が礼拝の中心としてつよい位置をしめてくると、仏塔を中心とした信者の礼拝のための空間（塔院）と、僧侶が修行し居住するための空間（僧院）が構成されることになった。初期にはみられなかった新しい形式の伽藍《サンガーラーマ》の成立をみたのである。

仏教石窟の造営

ファーガソンとバージェス

インドの仏教寺院の建築をより克明に示すものに石窟寺院がある。インドにおける文化財保存とその調査がもっとも早くはじめられたのも石窟寺院についてであった。一八四四年、英国王室アジア協会の要請をうけて、総督府はアジャンターの石窟の壁画の模写の事業をはじめることにした。この調査と作業にふさわしい人物をさがし石窟群の性格、規模、現状について正確な記録をのこそうとした。こうした動きのなかで、石窟寺院の積極的な調査活動をすすめたのが、J・ファーガソンとJ・バージェスである。

J・ファーガソン(一八〇六～八六)はスコットランド生まれの建築史家でインド建築史研究の先駆者であった。カニンガムとほぼ同時期にインドに関する勉強を始めた彼は、一八二九年にカルカッタへ渡り、インド藍《あい》の植林という実業に従事するかたわら、一八二九年から四七年にかけてインドの建築遺構の踏査と研究をつづけ、広域にわたる旅行と建築の調査を指導して、インドの建築遺構について、はじめて系統的分類をこころみたのである。その成果はまず、『インド石窟寺院図集』(一八四五)、『ヒンドゥスタンの古代建築図集』(一八七四)として公刊された。これらはもにインドの古代建築遺構や記念物を歴史的に図説したものとして注目され、ファーガソンの建築遺構の分類はその後もながく建築的調査の基準となった。『建築の手帖』(一八五五)、『建築の歴史』(一八六七)もインド建築史の分類と調査の成果を概述したもので、『ヒンドゥスタンの古代建築図集』を作成する過程でうまれたものである。なお、『樹木と蛇の信仰』(一八六八)は、ファーガソンがサーンチーやアマラーヴァティーの仏塔について、メイセイ、ウォーターハウスやマッケンジーらの調査を集成して紹介したものである。

J・バージェス

同じく、スコットランド生まれのJ・バージェス(一八三二〜一九一六)は、一八五五年にインドへ数学の教師としてやってきて、一八六八〜七三年までボンベイの地理協会の事務局長を勤めていた。一八七〇年ころ、カニンガムがインド考古調査局を設立し、主としてインドの北部と東部を中心にその調査活動をはじめると、ちょうどインド考古学の勉強をはじめていた彼も、インドの西部と南部を中心に活動をはじめた。バージェスはもともと建築家としての素養をもち、この地方の文化遺産にもつよい関心をもっていたのである。一八七三年に西部インド考古調査局が、ついで一八八三年には南部インド考古調査局が設立され、バージェスがその責任者として活躍した。そして一八八六年にはカニンガムのあとをうけてインド考古調査局の長官となった。

バージェスはとくに調査と保存事業の結合をはかり、博物館と遺跡の保存・調査の関係を密接にしようと努力した。しかし、このための要員を確保しようとするバージェスの提言は総督府にとりあげられず、あまり効果はあがらなかったようだ。

バージェスが考古調査局の長官としてまず着手したのは、古代から中世末にいたる建築遺構の実測調査と作図を、従来あまり行なわれていなかった北部を主にして組織的にすすめたことであった。発掘調査を彼自身がすることはほとんどなかった。ただ一八八九年から翌年にかけての、マトゥラーのカンカーリー・ティーラー丘の発掘では記年銘をもつ多数の彫刻をみつけ、発掘調査の重要性を再認識した。そして発掘調査は科学的にかつ組織的に行なわれるべきことを強調し、考古調査局の指導のもとでのみ発掘調査を行ない、不用意な発掘調査を規制しようとした。

またバージェスは、盗掘や好古家の美術品収集のためにインドの文化財が流出するのを防ぐための対策をかんがえた最初の人物でもあった。一八八六年には政令をもって、公的な許可なしに発見あるいは取得した遺物を売却することを禁じ、考古調査局に事前の同意をえないで、遺跡を発掘してはならないことを定めた。さらに地下発掘物法《トレージア・トロウブ・アクト》を一部改正して、許可なしに遺物を国外に持ち出すことを禁止しようとしたが、これは成功しなかった。バージェスは、インドの文化財の破壊と国外への流出を防ぎ現地において保存しようとし、文化財行政に大きく貢献した。

調査についても、バージェスは『インド考古学調査―新帝国編』などにまとめた。そのうち、バージェスが西インドの石窟寺院を精力的に調査研究した成果は、『西インド考古学調査』（一八七四～八三）全五巻に報告された。

さらに、ファーガソンとバージェスの共著になる『インドの石窟寺院』（一八八〇）も出版された。この大著は二部に分れ、第一部は主としてファーガソンが担当し、第二部は主としてバージェスが担当し、当時知られていたインドの主要な石窟寺院のほとんどがとりあげられている。もちろん、その後の調査で補訂された部分も少なくないが、いまもなおこの方面の研究に欠くことのできない文献の一つとなっている。

沢村専太郎の調査

二〇世紀にはいると、わが国からも、美術史の滝精一、建築史の伊東忠太らのように、アジャンター石窟を踏査する専門家があらわれ、やがて、インドの石窟寺院を実地に調査しようという機運がうまれてきた。わが国の仏教文化の源流を求めて中央アジアからインドの仏教遺跡を探ろうとする動きである。

一九一七年十月、東洋美術史の研究を志していた沢村専太郎は東京美術学校よりアジャンター石窟寺院の壁画の調査を嘱託され、国華社による壁画模写の事業を現地で監督するためインドへ向けて出発した。セイロン（今のスリランカ）経由で一二月にはボンベイに到着している。

ボンベイに一〇日間滞在し、三カ月にわたる調査のための食糧、模写に必要な洋燈《ランプ》などの機材、用材を調達し、一二月一一日午後九時カルカッタ列車でビクトリア駅を出発した。沢村のほか、画家の荒井寛方、朝井観波、それにインド人数名が加わっていた。翌朝、ジャルガン駅で下車、三井物産の現地駐在員の西村・北村氏の協力をえて、東南三七マイルのファルダプルまで馬車で用材機具をはこび、ここの官営宿舎《ダク・バンガロー》を調査の基地とした。到着したのは午後五時、アジャンター石窟の管理官《キューレーター》セイド・アーマード氏の出迎えをうけている。

翌一三日、模写に必要な大きい梯子《はしご》、空気洋燈などの用材を数台の牛車につんで三マイル半の石窟まではこぶことにした。途中、谷川の流れにはばまれ、難渋して丸一日、運搬に費やしたが、いよいよ、調査の体制をととのえることになった。沢村は「印度亜仁多の

沢村専太郎
（お茶の水女子大学蔵）

生活」に次のように記している。

「私たちはボンベイから携えてきた大きな梯子を組合せて足場を作った。この作業にもかなりの時間を要したが、同時に窟院の内部には巨大な空気洋燈を据えつけて、薄暗い洞窟内に白昼のような光を与えた。洞窟の内部には多くの蝙蝠《こうもり》が棲息しているが、彼らはこの光に怖れをなしたものか、暗い片隅に沈黙してしまった……」

石窟の調査と模写の作業ははじまった。

「私らは未明に宿舎を出て、遥に淡靄の中に見えるこの渓山を望みながら吸われるように歩んで行くのだが、日没はまだ太陽がまだこの丘の西端に高く輝いている頃から帰りを急ぐのである。際限のない原野を越えて真赤な光を投げる太陽がこの窟院の一端に最後の光を送る頃には、私たちは宿舎の窓から、かの丘の移ろう色を望んでいるのであった。」

と、旧制三高の逍遥歌「紅萌ゆる」の作詞者であり、詩人・沢村胡夷《こい》としてもしられた沢村は、その感慨を記している。じっさい、当時のアジャンターは虎が時おり出没する状態であった。

「アジャンタ窟院に出かけた最初の日に、番人の老人から私たちの一行に警告があたえられた。それは日出前と日没後とには断じてこの渓流に接近してはならぬという事であった。この渓谷には現に四頭の虎が出没しているからだという。」

アジャンターからガトートカッチ石窟の踏査にでかけたとき、虎に遭遇しかけてもいる。苦難の多い調査は、途中カルカッタから参加した野生司《のうす》香雪を加え、翌一九一八年三月までつづけられた。その後、沢村は南インドやペシャワール、タキシラなどインド各地の仏教遺跡を踏査し、五月に帰国した。この調査と模写の記録は、沢村がのちにこれを教材として講義した京大文学部美学美術史教室に今も保管されている。

アジャンターの石窟寺院

インドの石窟寺院

インドには古くから自然の洞窟を利用し、あるいは人工の石窟をきりひらいて住居とする習慣があった。仏教でも石窟をひらいて寺院とする石窟寺院が、デカン高原のパイタンを中心に著しく発達した。一般に古い石窟寺院には装飾は少ないが、正面や内部の構造や形態は地上に構築された寺院建築を細部にいたるまで忠実に模しているので、当時の寺院建築の構成と構造を知るうえでの貴重な資料となっている。世俗の生活をはなれ、清冽《せいれつ》な山間の谷に面した修道の生活にもっともふさわしい環境に石窟寺院はいとなまれたのである。インドの石窟寺院にはヒンドゥ教やジャイナ教のものもあるが、七五パーセントは仏教のものだといわれる。

ラージギルの近辺には、先にものべたように仏陀にまつわる七葉窟その他の小さい簡素な石窟がある。建築的構成を明らかに示す最古の石窟には、前三世紀にアショーカ王によって寄進されたというバラーバル丘の三つの窟院や、アショーカ王の孫といわれるダシャラタ王がバラーバル丘に近いナーガールジュニ丘に寄進した三つの窟院などがある。これらは仏教徒のための石窟ではなく、仏陀のころから異端の思想、六師外道の一つとしてしられ、マッカリ・ゴーサラによってひらかれた決定論、宿命論の色彩のこいアージーヴィカ教団のためのものであった。これらの石窟には入口にアーチ型の木造家屋の切妻の装飾が掘り出されている。これは仏教石窟のチャイティヤ窟を特徴づける窓の原型ともなっている。これらの石窟はすべて花崗岩の山肌にひらかれ、その内壁は全面がきれいに磨きだされてマウリヤ朝の特色をよく示している。

ここにも西方ペルシアの影響がみとめられるのである。ペルシアやメディアでは、前七世紀ころから磨崖に列柱室のような墓室をいとなむ習慣があった。インドの石窟寺院の構成や内部をペルシア風に研磨している点などは、たしかにペルシアとインドの交流をよく示している。しかし、そこにはインド固有の建築様式を示そうという意図もまた明らかにみとめられるのである。ペルシアの技法を導入し、インド固有の表現を示すことに成功したといえる。

仏教の石窟寺院は、礼拝の対象である仏塔をまつる祠堂、すなわちチャイティヤ窟と、僧侶たちの住房群、すなわちヴィハーラ窟とからなる。これらが単独にひらかれることはほとんどなく、両者が結合して石窟寺院を形成し、ほかに付属室小窟をもつこともある。石窟寺院の発展過程をみると、前二〜前一世紀ころを第一期、前一世紀〜後三世紀を第二期、ふたたび石窟の開掘がさかんになる後四世紀以後を第三期とする三期に分かつことができる。

祠堂・チャイティヤ窟

チャイティヤ窟をみると、第一期では仏塔を中心におき、天井を半球ドーム状にした円形室と小さい前室をもつ平面がみられる。南インドのグントゥパッリ窟や、仏塔のまわりに列柱が円形にならぶデカンのジュンナル窟などがそれである。

カールラーのチャイティヤ窟

第二期では、前方後円の平面で奥に仏塔をおき、その部分はドームになり、周壁に沿うて繞道《にょうどう》と柱列がめぐらされる型式が盛行する。この長方形の前室部が列柱によって身廊《ネイブ》と側廊《アイル》に仕切られ、半円形の後室部に仏塔をおく平面構成は初期キリスト教のバシリカ式教会堂を思わせる。この定型的なチャイティヤ窟の最古の例はバージャーにあり、前二世紀までさかのぼる。入口は大きいアーチ型で、その下半は障壁を掘りのこさず、木造の障壁で窟をとざし扉を設けていたのであろうか。八角形の列柱は内側にかたむき、天井部はその彎曲面に沿うてチーク材の太い垂木《たるき》をつけ、木造堂の内部そのままである。

カールラー窟はこの期のチャイティヤ窟のもっとも発達したもので後一世紀後半につくられたものである。規模も間口一三・八七メートル、奥行三七・八七メートル、高さ一三・七二メートルときわめて大きく、よく均整のとれた石窟である。前室の一部が崩れているほかは保存もよい。正面に大きいチャイティヤ窓を開き、三つの入口のある下部壁面や左右の壁面には男女一対ずつの供養者像や象の半身や多数の擬窓などの浮彫がある。身廊と側廊を分つ三九本の列柱は直立し、その柱身は八角形で、柱礎はロータ瓶《かめ》形、柱頭は鏡形の上に騎象の男女を彫りだすなどゆたかな彫刻で装飾されている。

ただし仏塔の背部七本とネイブの前面に横に並ぶ四本はなんの装飾もない八角形の柱である。天井部はバージャーと同じく木製垂木をさしかけ、仏塔の頂部にたつ木製傘蓋《さんがい》とともに当初のまま保存されている。仏塔はバージャー窟とほぼ同じ形態をなし二重の基壇上にやや小さい伏鉢を、その上に箱形の平頭《へいとう》をのせ、これに数枚の板石を重ね、この上に前記の木製傘蓋をたてているのである。

第三期になっても平面の構成は第二期とかわらないが、仏塔や石窟の内部の各所に龕《がん》を設け、仏像を仏塔と併置するようになる。建築的には平面の構成が整斉になり、木造の構造要素が稀薄になり、また全体に柱、正面、内部の装飾がさらにゆたかになってくる。この期には仏塔をまつるチャイティヤ窟の開掘は少なくなり、なかにはバーグ石窟のようにチャイティヤ窟を欠くものすらあらわれてくる。石窟寺院におけるチャイティヤ窟の占める位置が低くなったことを示している。エローラ第一〇窟はアジャンター第一九窟、第二六窟とともにこの期の代表的なチャイティヤ窟である。

エローラ第一〇窟は幅一三・一一メートル、奥行二六・一六メートル、高さ一〇・三六メートルの石窟で、正面にヴェランダと方形の前庭を設けている。また正面を特徴づけていたチャイティヤ窓は単なる小窓となり、代ってその下にヴェランダへの戸口をひらき、正面の意匠を著しく変えている。内部では仏塔の基壇を高大にし、その上に平たく小さい伏鉢をのせ、仏塔の正面に仏龕を設け仏像を安置している。これは仏像が仏塔とならんで

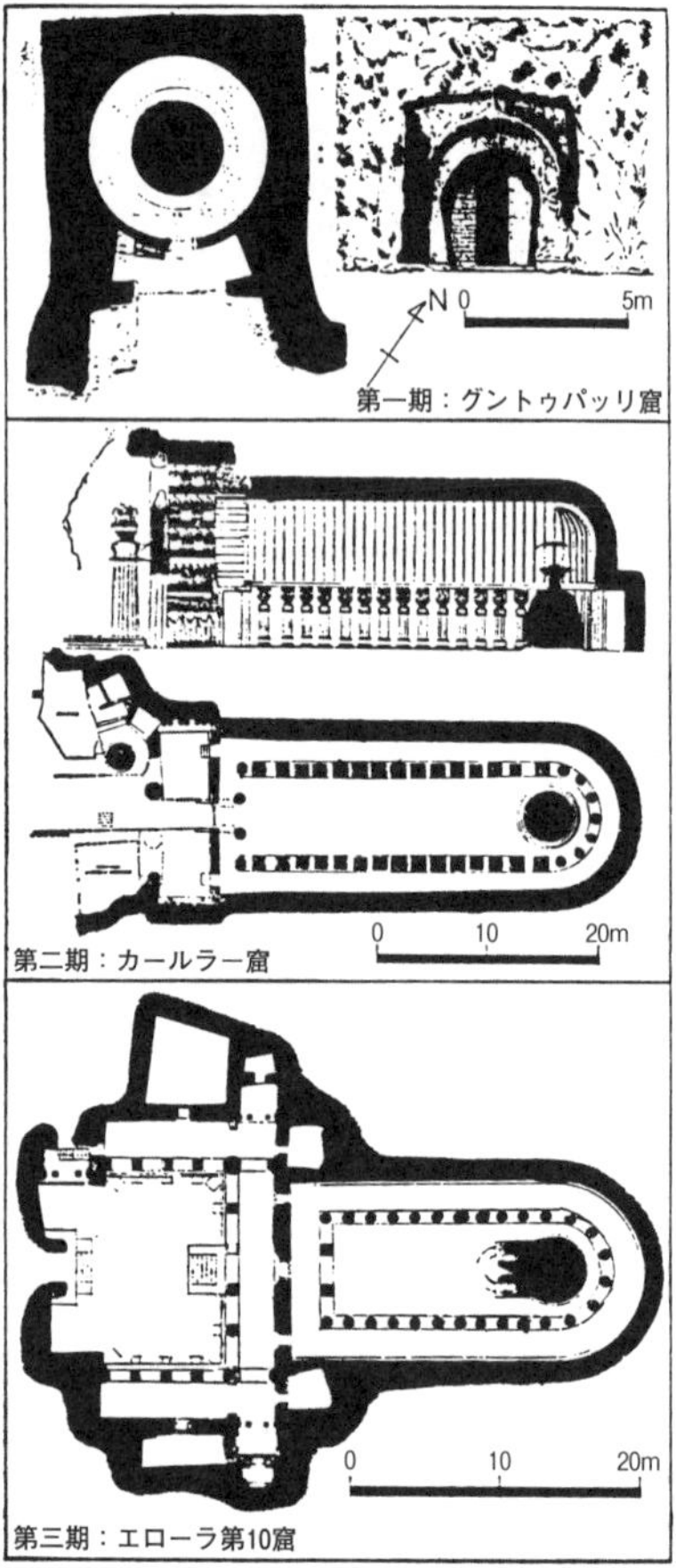

チャイティヤ窟の発展過程

礼拝の対象として強い位置を占めてきたことを示している。仏塔をまつるチャイティヤ窟の本来の性格はしだいに薄れてきた。仏像の彫刻は正面や柱頭や長押《なげし》などに装飾的に随所に施されている。

僧侶の住房・ヴィハーラ窟

次にヴィハーラ窟についてみると、第一期には簡単な独房や数個の僧房が一面または二面にならぶ僧房がみられる。前二世紀ころのグントゥパッリ石窟のヴィハーラ窟は一〇余の僧房がほぼ一面にならんでいる。これらが三つの群に分れ、東部の僧房群は四房からなり、中央の室から東西と北の房につながっている。東西の房は中央の室と同じく南に戸口をもち直接外部につながってもいる。中央の僧房群もこれとほぼ同じ構成をもっているが、前面に二本の柱をもつ前庭がついている。西部の僧房群は細長い前庭から西の房と北の三つの房につながっている。これらの僧房はいずれもその正面にアーチ状の木造建築の構成を示している。この中央の室と前面に柱のならぶ前庭につながって僧房がならぶ形式は、第二期以後の広間から三面の僧房列につながるヴィハーラ窟の原型を示しているとかんがえられる。

第二期のヴィハーラ窟は長方形または方形の広間を開掘し、これを中心に広間の入口側を除く三面の壁に間隔をおいて小房をならべたもので、石窟の正面に前室を設け柱列を配置する場合が多い。この形式でもっとも古いのは前二世紀ころとみられるバージャー石窟のヴィハーラ窟で、広間も小さく、広間と小房群の配置は整っていない。

しかし、西インドでは前一世紀になると定型的なヴィハーラ窟がひろく一般化してくるようだ。ナーシク第三窟は一二・五メートルに一四メートルの広間を中心に三面に一九の

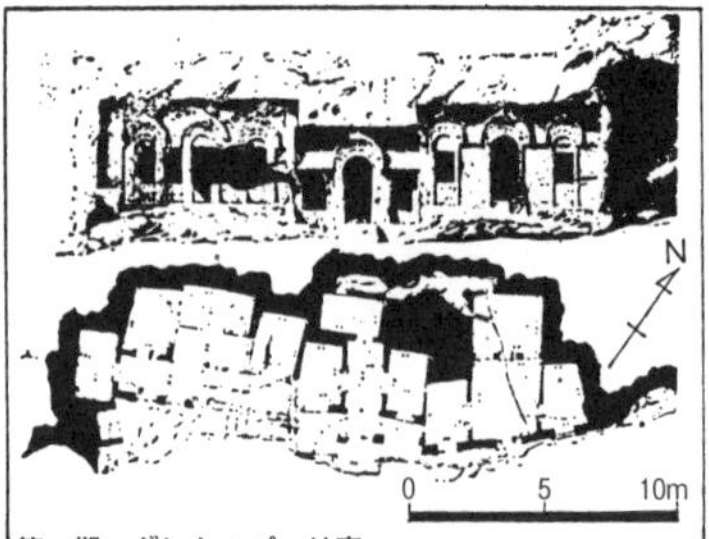

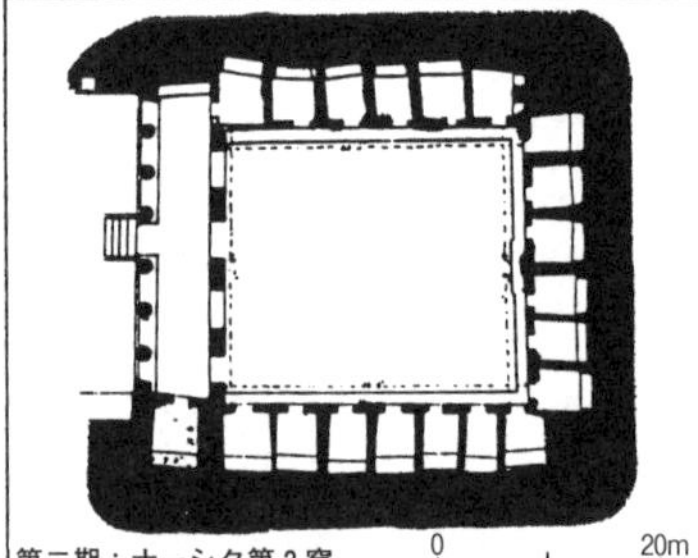

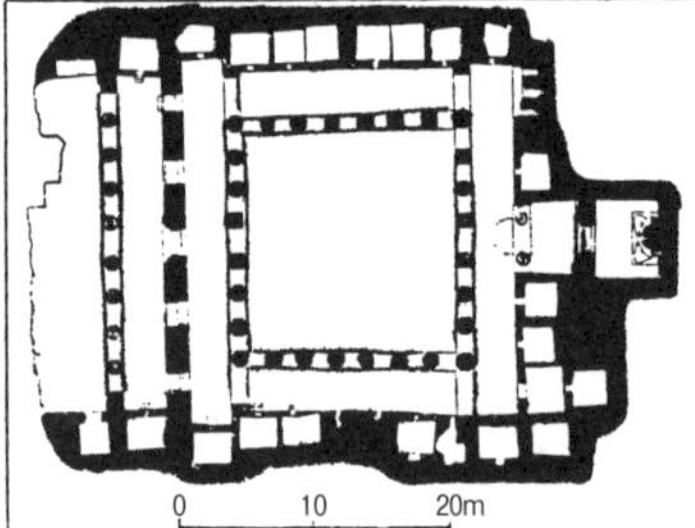

ヴィハーラ窟の発展過程

房室がならび、各房の奥壁側を一段と高くして寝台をつくりつけている。正面には細長いヴェランダがあり、側面に一つの小房がある。ヴェランダの柱列には二獣交叉《こうさ》像の柱頭がつかわれ、列柱の下には低い腰板様の壁をのこし、欄楯（仏塔のまわりにめぐらされた玉垣）の形をつくり出しているのはとくに注目される。

第三期になるとヴィハーラ窟の平面構成に大きい変化があらわれる。それはヴィハーラ窟の奥壁の正面中央に祠堂を設け、仏像をまつる傾向があらわれてくることである。六世紀のアジャンター第一窟はこの期の典型的なヴィハーラ窟で、建築においても、またこれを装飾する荘厳《しょうごん》においても、もっともすぐれた石窟といわれる。正面に列柱のあるヴェランダがあり、正面には壁をのこして三つの入口や二つの窓をひらき、広間には周壁に平行して支柱をならべ、房室がならぶ周壁との間に回廊がつくられる。奥壁の中央に前室と奥室とからなる祠堂がおかれ、奥室に仏の坐像が安置されている。

このように、チャイティヤ窟でもヴィハーラ窟でも仏像崇拝の傾向がしだいにつよくなり、僧侶が起居する僧院の中にまで仏像をまつる祠堂が設けられるようになり、僧院が礼拝儀式を行なう仏堂的性格をあわせもつことになったことは注目すべきである。サーンチーの仏教寺院の構成の変化と関連して興味深い。次に、この仏像の出現の状況についてみてみよう。

3 仏像誕生

ガンダーラとマトゥラー

仏陀の象徴、仏像の出現

仏像がいつ、どこで、いかにして造像されはじめたかはむつかしい問題である。はじめにみたように、七世紀の中国の高僧玄奘《げんじょう》は、ナガラハーラの仏影窟で経文と讃仏の句をとなえつづけることによって仏陀の影像を感得している。また、バーミヤーンやクシナガラなどで仏像を礼拝してもいる。五世紀の法顕も同じく仏影窟を訪ね仏像を礼拝している。このことは法顕や玄奘らの高僧のあいだにも仏像礼拝の習慣が深く根をおろし、信者と僧侶とをとわず、ひろく一般化していたことを示している。

もっとも、仏陀の在世中に仏像がつくられたという伝説がないわけではない。その一つに、むかし、仏陀が忉利天《とうりてん》にゆき、夏の間、母のために説法されたことがある。このとき、カウシャンビー国のウダヤナ王は仏陀を慕い、目犍連にたのんで工芸家をつれて天に昇り、仏陀の尊顔容姿を見、地上に帰ってから紫檀で彫刻して仏像をつくらせたという伝説を、玄奘がつたえている。

しかし、今日われわれがみることができるのは、ガンダーラやマトゥラーのもっとも初期の仏像である。それ以前、仏陀は人間的容姿をもって描かれることはなく、かならず法輪・菩提樹・仏塔・仏足石・空いた坐席などが仏陀を象徴するものとして描かれてきた。ところが、仏塔を礼拝の対象としてきた在俗の信者の間に、より具象的な礼拝の対象として、人間的容姿をもった仏像の出現をねがう傾向がつよくなってきた。

ガンダーラか、マトゥラーか

こうして、仏塔の崇拝が在俗の信者を中心にすすめられてきたように、仏像もまた僧侶の修行とは関わりなく、在俗の信者たちの信仰の対象としてうまれてきた。仏教は数世紀をへて、クシャーン朝に仏像をもつことになったのである。「この画期的な事象がおこったのは、はたしてガンダーラか、マトゥラーか」という論争が早くからつづけられた。

菩提樹の礼拝
（バールフトの欄楯より）

ガンダーラはインダス川の上流、いまのパキスタンの西北部ペシャワール地方の古名である。玄奘のいう健駄邏国はほぼ現在のペシャワール県をさし、東をタキシラ（呾叉始羅国）、北をスワート（烏仗那国）、西をカイバル峠をへだててナガラハーラ（那掲羅曷国）と接する地域である。一般に文化史的にはこの健駄邏国を中心に東はタキシラ、北はスワート、西はアフガニスタンの一部にわたる広域をガンダーラ文化圏とよぶ場合が多い。この地方は西方および中央アジアからインドにはいる門戸として文化史上重要な役割を演じ、西方からの異民族の侵入や占拠も多く、西方の文化を受容し展開しうる素地は十分に用意されていたのである。

じっさい、この地方は歴史時代の初期から、外来文化のつよい影響のもとにおかれていた。前にものべたように、前六世紀ころにはアケメネス朝ペルシアの東方の属州となっていたし、前三二七年にはペルシア帝国をほろぼしたアレクサンドロス大王の遠征軍がこの地方に侵入したが、インドの内部には深くはいることなく、一部の守備隊をのこしてひきあげた。この遠征によって各地に多数の植民都市アレクサンドリアが建設され、その勢力はアジアの内部にまで深く浸透した。とくにバクトリアにギリシア人の植民地がひらかれ、西方の文物が東方へ伝播《でんぱ》するのに貢献した。ガンダーラ地方には、このバクトリア・ギリシアの勢力の侵入にはじまり、サカ族やパルティア族の侵入と支配がつづき、西方文化の導入による東西文化の交流がみられた。

『ミリンダ王の問い』

いまのアフガニスタンの北方、オクサス川流域のバクトリアから、しだいに南進をはじめたバクトリア・ギリシア人は、前二世紀のはじめにはアフガニスタンから西北インドへ侵入をはじめ、その後約二〇〇年にわたってこの地方を支配した。

これらギリシアの諸王のうち、前二世紀の後半に活躍したメナンドロス王はパンジャーブからガンダーラ、スワートやアフガニスタンの中東部にわたる地域をその版図におさめ、シャーカラ（現在のシアルコト）を首都とした。この王は仏教にも大いに関心をいだき、ナーガセーナ長老とのあいだにかわした宗教問答は、漢訳の『那先比丘経』あるいはパーリ文の『ミリンダ王の問い』として伝わり、東西の思想的交流をものがたるものとして注目される。このころ多数のギリシア人が移住しヨーナカ人とよばれ、都市を建設し、文化を移植していた。首都シャーカラは整然とした構成を示し、物資はゆたかで、きわめて富み栄えていた。『ミリンダ王の問い』には、次のように記されている。

「ヨーナカ人（ギリシア人）のあらゆる物資交易の中心地であるサーガラという都市があった。山河の風光が明媚《めいび》で、美しい地域であった。遊園地・庭園・森・泉そして蓮池がそなわり、川や山や林によってこの都市はたくみな技術者によって設計され、敵や反逆者は追い払われ、かれらの危害をうけることがなかった。というのは、多種多様の堅固な見

アゼス一世貨幣
（出土地不詳　ラホール博物館蔵）

張塔と城壁があり、もっともすぐれた城門と塔門があり、そして深い堀と白い城壁がこの都市をとりかこんでいた。道路・路地・十字路・四ツ辻は整然と区画されていた。多くの高価な品物が商店に満たされ、きれいに並べられていた。都市は各種の一〇〇の布施堂によって美装され、かつヒマラヤの山頂のごとくそびえたつ一〇万の豪壮な邸宅で飾られていた。道路は象・馬・車・歩行者であふれ、美しい男女の群れが列をなし、王族・司祭者・庶民・隷民のそれぞれの階級のそれぞれの人々が群がっていた。……人々の心を奪う多くの財宝が充満し、四方に面した飾窓に贅美《ぜいび》な品を陳列した商人たちの組合が並んでいた。都市には貨幣・金・銀・銅・宝石が充満し、輝く宝の国のようである。穀物・財産・生活物資は豊かで、倉庫に充満していた。……あたかもウッタクル（須弥山の北にあるという理想境）のごとくであり、穀物の完備していることは、天の都、アーラカマンダー（毘沙門天《クヴェーラ》の都）のごとくであった」

シアルコトにはこの都市の廃墟と思われる大きい丘がある。この都市遺跡の調査はまだほとんど行なわれていない。ただテラコッタの像を出土する二、三の寺院址が部分的に調査されているのみである。明らかにヘレニスティックな都市計画の上にギリシア風の文物が盛行したと推察されるこの都市遺跡の解明は、今後の調査活動の重要な目標の一つとなるにちがいない。

サカ・パルティア族がバクトリア・ギリシア人にひきつづいて西北インドに侵入した。サカ族の王のうち、マウエースやアゼス一世はよく知られ、その貨幣の銘は表にギリシア文字、裏にカローシュティー文字が刻まれている。とくにアゼスの貨幣はガンダーラの古い仏教寺院址からしばしば出土し、当時仏教が広くゆきわたり、各地で造寺の活動が活発であったことを示しているようだ。

聖トマスのインド行伝

サカ族についで西北インド一帯に、パルティア族がその支配を確立するのは、ゴンドファルネースのときだといわれる。新約外伝の『トマス行伝』にでてくるインド王グードナファルはこのゴンドファルネースに比定されている。これによれば、キリストの死後、聖トマスはインドに行って福音を説く役をわりあてられたが、これをきらった。そのときキリストが彼の前にあらわれ、ハッバーンという商人にゆだねてしまう。この商人はシリアから有能な大工をつれてくるよう、インドのグードナファル王にたのまれていたのである。

聖トマスは、そこでハッバーンとともに海路インドへ渡った。そしてグードナファル王に宮殿の建築を命じられ、多額の資金を手渡された。しかし王が征伐にでかけ留守をしている間に、全額を貧民の救恤《きゅうじゅつ》にあててしまった。王が帰ってくると「王のために天上に宮殿をつくった」と弁明したが、王は怒り彼と商人を獄にいれた。やがて王の弟が死に、昇天して聖トマスのたてた宮殿をみた。そして地上に再びよみがえり、このことを王に告げた。そこで王と王弟はキリスト教に回心したというのである。

この伝説は、当時インドでは西方の技術者を求めていたことを示すものとして興味深い。じっさい、この時代には西方の文物と技術の導入が積極的にすすめられていたことが、あとでのべるタキシラの発掘調査（一九一頁以下参照）で確証された。

ところで、後一世紀の中ごろになると、パルティア族にかわって西北インドをクシャーン族が支配するようになった。そして急速な征服によって、インダス川の下流や西インド、マトゥラー地方まで支配下におさめ、北はバクトリアから南はインドに及ぶヒンドゥ・クシュ山脈の南北にわたる大帝国を建設したのである。このクシャーン朝の時代にガンダーラ美術もマトゥラー美術も隆盛をきわめたのである。

ガンダーラ美術の調査とフーシェ

こうした歴史的環境にあったガンダーラ地方にさかえた美術は当然、西方的色彩のつよいものであった。彫刻や古銭には、一見してそれとわかるギリシア・ローマ風の自然主義的な作風がうかがわれる。このことは西欧の人たちの関心を刺激せずにはおかなかった。

マルダーンの兵舎将校集会所の暖炉

一九世紀になると先にみたように、ヴェントゥラーはマーニキャーラ塔を、マッソンやヘーニッヒベルゲルはアフガニスタンのカーブルやジェラーラーバード近辺の仏塔をひらき、多数の古銭や古物を収集した。とくに一八四九年、パンジャーブ州がイギリス領になってから、この地方の遺跡は多くの財宝めあての人たちの手で荒らされることが多くなった。ガンダーラの彫刻が発掘収集されて各地の博物館をかざるようになった。そのなかでもE・C・ベイレーのジャマール・ガリでの収集品が水晶宮の火災でうしなわれたことは、カニンガムの収集品が輸送の途中で船とともに海底に消えたこととともに惜しまれている。

それにしても、当時の「彫刻のみをめざして、出土状況を考慮しない調査はガンダーラ美術の究明をいちじるしく困難にし、発掘調査における科学的方法にたいする無知と無視が収集された遺物の価値を減じてさえいる」ことをバージェスは指摘した。そして仏塔や僧院との正確な関連を明らかにすることにより、遺物のもつ価値はいっそう高くなることを強調した。とりわけ憂慮すべきことは、出土した遺物が発掘者の意のままに各地の博物館や個人のコレクションにしばしばその出土地も明らかにしないで収められることであった。こうした状況では遺跡と出土遺物を比較検討することすら不可能である。マルダーンの兵舎将校集会所の暖炉（前頁図）にはめこまれた浮彫片はその一例で、すべて出土地はわからない。バージェスは、遺跡と出土遺物が遊離することにより研究上に大きな損失をもたらしていることを警告し、仏教遺跡の総合的調査の必要をといたのである。

じっさい当時の調査をつたえるものは、H・W・ベリューによるユースフザイ、ベンガル工兵隊らによるタクティ・バヒ、ジャマール・ガリなどの諸遺跡の調査、H・H・コールによるユースフザイの報告やカニンガムらによる考古調査局の踏査などである。

ガンダーラの遺構と美術との関連をはじめて体系的に論じたのはファーガソンであった。その後もガンダーラ美術をめぐる活発な論議がくりひろげられた。V・A・スミスはガンダーラ美術をローマの影響とかんがえ、一〜五世紀にわたり、三世紀から四世紀の前半を盛期としたが、E・スナールは一〜二世紀を盛期とし、むしろギリシアの影響がつよいとかんがえた。

ガンダーラ起源説　A・フーシェ（一八六五〜一九五二）はフランスのインド学者としてよく知られ、仏教美術の研究にも大きい足跡をのこした。一八九五年にインドに渡り、ガンダーラ地方を中心に調査活動をつづけた。その後一九一五年から一八年にかけてインド考古調査局の事業に参加し、マーシャルに協力した。一九二二〜二五年にはフランス考古調査団長としてアフガニスタンの各地を踏査した。フーシェは調査によって、大著

ガンダーラの仏立像
（マルダーン出土　ペシャワール博物館蔵）

マトゥラーの仏立像
（マトゥラー出土　マトゥラー博物館蔵）

『ガンダーラのギリシア仏教美術』（一九〇五～五一）をはじめ、多くの論著と報告書をあらわした。この著書の題目からも明らかなように、フーシェはガンダーラ美術へのギリシアの影響を重視し、これを詳しく論じたのである。インド・ギリシア人の支配した時代にギリシア系文化とインドの仏教文化が結合し仏像を生みだしたとかんがえた。

そして東西文化の交流によるガンダーラ美術の発生した時期を、とくに仏教に関心をもった前二世紀中ごろのメナンドロス王の時代までさかのぼらせることができるとした。その根拠には前一世紀中葉のアゼス一世の貨幣を伴出したビーマラーン舎利容器や記年銘をもつローリヤーン・タンガイ出土仏立像やハシュトナガルの坐像をガンダーラ盛期の作とみなし、その銘をマウリヤ紀元で解釈し、あとにのべるカニシュカ舎利容器（二一九頁以下参照）をデカダンとみる立場にたったのである。

フーシェはガンダーラ美術をギリシア人を父とし、仏教徒を母とする工人の手になるギリシア風仏教美術とよんでいる。それはギリシア・ローマの西方世界の神像などをみなれた芸術家が、仏の像の造形をおもいたち、それをヘレニスティックな技法でもってあらわしたものといえよう。顔かたちはアポロ風に、服装はややインド風に表現され、はじめは仏塔を荘厳にするために片岩の浮彫に本生図や仏伝図をえがき、そこで仏像の造形をこころみ、やがて独立した礼拝の対象としての仏像にまで発展したのである。たしかにガンダーラの仏像はインドの芸術的伝統のもとでつくられたのではなく、ヘレニズムの芸術的伝統のもとで仏教信仰のテーマがとりあげられ、ここに東西文化の交流の結実としての仏像が出現したのである。

フーシェにつづいて、バッハホーファーやマーシャルらがガンダーラ美術のギリシア影響をとなえた。とくにマーシャルは、タキシラでの発掘調査をふまえて総合的な提言を行ない注目された。なお、B・ローランドやM・ウィーラーはガンダーラ美術のローマ影響説をとなえている。

マトゥラー起源説

仏像の出現をガンダーラ地方にみる説に対して、これをマトゥラー地方とみる説があった。マトゥラーはヤムナー川の西岸、デリーの東南約一四〇キロメートルにある地方で、

ヤクシー女神の欄楯
(マトゥラー出土　ニューデリー国立博物館蔵)

中インドの西北に位置し、古くから交通の要衝であった。

玄奘が秣菟羅国と記しているのがこの地方で、バラモン教をはじめ、仏教やジャイナ教の重要な拠点となっていた。とくにクシャーン朝のもとでさかえ、二世紀の後半から三世紀の前半にかけてクシャーン帝国のインド領における政治軍事上の中心となった。現在の市街地の外周りに、東から西にかけ弧状をなして点々とのこる泥煉瓦の城壁は、当時の築造のものとされている。

マトゥラーの市外や周辺には遺跡が多数散在しているが、たび重なる外民族の侵入によって破壊しつくされ、建築遺跡の平面もほとんど跡づけられないような状態である。したがって石造彫刻も完全なものは多くない。しかし都市の商業的発展を背景として仏教やジャイナ教の寺院をかざるために、彫像の製作がさかんに行なわれていたらしい。これらの石造彫刻はシクリー産の赤色砂岩を用い、インドの古代派の伝統をふまえ、ガンダーラのそれとはまったく異なった独特な表現をなし、大胆な彫法と圧倒的な量感の造型を示している。ガンダーラの美術がヘレニスティックな技法で仏像を表現したのに対し、インド的な技法でもってインド的な仏像を表現したものといえる。

仏像の起源をめぐる論争

フーシェに代表されるガンダーラ起源説に対して反論したのはポーランドの旧貴族V・ゴルベウであった。ゴルベウは、ガンダーラ美術の年代を古くさかのぼらせようとするのを批判し、とくにフーシェらがカニシュカ舎利容器を様式的にヘレニスティックの起源から遠ざかるとしてデカダンのもとであるとみるのにたいし、むしろその意匠は、インド固有の古い伝統をもつものとして、これをプリミティヴであるとした。様式的編年の基準がまったく相反してくるのである。

クマーラスワーミーはゴルベウらの提説をうけて、仏像のインド起源を強く主張した。まず図像学的考察によって、仏教徒が使用していたいろいろの象徴を、インドに固有なアーリヤ的起源とみるとともに、すでに古くからヤクシー（土着信仰にみる樹神）などの民族信仰には神像がつくられていたことを指摘し、こうした土着の信仰と神像がおこなわれていた環境では、仏教徒のあいだで仏像表現の要求がおこるのは当然のこととかんがえ、西方の影響をまつ必要はないとしたのである。そして、年代について確実にはいえないとしながら、ガンダーラ仏はカニシュカ王より少し前までは、ほとんどつくられなかったが、いっぽうマトゥラー仏は後一世紀の中ごろか、おそくとも末期には製作されていたものとかんがえた。

その後、マトゥラー起源説を積極的に論じたのはオランダのヴァン・ロハイゼン・デ・レウ女史である。ガンダーラ仏を検討して、カニシュカ舎利容器の仏像を記年銘をもつ最古の遺品としたのである。そして独自の年代論をもって、マトゥラーにおいてガンダーラより一世紀、少なくとも半世紀早く仏像が出現したと結論したのである。

郵便はがき

料金受取人払郵便

京都中央局
承認

6633

差出有効期間
2026年1月
31日まで

(切手をはらずに
お出し下さい)

6008790

110

京都市下京区
正面通烏丸東入

法藏館 営業部 行

愛読者カード

本書をお買い上げいただきまして、まことにありがとうございました。
このハガキを、小社へのご意見またはご注文にご利用下さい。

お買上 **書名**

＊本書に関するご感想、ご意見をお聞かせ下さい。

＊出版してほしいテーマ・執筆者名をお聞かせ下さい。

お買上
書店名 区市町 **書店**

◆新刊情報はホームページで http://www.hozokan.co.jp
◆ご注文、ご意見については info@hozokan.co.jp

24.01.50000

ご氏名《ふりがな》	年齢　　歳	男・女
〒□□□-□□□□ ご住所	電話	
ご職業（ご宗派）	所属学会等	
ご購読の新聞・雑誌名（ＰＲ誌を含む）		

ご希望の方に「法藏館・図書目録」をお送りいたします。
送付をご希望の方は右の□の中に✓をご記入下さい。　□

注 文 書

月　　日

書　　名	定　価	部　数
	円	部
	円	部
	円	部
	円	部
	円	部

配本は、○印を付けた方法にして下さい。

イ. 下記書店へ配本して下さい。
（直接書店にお渡し下さい）

（書店・取次帖合印）

書店様へ＝書店帖合印を捺印の上ご投函下さい。

ロ. 直接送本して下さい。
代金（書籍代+送料・手数料）は、お届けの際に現金と引換えにお支払下さい。送料・手数料は、書籍代計16,500円未満780円、16,500円以上無料です（いずれも税込）。

＊お急ぎのご注文には電話、ＦＡＸもご利用ください。
電話 075-343-0458
FAX 075-371-0458

（個人情報は『個人情報保護法』に基づいてお取扱い致します。）

4 壮大なる都市遺跡――ヘレニズムとの出会い

古代都市タキシラ

マーシャルの活躍

一八八九年、J・バージェスが考古調査局長官を退官すると、政府は考古調査局を廃止し、その事業は中央機関をはなれて地方政庁にまかされることになった。こうした状態は一八九八年までつづいた。ところが一八九九年、カーズン卿が総督に着任すると、インドの考古学的事業が中央の指導力を失い、地方の政庁もなんの関心も示さず、混沌《こんとん》とした状況にあることを知り、すぐれた建築遺構が崩れるにまかされ、保存や修復についてもなんら統一した原則がないことを指摘し、一九〇〇年にはイギリス政府に考古学調査を統括し監督するための長官の職を復活することを要求した。これに基づいて一九〇二年にはJ・マーシャルが二六歳の若さで再建されたインド考古調査局の長官に着任した。一九〇四年にはカーズン総督の尽力もあって、記念物保存法がようやく制定された。こうして、マーシャルを中心にインド全域（ただしミャンマーを含み、独自の組織をもつマイソールを除く）にわたる考古学的調査と保存修復の事業が組織的にすすめられることになったのである。一九〇六年にはインド考古調査局の基礎はほぼ確立したのである。調査の報告はインド考古調査局年報に逐次報告されることになった。

しかし、一九一一年の東洋学者会議ではインド考古調査局のメンバーがほとんどイギリス人によって独占されていることにつよい批判がおこった。翌一二年には有能なインド人が採用されるようになった。しだいにインド人の考古学的調査と保存事業への参加が盛んになり、一九二一年には政府の職員の四割がインド人で占められるようになった。

一九二〇年代になると発掘調査の分野で大きな出来事がおこった。インダス文明の遺跡の発見である。仏教時代をさかのぼる遺跡はないと信じられていたインド考古学の分野に大きい変化がおこったのである。もちろん、インダス文明の遺跡の調査と併行して、ナーランダー、パハルプル、ナーガールジュナ・コンダなどの仏教遺跡の発掘調査もすすめられた。

タキシラ三都の調査

次にマーシャルによって一九一三年以降、二二年間にわたって継続的な調査がすすめられたタキシラの発掘調査について見てみよう。

古代インドの学術の中心であったタキシラは古くからインドと西方を結ぶ交通の要衝であり、またインダス川を通してアラビア海、紅海、ペルシア湾にもつながり、東西交渉に

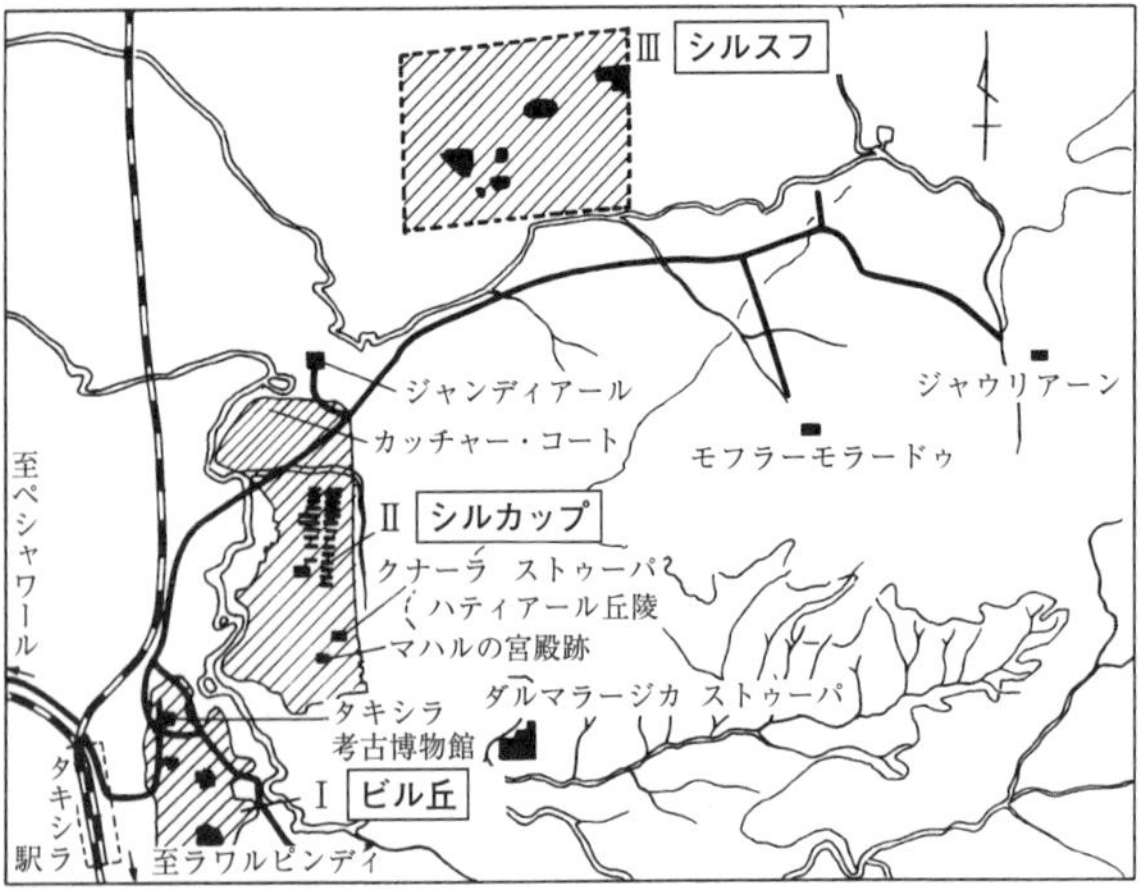

タキシラ遺跡地図

重要な位置を占め、政治、経済、文化の交流に大きい役割をはたしてきた。タキシラにはビル丘、シルカップ、シルスフという三つの、時代の異なる都市遺跡と、その内外に多数の仏教遺跡が散在し、文献で多少しられているにすぎなかった古代インドのもっとも大きい遺跡群の一つであるタクシャシラーの都市の栄光をしのばせている。

タキシラの調査はすでに前世紀の後半一八六三年と一八七五年の二回にわたってカニンガムが行ない、古代のタクシャシラーに比定している。本格的な発掘調査は今世紀になってマーシャルによって、一九一三年から二二年間の長期にわたって継続的に行なわれた。この大規模な発掘調査はタキシラの文化的繁栄の跡を明らかにし、西北インドの古代文化史やガンダーラ美術の編年をかんがえる上にも大きく貢献した。それは問題解明のために考古学的な確実な根拠をあたえ、解決に導く多くの資料を提供したのである。この調査はインド考古調査局の年報に逐次報告され、ほかに一九三六年には『タキシラ遺跡案内書』が出版されて発掘の大要がまとめられた。この発掘調査に関する総合的な報告は『タキシラ』三巻としてようやく一九五一年に刊行された。『タキシラ遺跡案内書』も一九六〇年に改訂され、タキシラ遺跡博物館を中心に、よく整備し保存されたタキシラの遺跡群へのすぐれた手引書となっている。

第一都市・ビル丘

タキシラの三つの都市遺跡のうち、ビル丘がもっとも古く、つづいてシルカップ、シルスフが最後である。ビル丘の都市遺跡はタムラー・ナーラー川とタキシラ駅の間の小さい平地にある。南北約一一〇〇メートル、東西約六七〇メートルの不整形な土塁でかこまれているが、その一部は壊れていて市壁のもとの位置がわからなくなっている。

マーシャルはこの遺跡のほぼ中央の部分を発掘し、都市の構成の一部を明らかにした。幅六・七メートルの道路がほぼ南北にはしり、これに幅二・七メートルから五・一メート

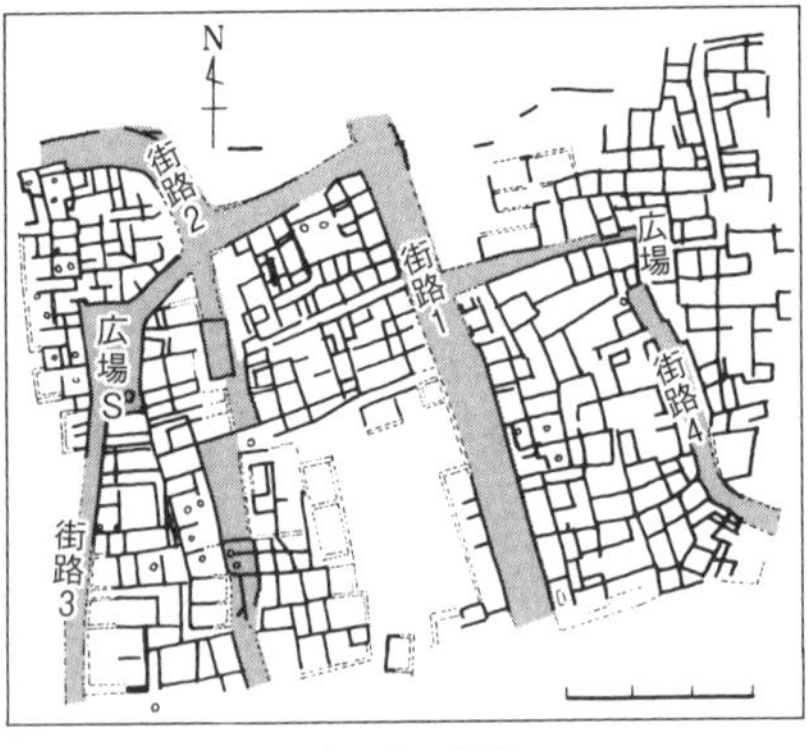

ビル丘の街区

ルのせまい道が彎曲して不整形につながっている。そして、これらの交錯した道路に面して住居や商店がたちならぶといった自然形成的な無計画な都市の形態を示しているのである。じっさい、せまくて、曲りくねった路地では、両側にならぶ家の間を二人でならんで歩くことができない。町のところどころに設けられた小さい広場は通行を円滑にする役割をはたしていたのだろう。図中の広場Sの南西の隅には石のベンチがおかれていたが、よく使われたらしく磨滅していたし、北東の隅の街路への入口にあたる位置には壁に接して、石の柱がおかれていた。この石の柱は高さ約一・五メートルで、地中に二メートル埋めこまれ、町の中をはしる車による損傷から家屋の隅をまもるために、他の街路の部分にも設けられていた。

幅六〜七メートルの主要街路や広場Sの部分を発掘したところ、主要街路の下からはなんの構造体もあらわれなかったが、広場Sでは一・二メートル下方に丸石で舗装された広場があらわれた。他のせまい街路の部分では、道路以外の構造体があらわれてきた。これは、主要街路と広場Sの部分では、初期からその平面の構成が踏襲されてきたことを示している。これは長期にわたって主要街路を中心とした初期の都市計画が生きつづけたことを示すものといえよう。こうした現象は次期の都市シルカップでも、またモヘンジョ・ダロやハラッパーなどのインダス文明の都市遺跡でも共通してみられた。多数の建物のなかで、ひときわ大きいのは三本の柱にささえられた会堂である。

街路が交錯していたように、町の住居もまたきわめて不整形なプランを示している。壁体は石灰岩で組みあげ、その間を小石や泥、ときには泥煉瓦でうめるという不整形な石積みであった。外壁の一部には泥がぬられ、室内は赤色プラスターで塗装されていたが、そのほかにはなんの建築的装飾もなかった。住居の平面は板石や小石が敷きつめられた中庭をかこんで、そのまわりに室が設けられるという型で、中庭は街路につながっていて各室に直接出入りできるようになっている。住居は二階建で、階下の諸部屋は二階よりも小さく、奴隷や雇人たちの部屋であろう、とマーシャルはみている。

各住居の下水処理にはソーク・ピットとよばれる下水処理用の井戸がつかわれていた。この排水用井戸《ソーク・ピット》にはいくつかの種類があるが、そのもっとも初期の簡単なものは、径七五〜九〇センチメートルの陶輪をつみ重ねて、深さ四・五〜七・五メートルの井戸をつくり、その内部に粗な陶製の穴のあいた器を埋めこんで、下水を濾過し、まわりの土に浸みこませようとするものであった。のちには、石灰岩やカンジュール石（多孔質の砂岩の一種）でつくられ、底になるほど井戸の径が細くなるものもあらわれた。排水用井戸は各戸の内庭のほかに浴室・洗濯室・台所などに設けられることが多かった。この排水用井戸はビル丘にだけみられ、バクトリア・ギリシア侵入後の他のタキシラの都市ではほとんどみられない。

排水用井戸のほかに、日常の廃棄物を処理するための大きい容器が、広場や道路に面しておかれていた。町の掃除人がいつも清掃のためにはたらいていたのであろう。先にみた広場Sの東には二・七×一・五メートルもの大きい割石でつくられた容器があった。発掘したときにはこの大きな容器のなかに骨片やこわれた土器などの廃棄物がはいっていた。これは公共の容器の例であるが、ほかに各住居の近くにも容器がおかれ下水以外の廃棄物が処理されていた。

マーシャルは発掘調査の結果、ビル丘の都市遺跡は前五世紀あるいはそれ以前から前二世紀ころまでつづいた都市遺跡で四層からなることを明らかにした。したがって、アレクサンドロス大王の東征のさい、この軍団と交渉をもったのも、アショーカ王が太子の時代(前三世紀のはじめ)副王として駐留したのも、この都市だということになる。

なお、一九四四〜四五年にはインド考古調査局のA・ゴーシュらが、ビル丘を発掘調査した。この調査では半円形の端部と大きな十字の平面をもつ建物があらわれたが、主要街路に面し都市の中心に位置を占めるこの建物は、都市の管理施設であったのかもしれないといわれる。

第二都市・シルカップ

シルカップはハティアール山脈の西端の尾根から北の平地へひろがる都市遺跡で、周囲約五・五キロメートル、厚さ四・六〜六・二メートルの城壁でかこまれている。東と北の城壁はまっすぐにそれぞれ南北と東西にはしり、東壁の南の部分は山道に沿うて山頂にまで達している。南の城壁はハティアールの山の輪郭に沿い、西の城壁はタムラー・ナーラー川に沿うて不整形である。マーシャルらの広域にわたる発掘調査によって北面の城壁に設けられた城門からやや西にずれて主要道路がまっすぐに南北にのび、これと直交して道路がつき、東西に市街地がひろがる碁盤状の計画的都市の構成をもつことがあきらかになった。ビル丘の都市が無計画な都市の構成を示し不規則な建物がならんでいたのとくらべて、まったく対照的である。

この計画的な都市を建設したのは、前一九〇年ころこの地方に侵入したバクトリア・ギリシア人だとマーシャルはかんがえた。じっさい、その構成をみると第一に、街路と建物が碁盤状に配置されている。第二に防禦の役割を果たすハティアール山を背にしてその一部が市壁にくみこまれている。第三に城壁の西にタムラー・ナーラー川、東から北へかけてカウ・ナーラー川が流れ、給水と防禦の効果をあげている。第四にハティアールの山はまことにアクロポリスの位置にふさわしい。これらの条件はすべてヘレニズムの都市の構成と一致しているのである。一般にヘレニズムの計画的な碁盤状都市はヒッポダモス型の都市ともいわれ、前五世紀ごろ、ミレートス生まれの天文学者、技術者ヒッポダモスによって創始されたといわれる。しかし、この類型の都市はすでに前六世紀のギリシアの植民都市にみられることから考古学的には否定され、オリエント文化の影響をうけて主とし

シルカップ遺跡

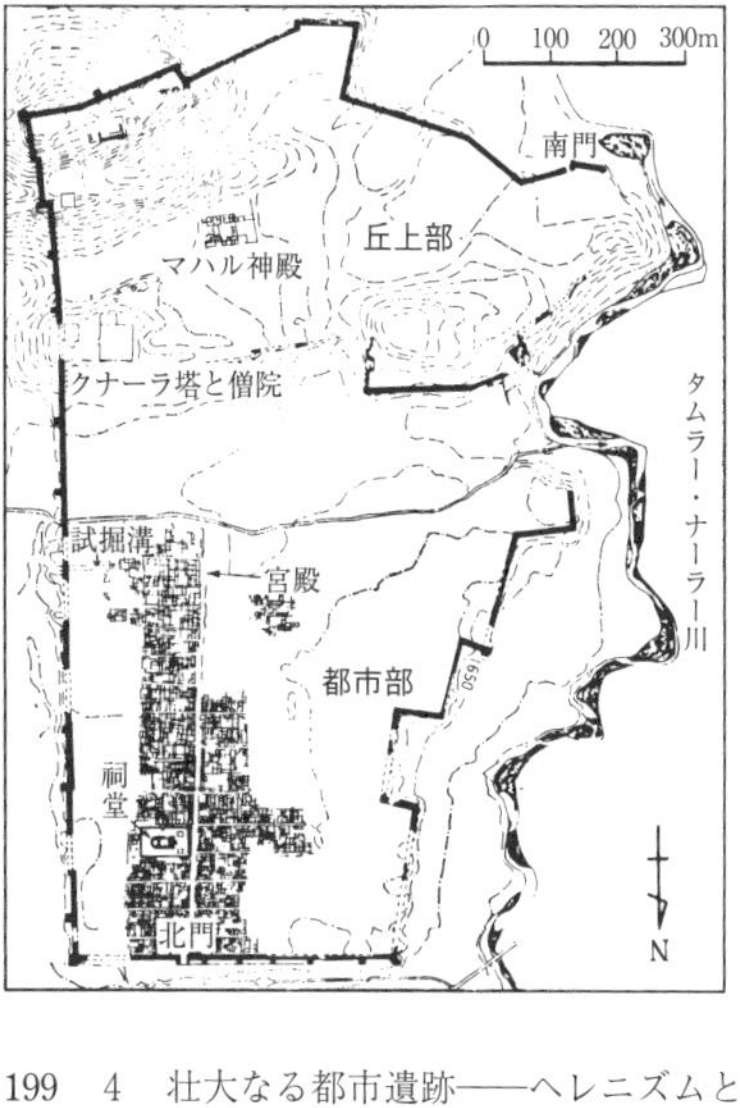

てイオニアで建設され、ペルシアによって破壊されたギリシア都市の再建にも採用されたという。アレクサンドロス大王の東征によって建設された植民都市アレクサンドリアも、この類型の計画都市であった。

シルカップの都市は北の平地の市街区と、南の丘上のアクロポリスとに分かれ、両者は石の隔壁が設けられていた。市街区は中央を南北にはしる幅八〜九メートルの主要街路とこれに直交する小路によって方形のブロックに分かれ、碁盤状の平面構成をなしている。主要街路に面し、市街区のほぼ中央、南東よりに王宮がある。主要街路に面して一〇五メートル、奥行一二〇メートルの区画に中庭をかこんで私的な謁見殿、公的な謁見殿、客殿、塔、南西の隅には宮廷女官の部屋がならんでいたものとマーシャルは推定した。この宮殿は一般の住居とくらべて規模はやや大きく、しっかりと建てられてはいるが、平面の構成がとくに他とちがっているわけでもなく、装飾がとくに華麗というわけでもなく、まったく簡素な宮殿であった。後一世紀にタキシラを訪ねたギリシアの哲学者アポロニオス（小アジア、カッパドキアのテュアナに生まれたピュタゴラス派の哲学者、純精神的関心からインドのバラモン哲学を求めてインドを訪ねた）がみたタキシラの宮殿は、シルカップのこの宮殿であろう。アポロニオスはタキシラの宮殿について次のように記している。

「タキシラの宮殿は他の建物にくらべて、とくに壮麗ということはなく、比較的上流の市民の住居とほとんどかわらなかった。歩哨や親衛兵がいるわけでなく、わずかに数人の召使いがいるだけだった。そのほか宮殿には三、四人の人たちが王と会うために待っていた。内庭も会堂も待合の間もその他の諸室もいたって簡素で、バビロンの宮殿のもののしさにくらべて、はるかにこころよい」

また、「タキシラはニネヴェとほぼ同じ大きさの都市で、ギリシア都市のように周囲を城壁でかこまれている。町はせまい道路で整然と区画されていてアテネの町を思い出させる」と、アポロニオスはのべているが、住居について「道路からみると、家々は一階建とみうけられるが、すべて地階をもっていた」とつたえている。シルカップの住居はビル丘の住居とくらべると、その平面構成ははるかに改良されているが、都市計画のようには整然とはしていなかった。

住居の平面《プラン》は宮殿や近郊にたつ僧院と同じく、中庭をかこんでいくつかの部屋がならぶ型式が基準で、必要に応じてこの基準平面《ユニットプラン》が連続するという方式のようであった。住居の構造はもと宮殿と同じく野石積《ラップル》みであったが、後二五～三〇年ころの大地震後、パルティアの影響で地文様石積《ダイアパー》みがとられた。壁面は内外を石灰やプラスターで仕上げていた。屋根、二階の床、ヴェランダ、扉や家具は材木が使われていた。屋根の構造はオリエント地方にみられる平屋根で、材木で屋根をつくりその上に厚い泥をのせてふいていた。

シルカップの主要街路には宮殿や住居、店舗にならんでいくつかの祠堂がたっている。その中でもっとも大きいのは、北門から南へ一一〇メートルすすんだところに西に面してたつ祠堂である。この祠堂院は前面が四一メートル、奥行六九メートルの矩形の平面をもち、その中央に後部が半円で前部が幅一七・二メートルの矩形の平面のチャイティヤ祠堂がたっている。石窟寺院でみたように、この祠堂は典型的なチャイティヤの平面を示し、内部は内陣と円室、これをとりまく外郭とからなっている。奥の円室には、もともと塔があったものと思われるが、いまはその痕跡もとどめていない。内陣と側廊の間には、ほんらいチャイティヤ窟やサーンチーの祠堂第一八号堂でみたように列柱がならぶところだが、ここでは壁体になっている。この祠堂の入口には左右に、七五センチメートル四方の小塔がならび、基壇の痕跡がのこっている。洞堂の前面には、主要街路の南と北にぬける両面階段が設け

双頭の鷲ストゥーパの基壇（サーンチー）

られている。この階段は、ペルセポリスの大階段の構成を思わせる。

このほか、Fブロックにある双頭の鷲塔としてしられる塔院も注目される。この塔は五・八メートルに六・七メートルの基壇で正面の西に階段がつく。基壇をみると、コリン

ト式の柱型《ピラ》がめぐらされ、その柱型の間にギリシア風の三角の破風《はふ》、インドのチャイティヤ・アーチをもつ戸口、サーンチー大塔などにみられる塔門《トーラナ》などの浮彫があり、チャイティヤ・アーチの頂部に双頭の鷲がいることから双頭の鷲の塔とよばれているのである。この基壇の構成はシルカップの都市が東西交渉の結節点であったことを示すものとして興味深い。なお、基壇より上部はなにも残っていないが、欄楯の一部と平頭《ハルミカー》と傘蓋《チャットラ》が残っており、タキシラ博物館のなかに復原されている。

これらのほかに八基の塔院の跡がシルカップの平地の市街地にのこっている。一例だけ円型の基壇であるが、他は方形である。これらの塔のなかには仏塔と確認できないのが三基あり、マーシャルはジャイナ教の塔かもしれないとしている。いずれにしても、当時シルカップの市民のあいだで、塔崇拝が日常生活のなかに深く根をおろしていたことを示すものといえる。しかし、市街地に祠堂院や塔院が設けられることはあっても、僧院はまったくみられない。僧侶の修道生活の場である僧院は、シルカップの郊外や近郊の山間に設けられ寺院を構成していたのである。

南のハティアール山上の城壁にかこまれたアクロポリスには、その西にのびる尾根の岩盤の上にマハルとよばれる地点があり、ここで一群の建物が発掘された。マハルというのは宮殿という意味で、村人に言い伝えられてきたのであろうか。中庭をかこんで多数の部屋がめぐらされる平面の構成も、その規模も、市街地の宮殿と類似している。マーシャルは日あたりのよい、北の市街地を見おろす位置を占めたこの建物を王の冬の宮殿と推定した。なお、山上の東には、クナーラ説話で有名なクナーラ塔と僧院が北の斜面に、尾根をへだてた南の斜面にクナーラ寺院に付属するガイ僧院がたっていた。

シルカップの層位と編年

マーシャルはシルカップの広域にわたる発掘調査によって、その生活層の編年を試み、七期に区分できるとした。しかし、マーシャルは市街地の発掘部分のわずか八分の一について第三層より下の層まで発掘しただけで、他の部分は第二層の後期サカ・パルティア時代の生活層までであった。マーシャルがとくに関心をもったバクトリア・ギリシアの層はわずか四つの地点に限っていた。発掘調査は繰り返し再現することはできず、ある意味では破壊につながるものでもある。したがって、サカ・パルティアの生活層の実態を明らかにするまでは、この層をとり除いて以下の層まで掘り下げるべきではないとかんがえたのであろう。そして第二～三層の大規模な発掘調査によって大きい成果をあげたのである。結果的には、マーシャルがめざしたタキシラの文化史的意義の重要性も、ガンダーラ美術に関する資料も、むしろこのサカ・パルティアの生活層から多くの成果をえたともいえる

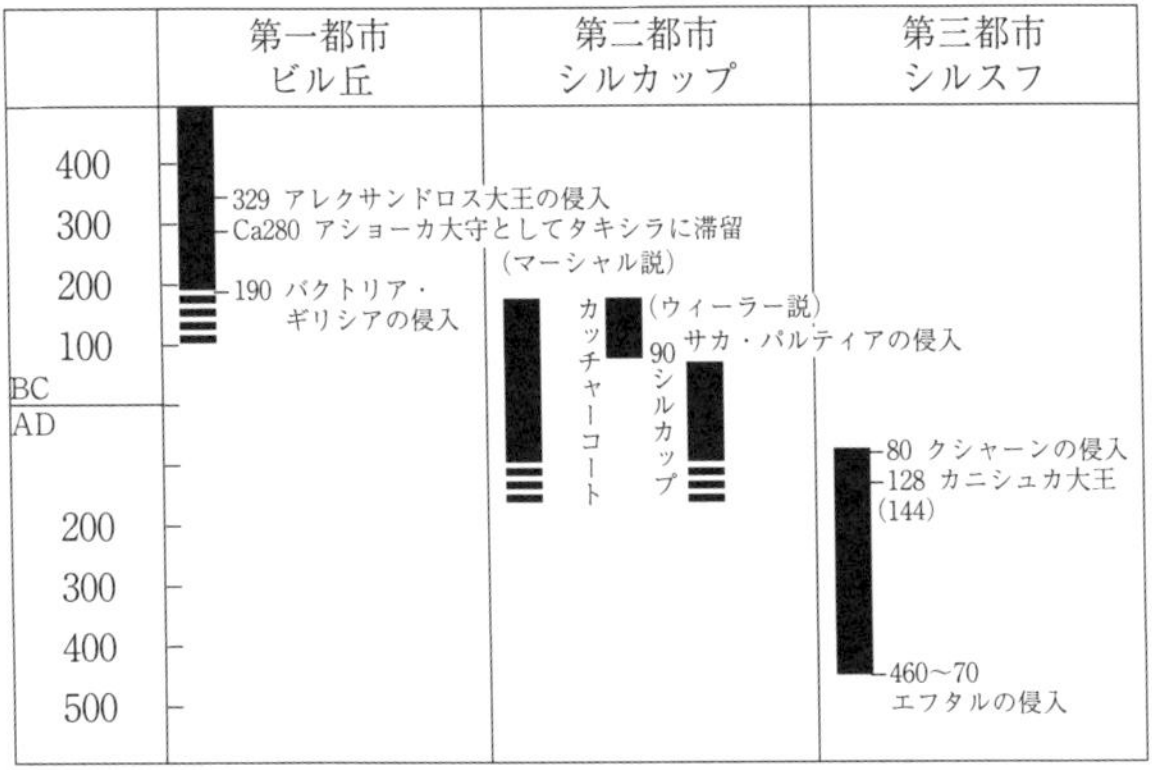

タキシラ三都年表

のである。

一九四四〜四五年に、インド考古調査局は考古学の実地訓練の場にタキシラ遺跡をえらび、A・ゴーシュを中心に部分的な試掘調査を行なった。シルカップでは、城壁の北東の隅の稜堡《バスティオン》の部分と王宮の東壁から東の城壁まで五・四メートルのトレンチを設けた。その結果、稜堡は不整形な六角の平面であることがわかり、またこの試掘部分に関するかぎり、城壁は当初の構築のままで、それ以前の土塁の痕跡もそれ以後の改築の形跡もみとめられないこと、生活層もマーシャルのいう第五、六層は見あたらず、最下層はアゼス一世時代の前一世紀の中ごろ、最上層はクシャーン朝でも後二世紀後半のフヴィシュカまでさがることを明らかにした。

これらの事実から、一九四四年以来インド考古調査局の長官に就任していたR・E・ウィーラーは、バクトリア・ギリシア人によって建設されたタキシラ市は、シルカップの北の城壁から北へ四五〇メートルのところにあるカッチャー・コートにのこる土塁壁から、発掘された平地の市街地の北半にわたる地域にあったもので、シルカップの都市の建設は、バクトリア・ギリシアの時代が終わったのち前五〇年ころの石積みの城壁の構築と同時に、サカ族によってすすめられたものだろうと推定した。もちろん、カッチャー・コートの発掘もまだ行なわれていない。第二都市シルカップのより明確な解明は今後の発掘調査にまたなければならない。

第三都市・シルスフ

シルスフはシルカップの東北、ルンディー・ナーラー川の北の平地にある東西約一・〇キロメートル、南北約一・四キロメートルのやや不整形な矩形の平面《プラン》をもつ都市で、周囲に高い城壁をめぐらし、中央アジア風の城市の建設方式を示している。発掘調査は城壁の東南の一部ですすめられたが、シルカップの城壁とちがって稜堡は半円形で、稜堡にも城壁にも矢狭間《はざま》が設けられている。城内にはイスラームの墓地がひろがり、発掘調査の実施はむつかしい。わずかに城内のごく一部が調査されただけである。マーシャルは城壁の石積みからクシャーン時代の初期ヴィマ・カドフィセースのころに建設されたものとしている。そして、五世紀の末、エフタル族の侵入によってこの都市は破壊された。これが古代都市タキシラの最後でもあった。

タキシラの三都の建設状況をみると、ペルシア帝国の属領となりアレクサンドロス大王の侵入をうけたビル丘の都市にはかなり進んだ汚物処理の装置が各戸にみられたが、まだ都市を計画的に構成し、運営してはいなかった。ところがバクトリア・ギリシア人、あるいはサカ族によって建設されたシルカップの都市は整斉な碁盤状の計画的都市の構成を示していた。さらにクシャーン族によって建設されたシルスフは、その城壁の一部の発掘調査によって中央アジアの都城の特色をもつことが明らかになった。外来の侵入者はつねにタキシラに異質な新しい文化をもたらし、固有な都市計画をもって新都市を建設したことになる。この場合、すでに土着化した旧都市と新都市が一時的に併存することがあったとしても、やがてタキシラの中心は新都市に移り、そこに文化が定着していくという過程をくり返していたようだ。

こうして、王朝がかわり外来の侵入者によって新しい文化が導入されると、それに応じて新しい都市が旧都市に近接して建設されるという方式は、その後もインド亜大陸の都市に共通してみられる現象であった。たとえば、デリーでは二世紀以降ヒンドゥ期の二都市、一一九三年以降のイスラーム期の七都市の建設のあとをたどることができる。一八世紀末からインドの植民地支配を強化してきたイギリス人も各地の旧都市に近接して駐屯地《カントンメント》を建設した。オールド・デリーにたいするニュー・デリーはその例である。独立後、これらの駐屯地は官庁街などになっている。いま、この官庁街を中心とした新市域と旧市域との結合による都市改造がインドの各地ですすめられているのである。

計画的な植民都市による新都市の建設と都市構造の改革は、インド亜大陸にみられる都市的伝統の特色の一つとみることもできよう。

タキシラの寺院

タキシラの周辺の平地や山間には宗教建築の遺跡がきわめて珍しい。しかもジャンディアール寺院跡をのぞいて、そのほとんどが仏教寺院である。『本生譚《ジャータカ》』などの文献によれば、仏教や学問技芸を学ぶためにインドの各地からタキシラに遊学するものが多かったといわれる。仏教寺院を中心にタキシラでは文化や学問が高い水準をたもち、一種の大学都市の機能を果していたのであろう。

ジャンディアール寺院は、シルカップの北門から北へ約六三〇メートル、カッチャー・コートから約二二五メートルに南面してたっている。規模は前面の柱《ポルティコ》廊から後壁まで南北五七・四メートル、幅は東西二五・五メートルである。幅三・三メートルの側廊と後廊がめぐらされ、神殿は幅一五メートルに三〇メートルで、周壁でかこまれ、その平面は前後に二分され、前方にナオス（内室）とプロナオス（前廊）、後方は階段をもつオピストドモス（後廊）になっている。前面にたつ柱はイオニア式の柱礎と柱頭をのこしている。まったく古代ギリシアの神殿と類似した平面をもつ寺院で、インド亜大陸では他に類例がない。発掘で焼けこげた梁や長い釘、扉の金具、石灰まじりの厚い粘土層がでてきたので、マーシャルはこの神殿はナオスとオピストドモスの間の塔を除いて平屋根で、柱頭より上部は木材を用い、屋根には一五センチメートルの厚い泥をのせたものと推定した。

ジャンディアール寺院

マーシャルはこの神殿を拝火教《ゾロアスター》の寺院と推測し、中央の塔は拝火壇か信者によって太陽や月に祈りをするときに使用されたとかんがえた。先にあげたギリシアの哲学者アポロニオスはタキシラの城壁の外三〇

ダルマラージカ寺院

メートルのところに斑岩でつくられた寺院があったと記している。そしてこの寺院は太陽神をまつり、柱廊でかこまれた祠堂は寺院の規模に比して小さかったが、なかには真珠でできた神像がおかれ、赤い大理石の上に金をきらめかせた壁にはアレクサンドロスの金の像と、ポロス（アレクサンドロス大王に象軍で抵抗したが、のちにこの地方の領主に任命されたこの地方の王）の銅像がおかれていたとつたえている。マーシャルはジャンディアールをこの太陽神の神殿にあてている。

ダルマラージカ寺院は、数多いタキシラの仏教寺院のなかでも、もっとも古くもっとも重要な大塔を中心に構成された寺院である。この塔がダルマラージカとよばれていたことは塔の中心から出土した後七八年と推定される刻文からも明らかである。しかし、その名のいわれは明らかではなく、法の具現者、ダルマ・ラージャである仏陀の舎利をおさめた塔とも、「法の王《ダルマ・ラージャ》」ともよばれたアショーカ王の造建による塔という意味ともされている。いずれにしてもアショーカ王自身の創建になる塔で、仏舎利をおさめた塔であることにかわりはない。

この大塔は円形の基壇の上に伏鉢をのせた典型的な伏鉢塔の形式で、基壇の四面に階段がつき、径は東西四五メートル、南北四三・八メートルで、高さは一三・五メートルである。ここでも二期にわたる拡大、増広の過程が明らかにされた。基核の小塔はマウリヤ朝に建立されたもので、クシャーン朝のカニシュカ王のころに第一回の増広がおこなわれ、基壇のテラスが再建されて四面に階段がつけられ、コリント様式の柱型《ピラスター》で基壇面が区切られた。第二回の増広はキダーラ・クシャーン朝の四世紀半〜五世紀ころに、塔身の胴部の部分が拡大され、基壇と胴部とはカンジュール石をきって表面をととのえコリント様式の柱型で区切り、三葉形《トレフォイル》と台形の龕《がん》を交互にくり返す力強いデザインをかたちづくっている。マーシャルはまた、この塔の増広に応じてまわりの床面も改修されたとしている。当初は貝輪をちりばめた石灰、次は水色ガラス、そして最後に今みるスレートの板石になっ

第一期	（ガンダーラ派） 石彫時代	幼年期　後期サカ族時代 少年期　インド・パルティア族時代 青年期　初期クシャーン族時代 成熟期　後期クシャーン族時代 a　前期（後100～140年） b　後期（後140～230年）	（前 25～後25年） （後 25～　60年） （後 60～ 100年） （後100～ 230年）
第二期	（インド・アフガーン派） 塑造時代	キダーラ・クシャーン時代	（後390～ 460年）

マーシャルのガンダーラ美術編年（高田修『佛像の起源』より）

たという。

大塔をめぐる繞道《プラダクシナ・パタ》の外側には多数の小塔や祠堂が建立されている。小塔にはストゥッコ（塑《そ》像《ぞう》）の小仏、小菩薩あるいは力士《アトランテス》、獅子の列像でかざられていた。これらの小塔は信者によって奉献されたもので、舎利がまつられている。この奉献小塔はずっとのちまでなくならず、人々のあいだに塔崇拝の習慣がつよかったことを示している。

小塔とならんで祠堂がたてられた。これらの祠堂は方形をした小堂で、なかに仏像をまつることが多い。祠堂の建立は時代が下るとともに多くなる。ガンダーラから伝わった仏像崇拝が一般化した後一世紀ころからの傾向である。三～四世紀ころの祠堂には、奥壁にストゥッコの尊像を高い浮彫で安置したらしく、その下半身や足の部分がのこることが多い。そして、その尊像もしだいに大きくなった。祠堂第N一三号堂の尊像の足は大きく、これから判断して高さ一〇メートルもの大立像が安置されていたと推察される。ダルマラージカ寺院でも、仏塔崇拝と併行して仏像崇拝の習慣がつよくなり、大仏を造像する傾向がたかまっていた。

大塔の北には長方形の水槽があり、北側には階段がつき、水槽へおりていくようになっている。野石積み《ラップル》でつくられ、その表面は石灰で塗装されていた。当時、大塔の近くで沐《もく》浴《よく》する習慣があったのだろうか。のちには、このあたりに多数の奉献小塔が建立されることになる。

この水槽の北に、一列の僧房があり、西にも一列の僧房ができ、南には一条の塀が設けられた。いずれも野石積みの古い構築である。北の一列の僧院はさらにのびて一郭の僧院を構成したこともあるらしい。この北に大僧院があり、北西に小さい僧院があった。この三つの僧院が同時にあったかどうかはうたがわしいが、すべて野石積みの構築である。そのいずれも中庭に塔をおいている。こうした僧院のなかに仏塔をおく方式は、ピッパラ寺院にみられ、僧侶のなかにも塔崇拝の習慣が根をおろしていたことを示している。また、最北の大僧院には南側に集会所などが付属したこともあるらしい。

マーシャルはタキシラの発掘調査、とりわけシルカップ遺跡の層位的考察を通じて、ガンダーラ美術の編年について注目すべき提言をおこなった。

ガンダーラ美術の萌芽した可能性のある時期をサカ・パルティア時代と想定し、とくにヘレニズム文化の急激な導入のみられるパルティア時代にガンダーラ美術の発生をみようとした。その編年を彫刻の材質によって石彫と塑《そ》造《ぞう》の時代に大別した。石彫も初期には片岩が、後期には千枚岩がつかわれ、クシャーン帝国の滅亡とともに石彫美術は停止し、仏教寺院は荒廃した。その後約一世紀半をへて、ストゥッコによる塑造美術がタキシラや、カイバル峠のかなたアフガニスタンのハッダを中心に栄え、最後に五世紀の中ごろ、エフタル族の侵入によって終わりをつげたとみるのである。

次に仏像の出現とも関連し、造寺造仏の動きに大きな役割を果たしたカニシュカ王について、その大塔建立を中心にみてみたい。

カニシュカ王とクシャーン文化

前二世紀、中央アジアに遊牧生活をつづけていた月氏《げつし》民族は西へ移動し、オクサス川の流域に進出して、ギリシアの植民地であったバクトリアを滅ぼして、ここに根拠をおいた。前一世紀の中ごろには、この月氏の一族であるクシャーン族が勢力をえてクシャーン王朝をたてた。クシャーンの王は、アフガニスタンからカシュミール、ガンダーラへすすみ、パンジャーブ地方にわたるインドにまで領域をひろめた。クシャーン朝は第三代のカニシュカ王のときに、インドと中央アジアにまたがる大帝国を現出した。

カニシュカ王の即位（いわゆるカニシュカ紀元）をめぐっては、南ロシアのホラズムなどの遺跡調査でも自信をえている後七八年説、フランスの考古学者R・ギルシュマンの一四四年説、さらに二七八年説までさまざまの異説が提出されており、まだその解決をみていない。しかしその容姿と服装は、貨幣の王の像や、マトゥラー郊外のマートで発見された石像、アフガニスタンのスルフ・コタールの拝火教寺院址で発見された石像などからしのぶことができる。先のとがった帽子をかぶり、裾の開いた大きい上衣とズボンを着用し、皮製の長靴をはき長剣をたずさえ、その形式はインドのものでもイランのものでも西方のものでもなく、ステップの騎馬民族の特徴をよく示している。

クシャーン王像（右　スルフ・コタール出土　カーブル美術館蔵）とカニシュカ王像（左　マトゥラー出土　マトゥラー博物館蔵）

カニシュカ王は、その大都城をプルシャプラに定めた。いまのペシャワールである。このほかに北のカピシー（現在のカピシ・ベグラーム）、南のチーナブクティ（現在のフィロズプル）にも王宮が設けられ、夏の都、冬の都が建設されていた。このことは、王のもとにおくられていた漢の質子《ちし》のための伽藍《がらん》がカピシーとチーナブクティに建立され、夏と冬の期間をすごしていたという玄奘の記述からもうかがえる。フランスのアフガニスタン考古調査団の発掘は、玄奘の記述のたしかさを立証した。王は春と秋とをガンダーラですごし、夏をカピシー、冬をチーナブクティなどインドの諸国でおくっていたのである。中央アジア出身の遊牧の習慣をもった王の統治と生活の方式を示すものとして注目すべきである。

王はガンダーラを中心に、東はインドの中原マガダ地方から、西はカスピ海におよぶ領域を占有し、東西交通の絹街道《シルクロード》の要点をおさえた。そして、漢帝国の勢力とは中央アジアで衝突し、カシュガルの王子を質子とし、またクシャーン諸王の使節が中国へ派遣され、西方ローマ帝国のトラヤヌス帝（在位九八―一一七）のもとにも使節がつかわされている。こうした活発な対外交渉と通商によって、クシャーン帝国には富が集中し、繁栄が保たれた。このことは、領内の各地でいまもなお、多量に発見される良質の美しい貨幣からも明らかである。

マトゥラー出土のカニシュカ王の立像には「大王、諸王の王、天子カニシュカ」という銘文がきざまれている。大王《マハー・ラージャ》はインド本来の呼称であり、諸王の王はイランから、天子は中国から、それぞれの君主の称号をとったものである。カエサルというローマの称号もつかわれることがあった。クシャーン帝国と交渉のあった各民族の君主の称号をつけ、その帝王観を摂取し、大帝国の王者の威信を示そうとしたのである。

カピシ・ベグラームの発掘調査では、二つの宮殿倉庫から多量のローマ青銅器、ガラス製品、中国の漆器、インドの象牙細工などが発見された。一九五二年から六三年にかけてフランスの調査隊によって発掘調査がすすめられたスルフ・コタールは、プリ・フムリに近い丘の上にたつ拝火壇を中心とした拝火教寺院址で、カニシュカ王によって建立された神殿とされている。バクトリアはゾロアスターの出生地であり、一一世紀ころまで多数の拝火教寺院が存在していたという。

神殿の構成、堡塁の構築、日乾煉瓦《ひぼし》などはイラン世界、列柱廊の構成やコリント様式の柱頭・柱礎・石の壁はヘレニスティックな西方世界の大きな影響を示している。先にみた王の立像のほかに、ヘレニスティックな色彩のつよい塑像もみられる。ここから出土した長文のギリシア文字の碑文はバクトリア語ともいうべきクシャーンの言語で書かれているという。

これらはすべて、この文化の担い手がステップの出身者であり、対外交渉を活発にすすめ、文化の交流に積極的な姿勢を示したことをあらわしている。そして、ガンダーラやマトゥラーで栄えた仏教美術がそれぞれ孤立したものではなく、バクトリアに起源をもつ芸術的複合体の一部であるとの統一的見解を発展させる可能性をうみだした。

カニシュカ大塔

カニシュカ王は深く仏教に帰依し、仏教徒たちから第二のアショーカ王と称讃されたといわれる。発見されているカニシュカ王の金貨には、ギリシア、ペルシア、ヒンドゥの神々の像をあらわしたものも多く、とりわけ拝火教《ゾロアスター》の神々が多い。したがって仏教のみを信奉したとは認められず、他の宗教にたいしても寛容であったのであろう。しかしカニシュカ王は、仏像を貨幣面にあらわした最初の王であった。

カニシュカ王のもとでも、造寺造像は活発におこなわれた。なかでも大都城プルシャプラの郊外にあったカニシュカ大塔・雀離浮図《じゃくりふと》は有名である。五世紀のはじめここを訪ねた法顕は、各地でみた塔のなかでももっともすぐれた仏塔だとしている。そして、この仏塔建立の由来を次のように記している。

ある日、王が出遊したとき、帝釈天が王の意を啓発しようとして牧牛を追う少年となって路傍で塔をつくっていた。王が「なにをつくっているのか」とたずねると「仏塔です」とこたえた。王は大いに感じいって、この少年の塔の上に高さ四〇余丈の大塔をつくり、衆宝でかざった。壮麗無比のもので、世界の塔のなかでも最上のものだと人々は言い伝えた。王の塔が完成すると、小塔がおのずからできて大塔の南にたった。高さ三尺ばかりである、と。

宋雲も玄奘もこの塔について記している。宋雲は「塔の基部は周三百余歩、木造十三重」と中国の木造楼閣のような記述をし、その上の傘蓋《さんがい》は「十三重、高さ三百尺の鉄柱に支えられて総高は七百尺、傘蓋には宝鐸がつき、風によって音をたてていた」と記している。玄奘は、「塔の基部は一周一里半、基壇は五層で百五十尺、頂部には二十五重の金銅の傘蓋」がつくとしている。

カニシュカ王の舎利容器
（シャー・ジー・キー・デリー出土　ペシャワール博物館蔵）

今世紀のはじめ、フーシェはガンダーラ地方を踏査し、玄奘らの記述にしたがって歴史地理学的考証をおこなって、ペシャワールの東南の郊外にあるシャー・ジー・キー・デリーの丘をカニシュカ大塔の跡にあてた。一九〇八～〇九年にかけて、D・B・スプーナーらがこの丘を発掘した。塔の基壇は八七メートル平方で四方に階段がつき、四隅に小塔がつくられている。玄奘らの記述とは一致

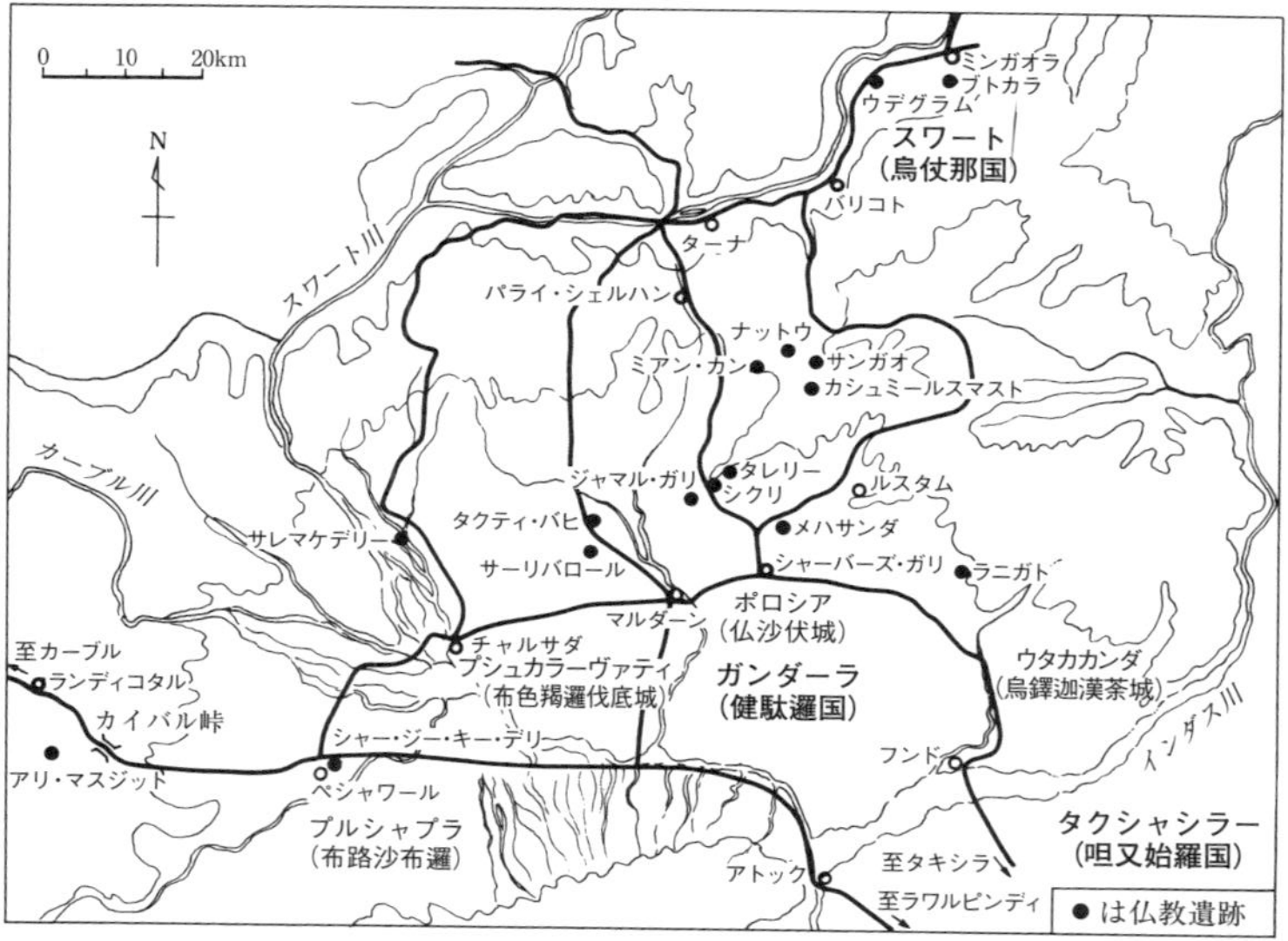
0
10
20km
N
ミンガオラ
ブトカラ
ウデグラム
スワート
(烏仗那国)
バリコト
ターナ
スワート川
パライ・シェルハン
ナットウ
サンガオ
ミアン・カン
カシュミールスマスト
カーブル川
ジャマル・ガリ
タレリー
シクリ
ルスタム
タクティ・バヒ
メハサンダ
サレマケデリー
サーリバロール
シャーバーズ・ガリ
ラニガト
ポロシア
(仏沙伏城)
マルダーン
チャルサダ
プシュカラーヴァティ
(布色羯邏伐底城)
ウタカカンダ
(烏鐸迦漢荼城)
至カーブル
ランディコタル
ガンダーラ
(健駄邏国)
カイバル峠
インダス川
シャー・ジー・キー・デリー
フンド
アリ・マスジット
ペシャワール
プルシャプラ
(布路沙布邏)
タクシャシラー
(呾叉始羅国)
至タキシラ
アトック
至ラワルピンディ
● は仏教遺跡

ガンダーラ遺跡地図

しないが、塔の内部を発掘したところ、放射状に組んだ壁体があらわれ、そのなかに舎利安置室があり、ここから径一二・七メートル、高さ一〇・三センチメートルの舎利容器があらわれた。

舎利容器の蓋の上には、インドラとブラフマンに礼拝された仏の坐像があり、側面には上部に水鳥の列があり、下部には花環《ガーランド》をになう童子たちと三体の仏の坐像と、カニシュカらしい北方ステップの遊牧民の服装をした供養者像、それらをはさんで日神、月神の像がある。銘文は蓋の上から側面にかけて、点線で軽く打ち抜かれた文字であらわされている。損傷して解読できない部分もあるが、S・コーノーは次のように解読した。

タクティ・バヒ寺院

「カニシュカ大王の元年、ある都市において、マハーセーナの僧伽藍《サンガーラーマ》のカニシュカ寺院《ヴィハーラ》に託すべく、この寄進の品がつくられ、説一切有部の諸師の所有とせられた」

カニシュカ大塔であることが確証されたのであ

る。玄奘が大塔の西にカニシュカ建立の僧院のあったことを記しているのとも一致する。ここでは大塔と僧院の複合体がヴィハーラとよばれていることも注目すべきである。一一世紀のアルビルーニーがカーニカ・チャイティヤとよんでいるのは、この大塔の俗称であろう。

この舎利容器はあまり精巧とはいえないので、B・ローランドはマトゥラーでガンダーラ風をまねてつくったものとしている。舎利容器の存在によってカニシュカ大塔の位置は確認できたわけだが、大塔そのものの構成は不明な点が多い。カニシュカ王による広域な統一的文化圏の中心に位置したこの記念物の性格を明らかにするためには、この文化圏の各地の仏塔と寺院の性格を明らかにしていく以外にいまのところ方途はなさそうだ。

クシャーン帝国では、東西の諸文化が自由に交流し特色ある国際的文化環境をうみだしていた。仏教もこうした環境のもとで変容し発展をとげた。北西インドを中心に発展した大乗仏教は国際的性格をあたえられ、急速にアジアの各地へひろがっていった。

ガンダーラの寺院

ガンダーラには仏教寺院が数多く建立されていた。平地の寺院の多くは崩壊しさって、その痕跡をのこすものは少ない。しかし、ガンダーラの平野をめぐる山腹や谷間には、いまも寺院の跡を数多くとどめている。

タクティ・バヒはその山寺の一つで、一九一一～一二年にH・ハーグリーヴズによって発掘調査された。南にのびた山稜の一つの尾根に塔院をおき、まわりの尾根にはそれぞれ独立した僧院がおかれている。塔院の中心をなす主塔は四・二メートル平方の基壇をのこすのみだが、前方に階段がつく。この主塔をかこんで三方にそれぞれ五つ祠堂の列がならび、祠堂の間には小さい龕《がん》がついている。祠堂には仏像や小塔が安置されたのであろう。祠堂の屋部は笠形に円筒形をのせた特色あるもので、この形式はガンダーラにもスワートにもみられる。

小塔
（ローリヤーン・タンガイ出土　インド博物館蔵）

正面の階段をおりると、矩形の内庭に三十数基の奉献小塔がならび、西面をのぞく三面に二九の祠堂がならんでいる。北西の隅にひときわ大きい独立した祠堂があり、内壁には台形と三葉形の龕でかざられた。大きな基壇がのこり、仏塔あるいは仏像を安置したものであろう。独立した祠堂として注目される。

この内庭の北には階段があり、その上は僧院となっている。三方をめぐって一五の僧房があり、東方に集会室・食堂のような広間がある。この僧院の西には三四メートル平方の会堂がある。

なお、西面の広い台地の地下にはトンネルをはさんで一〇室、矩形の小房が二列にならんでいる。

ガンダーラの仏塔の形態をよくとどめるものに、カルカッタのインド博物館に展示されているローリヤーン・タンガイ出土の小塔がある。方形の基壇には各面にヘレニスティックな技法で仏伝が描かれ、この方形基壇の上に円形基壇がおかれ、その周囲には龕の中に禅定印を結ぶ坐仏がならんでいる。その上に円筒状の塔身が二重の帯状をなしている。下の円筒部分には力士の列が、上の部分には市松文様の装飾がほどこされている。塔身の上に伏鉢がおかれ、ここには蓮弁がきざまれている。その頂部には平頭がおかれ、上部には蓋板がのせられ、その上に凸型の尖った飾りが列をなしてならんでいる。平頭の上には竿で五重の相輪が重なっている。その相輪は不釣合なまでに大きく、高く上方にのびているが、全体としてきわめてすぐれた造型をなしているといえる。このようにガンダーラの仏塔はインドのサーンチー大塔などにみる伏鉢塔形式を継承しながら、方形あるいは円形基壇を幾段にも重ね、塔身部を筒状に高く積み上げ、相輪を尖塔《せんとう》状に幾重にも重ねて全体としての高さを増し、上昇性を強調する方向に展開してきたものといえる。こうした傾向はガンダーラばかりでなく他のインドの各地でみられる。とくに相輪の部分は大きくかつ高くつくられ現存するものは少ないが、印章が岩面の刻画に描かれた塔では、これら相輪を支えるために伏鉢の部分から斜材の支柱をはり出し相輪の間も斜材で連結している場合が多い。

これは絶えず向上を希《ねが》い、至高なる仏陀をたたえる信者の念願と、当時の建築構造の能力をはるかに超えてまでその上昇性を強調しようとする建築家たちのはげしい意欲を表示するものといえよう。

カシュミールの仏教寺院

インド亜大陸の北西に位置をしめ、四周を高い山脈でかこまれたカシュミールは高乾、気候温和で風光明媚《めいび》の地であり、古くから宗教の聖地、修学の地としてしられていた。じっさい美しい河川と湖、緑なす田園と草原、天上においても見出すことがむつかしいとされる鬱金香や葡萄《ブドウ》が花咲きみのるこの地方は、今もカシュミールへ人々をひきつけている。ガンダーラのカシュミールスマスト（カシュミールへつながる石窟の意）ではその名の示すごとく、村人はこの奥深い石窟がはるかカシュミールにまで達すると信じているし、アフガニスタンのフィールハナ石窟でも人々は断崖の下に奥深くきざまれたせまいトンネル状の水路窟がカシュミールへ通ずるとつたえている。

このカシュミールは仏教の盛行した地であった。玄奘はアショーカ王の起塔した仏塔やカニシュカ王による第四結集《けつじゅう》をつたえている。カシュミール地方の調査を積極的にすすめたのはカニンガムであり、中央アジア探検でしられるA・スタインであった。スタインは各地を踏査し、インドに数少ない史書の一つ『カシュミール王統志』（ラージャ・タランギニー）を英訳し、踏査にもとづく詳細な注記を行なった。

現存する仏教遺跡としてしられるものに、ハルワン寺院址がある。スリナガルに近いハルワン寺院は、仏教石窟やシルカップにみられた前方後円のチャイティヤ祠堂院や塔院を中心とし、またテラコッタ彫刻の出土も多かったという。

ウシュカル寺院址は、カシュミールとガンダーラを結ぶ石門に接して設けられた寺院で、玄奘が止宿した護瑟迦羅にあてられている。塔址には増広の跡がみられ、方形基壇の四方に階段がついていた。テラコッタの彫刻を含む多数の出土遺物があった。

パリハサプラ寺院址はスリナガルの北西二二キロメートルにある。八世紀のなかば、ラリターディトヤ王によって建立されたものという。『ラージャ・タランギニー』には「四周を建物に囲まれた中庭をもつラージャ・ヴィハーラ、大チャイティヤと大仏像をたてた」と記されている。ここで注目すべきは二重基壇の四方に階段がつく塔院とならんで、中央の八・一メートル平方の祠堂をかこんで、八〇メートル平方の石積みの壁にかこまれた祠堂院が独立していることである。

これらの寺院址では仏塔は基壇をのこすのみで伏鉢より上部はまったく崩壊しさっている。わずかにハルワン出土の奉献円盤などでその形態を推察することができるだけである。ローリヤーン・タンガイ出土の小塔と比較してみて興味深い。

祠堂院にたつ祠堂の構成はヒンドゥ教の祠堂とも類似している。塔院とならぶ祠堂院の独立はバーミヤーン石窟寺院における二大石仏の出現とも対比して注目すべきである。

もう一つ、カシュミールの仏教寺院で注目すべきは、建築技術と併行して彫刻にストゥッコとテラコッタが多量にみられることである。ストゥッコの技法にはタキシラやハッダのそれをおもわせる。ここで注目されるのはテラコッタである。

テラコッタの菩薩頭部
(アクヌール出土)

マーシャルの編年によればガンダーラの彫刻はまず石造彫刻が先行し、二世紀ころからストゥッコがあらわれ、五世紀ころ盛行し、石造にとってかわり彫刻を独占することになる。テラコッタはガンダーラでは末期にはじめてあらわれるが、すでにその時期にはガンダーラで仏教は衰退にむかっていた。ちょうどそのころ八世紀はじめに、カシュミールではラリターディトヤ・ムクタピダ王が仏教を保護し、多数の寺院を建立した。そこでガンダーラのテラコッタ技術をもつ工人たちがガンダーラをはなれて、その制作に参加したのであろう。ハルワンでは等身五倍大と思われる仏像片がある。

ローランドはこれらテラコッタ像がフォンドキスタン出土の塑像と類似する点から七世紀ころ、ガンダーラの様式がインドのグプタ様式の影響で審美的暖かさをうけているとしている。

カシュミールの盆地をとりまく山脈が自然の要害となり、都市は環濠城塞化されることは少なかった。しかし主要路に関防を設け、要塞を築いて防禦につとめ、盆地全体を城塞化して平安を保つために努力した。このことはこの地方に一面、閉鎖性をもたらしたが、地理的条件はこの地方をして鎖国的状況にとどめず、東西文化交流の結節点として重要な位置を占めさせ、独自な文化を形成させたのである。

5 東西文化の交流——ガンダーラからバクトリアまで

暗黒期への挑戦

ウィーラーの指導

マーシャルが一九二八年にインド考古調査局をしりぞくと、三年後には予算が全面的に縮小され、一九三二年には探検部門が廃止されることになり、考古調査局の通常事業さえ運営していくことが困難になった。また、この年には古代記念物保存法の一部が改正され、外国人を含む部外者の研究調査に便宜がはかられた。一九三五〜三六年に行なわれたアメリカのインド・イラン研究所とボストン美術館によるチャンフー・ダロ発掘調査、一九三五年のH・ドゥ・テラの指導するイェール、ケンブリッジ両大学による地学、先史調査団もこうした状況のもとですすめられたのである。

一九三九年、インド政庁の要請をうけて、西アジア各地で調査にあたりエル・オベイドやウルの発掘にあたっていた有名なイギリスの考古学者C・L・ウーリーが、インド考古学研究の長期計画をたてるために訪ねてきた。そして考古学調査の新しい手法を紹介した。

一九四四年にはR・E・M・ウィーラーがインド考古調査局の長官として着任した。その四年にわたる在任期間に、インドの各地域《サークル》の考古学調査を再組織し、中央と各遺跡の博物館を整備することにつとめるなど、文化遺産の調査と保存の方策を確立し、その発展に大きく貢献した。

とりわけウィーラーがインドの考古学に貢献したのは、考古調査局の担当官をはじめ学生や部外者にたいして文化遺産の発掘調査を中心に、その専門的訓練を計画的にすすめたことである。先にみたタキシラ、アリカメドゥ、ハラッパー、ブラフマギリなどの遺跡がその訓練の場にえらばれた。がんらい、ウィーラーは限られた専門分野にこだわることなく、戦時中には旅団長として作戦と指揮にあたり、戦後はテレビのタレントとしても活躍するという多様な才能の持ち主でもあった。そして、教育者として考古学の専門家を実地に指導し養成することによって、インド、パキスタンを含めてインド亜大陸全域にわたる考古学調査に、指導的役割をはたし、大きい足跡をのこした。次にウィーラーによって指導されたアリカメドゥ遺跡の発掘調査についてみてみよう。

アリカメドゥ遺跡の発掘

アリカメドゥはフランス植民地であったポンディシェリーから南へ三キロメートルにあり、この古代のガンゲー河口はベンガル湾からの砂丘でとざされ、ココ椰子《やし》でおおわれている。この遺跡はすでに一八世紀ころから知られていたが、考古学的関心をひいたのは一九三七年に村の子供たちがアウグストゥスの肖像を浮彫にした珠玉を発見してからである。そしてウィーラーの指導のもとにインド考古調査局が組織的調査をはじめた。ウィーラーはこの調査の感動的な瞬間を、その著書『ローマ帝国の膨脹』の冒頭に次のように記している。

M・ウィーラー

「一九四五年のある暑い五月の朝、私の指導しているインド人学生が、ベンガル湾に面したアリカメドゥ遺跡の深いトレンチから採りだした赤色の皿の破片を手にふりかざした。彼は興奮していた。ぬらぬらとした泥をとりのぞくと、その皿にはトスカニイのアレッツオの郊外にいたある陶工の署名があり、その窯《かま》は今から二〇〇〇年の昔、ここから八〇〇〇キロメートルもはなれた地方でつくられたものであった。考古学の叙述にドラマティックな要素をとり入れることが許されるならば、私はこの瞬間を劇的なものとして描きたいと思った。この瞬間に古典時代の歴史家や地理学者の記録は生命をふきかえした。すなわち、ローマ大帝国の長くのびた貪欲な腕は現実のものとなったのである」

調査は約三カ月つづけられ、一九四七~四八年にはフランス政府の委嘱による発掘調査がJ・M・カザルらによって再開された。

調査の結果、この都市は、堤防に沿うて南北三六〇キロメートル以上の中心部があったことが明らかになった。この都市の行政の中心、神殿や居住区はまだ明らかにされていないが、河口の岸辺に近いところに煉瓦造りの建物跡と、出土した西方の輸入陶器によって商品倉庫が確認された。その背後の南の高所には、水槽や染色容器の発見された染色工場跡や、宝石を加工する手工業地区が接していたものと推定された。

輸入土器は地中海地域からもたらされたもので次の三種がある。アレッタイン土器は北部の河口に近い商品倉庫区で発見され、赤釉《せきゆう》をかけた浅い直壁の皿に低い台のついたものと口のひらいた鉢とがある。後一世紀前半のものである。飲食用のアムフォーラはかなり広い地域にわたって一五〇個も出土し、二つの鈕《ちゅう》状把手《とって》のついた壺形土器で、一、二世紀ころのものである。回転文土器は薄手精良な灰色土器で、内底面には同心円のルーレット式の輪がある。後二世紀ころのものである。

ウィーラーは、この都市が国際的海港として利用されはじめたのは前一世紀末ごろで、全盛期は後一世紀中ごろ、後二〇〇年ころまでつづいたろうと推定している。アリカメドゥは『エリュトゥラー海案内記』のポドゥケーに比定され、カマラ、ソーパトゥマとならんで「リミュリケー（マラバル海岸）でできたものがすべて輸入され、ここにはエジプトからいつでも運ばれる品物の大部分と、リミュリケーから輸出され、その海岸地方を通じて供給される品物のほとんどの種類が到着する」という記述とも一致する。いっぽう西方でも、たとえばポンペイではインドの女神ラクシュミーの象牙彫像が発見されている。当時のインドと西方世界ローマとの交渉を示すものとして興味深い。

このローマとの交渉を強調して、B・ローランド、C・A・ソーパー、ウィーラーらはガンダーラ美術に対するローマの影響を重視し、これをつよく主張した。

ハスティナープラの層位的研究

ハラッパー、モヘンジョ・ダロに代表されるインダス文明の都市が発見されてから、この方面の調査研究はすすみ、前三〜二〇〇〇年紀の文化の様相はしだいに明らかになってきた。しかし前一〇〇〇年紀の中ごろ、ガンジス川の流域を中心に都市がひらけ、仏教文化が興起してくる初期の歴史時代との間には歴史の空白期が横たわることになった。この暗黒期を解明することが、インドの考古学研究にとって、もっとも重要なテーマの一つとなった。そして、ウーリーによって紹介され、ウィーラーによって指導された考古学的調査の技術が、この問題を解明するために積極的に活用されることになった。

この未知の空白を解明するために、インダス文明と歴史時代を層序的に研究する試みが一九五〇〜五二年にわたって、ガンジス川の右岸、ウッタル・プラデーシュ州メールート県のハスティナープラで、B・B・ラルらによってすすめられた。

そしてラルは慎重に発掘調査をすすめていくことによって、五期に大別され、三二層にわたる文化層の連続を明らかにすることができた。

第一期（前二〇〇〇年中期ころと推定）この遺跡の最下層で、赭色《しゃしょく》土器の破片が発見された。この文化期の開始については、現在のところ有効な証拠はない。

第二期（前一〇〇〇または八〇〇〜前五〇〇）この期から都市生活がみとめられる。発掘された地域では、家屋のはっきりとした平面はえられなかったが、泥や泥煉瓦の壁が発見された。おもな土器は彩文灰色土器であった。石器はみられず、矢じり、その他の武具や道具には銅がつかわれている。農耕と家畜の飼育もおこなわれ、ある竪穴《たてあな》からは米と推定される炭化穀粉が発見された。水牛、コブ牛、羊、豚などは家畜化されていた。

ソーク・ピット
（ハスティナープラ出土）

第三期（前五〇〇〜前二〇〇または一五〇）この期には鉄の使用が盛んになる。またインドにはじめて銅や銀の刻印《パンチ》貨幣や銅の鋳造貨幣があらわれ、ペルシアを基準とした貨幣制度と経済機構の整備を示している。鉄器の導入とほとんど同時に、かたくて特色ある光沢をもつ黒い北方黒色研磨土器（ＮＢＰ）がガンジス、ヤムナー両川流域にあらわれ、この期の代表的土器となった。

家屋は泥煉瓦や焼煉瓦でつくられた。またタキシラのビル丘でみられた底に穴をあけたかめやテラコッタの輪をつみ重ねた排水用井戸《ソーク・ピット》（前頁写真）が、ここでも都市生活の設備として使用された。

第四期（前二世紀初〜後三世紀末）この期にはＮＢＰはなくなり、土器は赤色系で精良な粘土をつかう。前二世紀のマトゥラー王の貨幣やシュンガ式のテラコッタが下層から、中層から紀元前後のアユディア王の貨幣、そして上層から三世紀中ごろのクシャーンのヴァスデーヴァ王の貨幣をまねたものが出土している。

家屋はすべて焼煉瓦造りで、南北にはしる幅四・八メートルの道路の両側に整然とならんでいる。テラコッタの輪の排水用井戸がある。

第五期（三世紀〜一五世紀）クシャーン朝以後、ながく廃墟となって放棄されていたが、一一世紀には農村となり、前代の古い建築から煉瓦をとり出して建物につかっている。

このハスティナープラの層位的研究によって、ガンジス、ヤムナー両川地域には、ほぼ前一〇〇〇年ころから都市生活がはじまり、連続してきたことがわかった。そして都市とその建築にあらわれた材料や技術の変化は、生活共同体としての都市にたいする意識と都市生活の向上を明瞭に示すものでもあった。

一九四七年、イギリス領から独立し、インドとパキスタンに分離したが、暗黒期の解明は新しく生まれたインド考古局の主要課題の一つとなってガンジス川流域を中心に各地で調査がつづけられた。いっぽう、F・カーンを中心としたパキスタン考古局は、コト・ディジの調査に代表されるインダス文明以前の調査とカラチ郊外のバンボール遺跡に代表されるイスラーム文化期の解明など精力的な努力をつづけている。

文化遺産への対応——開発と保存をめぐって

ナーガールジュナ遺跡の保存と開発問題

現在、世界の各地で大規模な開発計画がおし進められている。インドでも増加する人口問題を解決するために農耕地を拡げ、あわせて工業開発用の動力を確保するために、多目的ダムの建設が計画された。ナーガールジュナ・サーガルのダム建設の計画もその一つであった。これはデカン高原を西から東へ横断して流れ、ベンガル湾にそそぐクリシュナ川の、河口から二四〇キロメートルの地点に、ダムを建設しようという計画である。

ここは近年までアンドラ・プラデーシュ州グントゥール県にあるナンディコンダという小さい村であったが、ダムを建設し、発電所を設け、これを運営していくために荒野の中に突如都市が出現したのである。ダムは長さ四・八キロメートル、高さ一二〇メートルで、石造の重力ダムとしては世界最大の規模をもつもので、一九六九年三月に完成した。電力は四〇万キロワットを出すといい、ダムの左右に水路を設けて一万四〇〇〇平方キロメートルを灌漑するという計画である。ところで、このダム建設によって上流二四キロメートルにあるナーガールジュナ・コンダの遺跡が湖底に水没することになり、ここでも開発と保存をめぐる問題が提起されたのである。

インド政府は結局、この大建設工事によって破壊される運命におかれた遺跡を早急に徹底的に発掘調査したのち、主要な遺構を水没しない山上に移建する案をもって解決策とした。移建された遺跡は永久に保存されることになり、将来の教育的観光の資源ともしようとしたのである。

一九五四年、遺跡の全面的な特別調査がはじめられ、R・スブラーマニャムが主任となった。調査は周到な計画のもとにすすめられ、一つ一つの建築遺構はその基礎の下まで発掘された。全域にわたる調査によって、たんに仏教時代の遺跡ばかりでなく、旧石器時代にまでさかのぼる各期の文化が明らかになった。発見された遺物はダムを見おろし周囲が水没して現在島となった丘の上に建設された遺跡博物館に収納され、発掘された遺構は丘の上に移築された。とくに、沐浴場はダムの満水時の際の水位に移され、もう一つの丘の上には建造物がもとの位置に対応して等高線にしたがって再建された。

この遺跡移転の事業は、開発と保存をめぐる問題がもっとも調和のある解決策をうちだしたものとして、エジプトのアスワン・ダム建設にともなう古代遺跡の調査、アブシンベル神殿の移築事業とともに注目すべきである。

ナーガールジュナ・コンダの遺跡

さて、ナーガールジュナ・コンダの遺跡はクリシュナ川右岸の渓谷にあり、左岸の黒赤色土器を出土する巨石文化でしられるイェレスワラムの遺跡とともに水没することになっていた。ナーガールジュナ・コンダの遺跡のあたりで川が彎曲しているために、かなり広い盆地になっている。東をフィランギ・モツ、南をエダナ・モツの二つの山塊でかぎられ、北は川に接するナーガールジュナの丘で境され、西はクリシュナ川に面している。ナーガールジュナ・コンダとは、竜樹の丘を意味し、大乗思想を宣揚した竜樹がこの丘に住ん

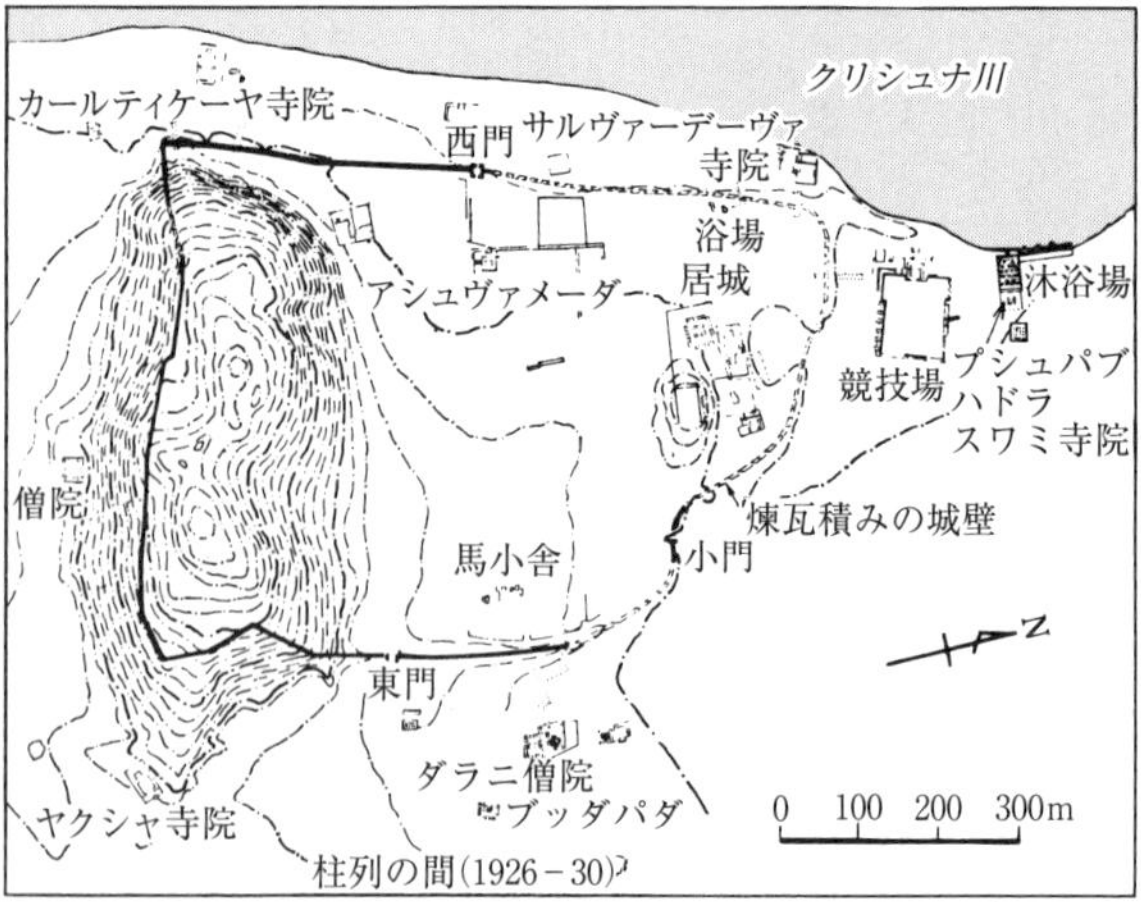

ナーガールジュナ・コンダ都市近傍図

でいたという伝説から、この名がある。

ナーガールジュナ・コンダ遺跡には旧石器、新石器時代、巨石文化の遺跡もあり、太古からこの渓谷に人々が住んでいたことが、今回の調査から明らかになった。これらの先史関係の遺跡にくらべて、歴史時代になると遺跡の数も多く、多種多様な遺構がみられる。百数十にもたっする煉瓦造りの遺構は、そのほとんどが後二、三世紀のイクシュヴァーク朝のころのもので、ヴィジャヤプリとよばれた、その首都に付属した建造物であった。

これらの建築遺構は、大きく宗教的建造物と世俗的建造物にわけられる。宗教的建造物はそのほとんどが仏教寺院で、ほかに少数のバラモン教の寺院がみられる。まず世俗的建造物についてみてみよう。

都市には、西方ほぼ中央の小高い丘を中心とした城塞があり、その東方の平地に市街地がひらけていた。城塞は高さ一六五メートルの丘を南縁とし、北の低地をふくむ九〇〇メートルに六〇〇メートルの不規則な台形の地域で、周囲に城壁がめぐらされていた。城壁には東西の二門と北の裏門があった。城壁は平地で高さ五・一メートル、新古の二層からなり、古い壁は幅二四メートルの土壁であるが、新しい壁は焼煉瓦である。城壁の外には丘の部分を除いて、深さ三・六メートル、幅二二〜四〇メートルの濠がめぐらされていた。城塞の内部をみると、居城が北の隅にあり、女王の浴室をはじめ煉瓦壁で区画された方形の室がならんでいた。東門の近くには兵舎、西門の近くにはアシュヴァメーダ（馬祠祭）の遺跡があった。城塞はヴィジャヤプリの行政中枢であった。

城塞の外は、幅七・五メートルの主道で南北の両区にわかれ、各区には幅二・四〜四・五メートルの小路がはしっていた。住居は野石積みで、なかには鍛冶屋の店といわれるものもあった。

クリシュナ川に面して北側には石灰岩でつくられた大きい階段と勾欄《こうらん》のある舟着き場《ガート》があった。その南には九〇メートルに六九メートルの闘技場をもつスタディアムがあり、まわりに階段状の坐席があり、その一方には貴賓用の特別観覧席もあった。東の城壁の外には一群の仏教寺院址があり、西の城壁の外にはカールティケーヤ寺院、サルヴァーデーヴァ寺院、プシュパブハドラスワミ寺院などヒンドゥ教の祠堂がならんでいた。

なお、ナーガールジュナ・サーガル・ダムの建設にともなって大規模な運河の建設がすすめられたが、この地方では一五〇〇年も前に、すでに運河の計画がすすめられていたのである。幅九メートル、深さ二メートルの東西にはしる運河の跡を三〇〇メートルにわたってたどることができる。ダム建設の工事に参加した人にとっても興味深いことだったにちがいない。

ナーガールジュナ・コンダの仏教寺院

もともと、ナーガールジュナ・コンダの名は、仏教哲学者で大乗思想を宣揚した有名なナーガールジュナがここに住んでいたという伝説によるものだといわれる。したがって、この渓谷にはまた三〇以上もの仏教寺院の遺跡が群在していた。これらの全面的な調査の結果によると、後三〜四世紀に造営された寺院は、いくつか異なる部派に属していたらしい。調査を担当したインド考古局のH・サルカルはこれらの寺院の構成を次のように分類した。

〔1〕　仏塔と僧院　仏塔と僧院からなる伝統的構成を示し、仏像の礼拝は認めていない。

〔2〕 仏塔と仏塔をもつ祠堂と僧院　仏塔のほかに仏塔を安置した祠堂がつくられ礼拝の対象となった。祠堂の形式はチャイティヤ窟にみられる、後部に半円形のアプスをもつ建築である。この場合でも仏像の礼拝はみとめられていない。

〔3〕 仏塔と仏像をもつ祠堂と僧院　仏塔とならんで仏像を安置した祠堂が礼拝の対象となった。仏塔にかわって仏像が安置されたわけで、その形式はアプスをもったチャイティヤ堂や矩形の建物である。なかには仏塔をもつ祠堂と仏像をもつ祠堂とが向きあってならぶこともあり、この場合、仏像をもつ祠堂が後期につくられている。これは仏像崇拝の習慣がしだいに強くなったことを示すものといえよう。

〔4〕 仏像をもつ祠堂と僧院　この類型の寺院では仏塔がまったくみられない。仏塔崇拝の重要性が衰えたことを示すものといえよ

仏塔浮彫図
（ナーガールジュナ・コンダ出土
ナーガールジュナ・コンダ考古博物館蔵）

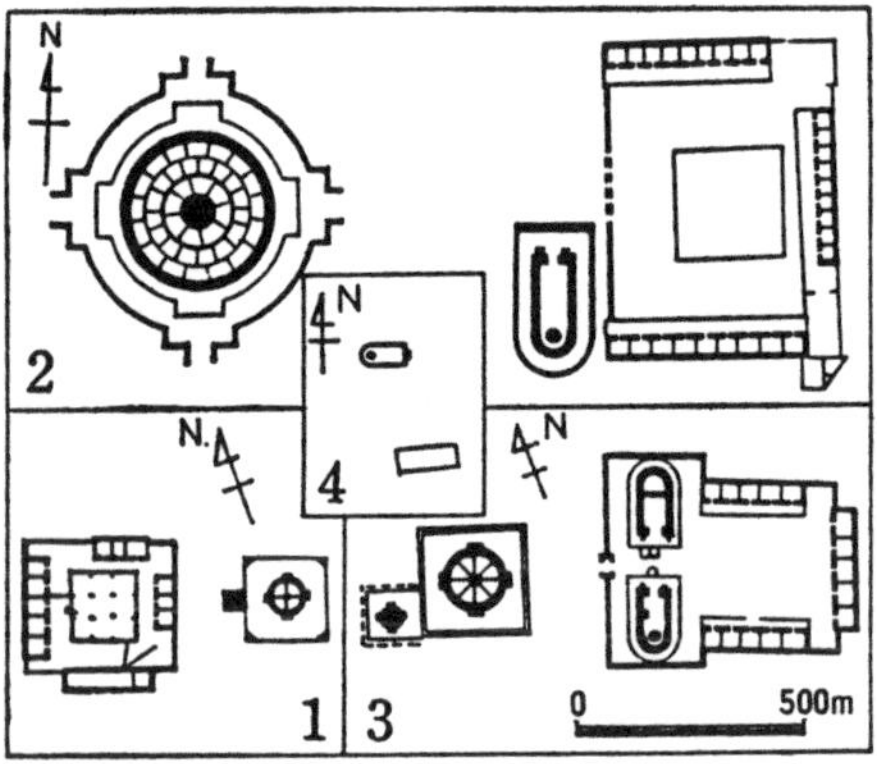

ナーガールジュナ・コンダの仏教寺院4種

う。

このように、ナーガールジュナ・コンダでは仏塔中心の思想をもつ伝統的な寺院の構成がみられたが、仏塔と僧院のほかに祠堂をもつようになり、祠堂もはじめは仏塔を安置していたがしだいに仏像を安置するようになり、ついには仏塔をもたぬ寺院もあらわれてきた。これは仏像崇拝の習慣が寺院建築の構成に強い影響をもたらしたことを示すものである。仏像崇拝の傾向が、仏像をしりぞける正統派の思想を圧倒し、仏像をもつ祠堂を寺院に不可欠なものとし、仏教寺院に、仏塔とならんで仏像をまつる祠堂がつよい位置を占めることになったといえよう。

なお出土した銘文によって、ナーガールジュナ・コンダには少なくとも四つの小乗仏教部派と、それの拠《よ》る寺院のあったことがわかったが、各部派による寺院構成の相違は認められなかった。

このほか、仏塔の構築方式に二種あることがあきらかにされた。その一つは放射状に壁をくんで築いていく方式で、中央の核にあたる部分から四本から一〇本、多いのでは十数本の煉瓦造りの壁を放射状に出し、これを軸にして煉瓦造りの壁の間に泥をつめ、その上を煉瓦で覆いドーム状の伏鉢を構成する。この車輪状の平面をもつ構造は大きい仏塔を建立するために、その構造を堅固にし材料の経済性を高めるために案出された形式といわれる。この方式はパトナ近くのバラ・パハーリ塔、タキシラのダルマラージカ塔、ジェラーラーバードのフィールハナ塔などにもみられた。この発達した構造形式が小さい仏塔にも利用されることから、仏陀の象徴である法輪の観念を塔の構造形式の中に描いたとする説もある。

もう一つの方式は全体を小石で密につめこみ、半球状のドームを形づくり、そのまわりを煉瓦で覆って伏鉢を構成するものである。ナーガールジュナ・コンダの仏塔には前の例が多い。また仏塔の四方に矩形の突出したアーヤカとよばれる台をつける場合が多い。放射状の壁をもつ基壇と四方にアーヤカ台をもつ仏塔がヴァイシャーリー近辺に特に多くみられることから、同地を拠点とした大衆部《マハーサンギカ》の普及と関係があるとサルカルはかんがえている。

これら多くの考古学的知見をもたらしたナーガールジュナ・コンダの遺跡も、結局ダム建設のために、その湖底に沈むことになった。先にものべたように、インド政府は主要な遺跡を水没しない山上に移建することによって、現代の要求と妥協することにしたのである。一九五一年デリーでひらかれたアジア考古学会の席上で、今はなきネルー首相はこの遺跡の保存問題をとりあげ、人類の文化を守れという過去からの呼び声と、民衆の福祉を増進せよという現代の要求との葛藤のなかで、ダム建設の工事と、これに併行する遺跡の調査と移建保存の工事をすすめ、人類文化の新しい殿堂の建立にたち向かうことを宣言した。そして、この開発と保存との調和的解決をはかる計画は実現した。ナーガールジュナ・コンダ遺跡はインドの文化遺産と保存にたいするつよい関心を示すものといえよう。

ガンダーラ調査の再開

チャルサダの調査

仏像の起源をめぐって多くの論議をよび、第二次大戦で一時中断のかたちとなっていたガンダーラの研究もやがて再開され、本格的な学術調査が、発足まもないパキスタン考古局と外国の研究者との国際的な協力のもとに、ガンダーラとスワートですすめられることになったのである。

チャルサダはスワート川に沿う集落で、カーブル川との合流点から約五キロメートルの地点にある。近辺には八つの集落が点在していることから、ハシュトナガル（八つの町）ともよばれている。このあたりには数多くの丘がみられるが、そのなかでバーラー・ヒサールすなわち高い砦とよばれる高さ一五メートルの丘が、まわりをうずめる砂糖キビの林にひときわ高くそびえている。この丘の北麓には広く低いシェーハン・デリとよばれる丘がひろがり、スワート川をはさんだ東にはミラバード、ミルジアラトの丘

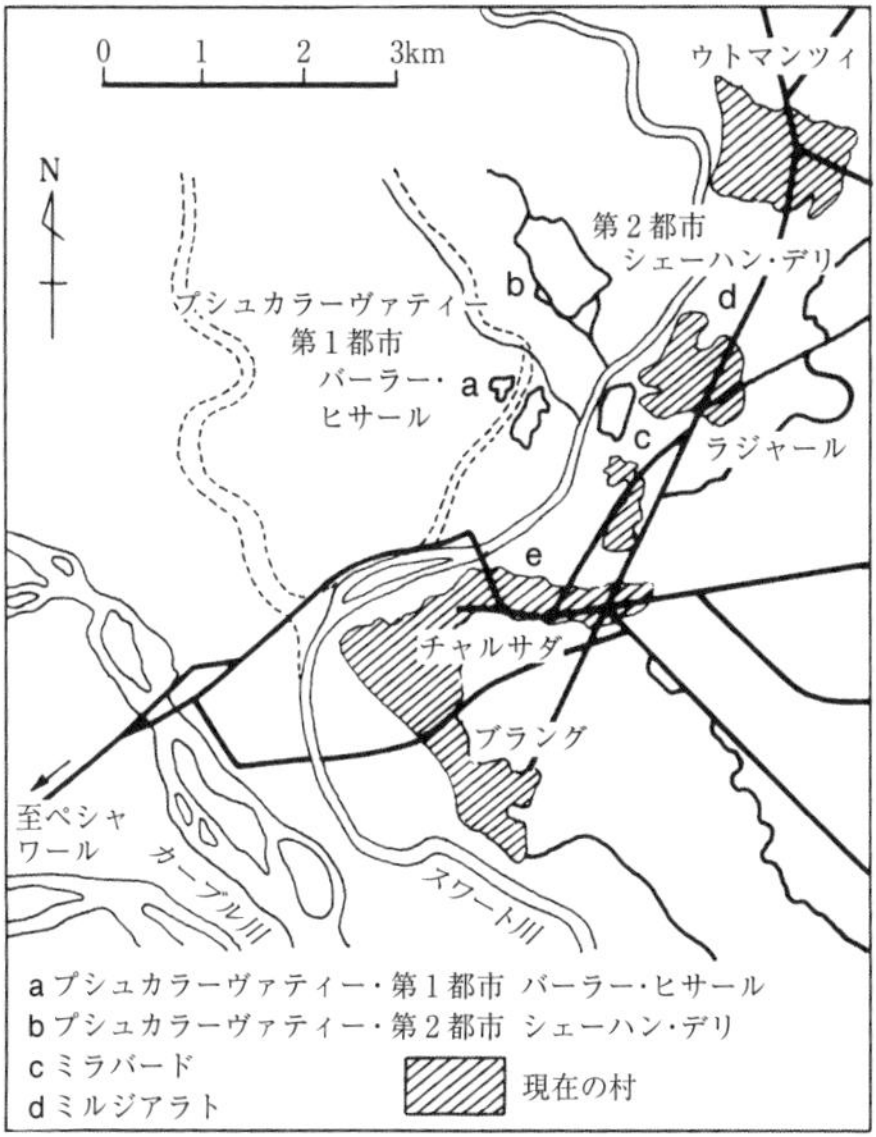

チャルサダ近傍図

がならんでいる。

一八六三年、カニンガムはこの地を踏査し、バーラー・ヒサールの丘をガンダーラ国の首都プシュカラヴァティーに比定した。その後一九〇二年、マーシャルはペシャワール平原にたつチャルサダの丘をみて、インド考古調査局に着任する直前まで調査をつづけていたギリシアでみたアテネのアクロポリスの丘を思いだした。彼はさっそくその翌年に調査をはじめ、丘の頂部に試掘の孔を設けたが、なんの成果もえられなかった。岩山に築かれたアクロポリスとちがって、この丘は広大な人為的に築かれた丘だったのである。その後チャルサダの調査は、インド考古局によって一九四七年に行なわれる予定であったが、インド、パキスタンの分離紛争で中止された。

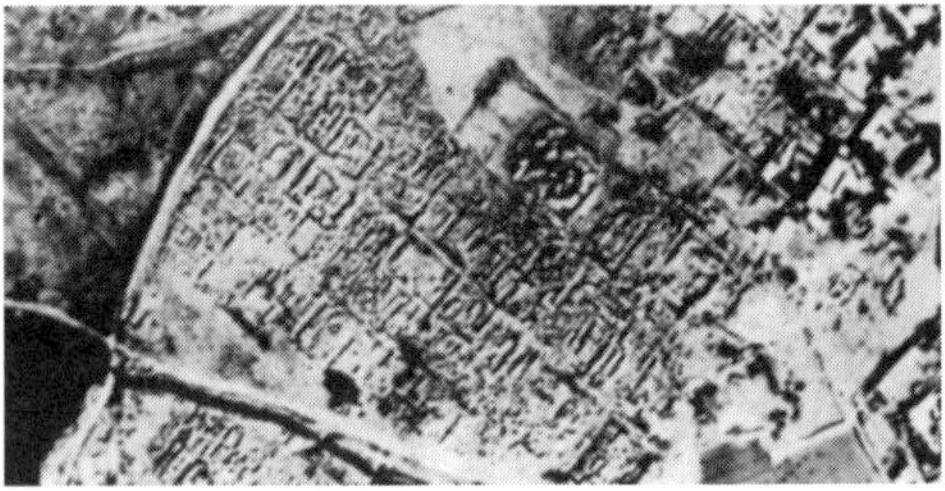
シェーハン・デリ

一九五八年、パキスタン考古局はチャルサダ調査を計画し、ウィーラーの協力を求めた。そして調査は、同年一一～一二月にかけてイギリスとパキスタンの考古学者の共同調査として進められた。試掘溝《トレンチ》が丘の南東の崖面に東西方向に設けられた。このトレンチの精細な地層の考察によって、五二層からなる層位の編年がなされた。トレンチの東のはずれには、一条の土塁と幅一一メートル、深さ七メートルの濠、さらに橋げたの孔などがあらわれた。バーラー・ヒサールの東の境界をなしていたもので、ウィーラーは、前三二七年のアレクサンドロス大王の東征のさい、三〇日間の攻撃にも防戦したという濠がこれだと推定した。

第四一層は地山《じやま》より高さ三・九メートルの位置にあり、前五三〇年から前三二七年にわたるものと推定される。高さ一〇・八メートルにある第二〇層がNBP土器、「ロータス・ボウル」のあらわれる最後で、前二世紀の半ばと推定される。第一四層は高さ一二・三メートルの位置で、この層からガンダーラ彫刻片が出土したが、都市的スケールをもつ生活層ではなかったようだ。第九ないし第七層以後はイスラーム期である。

この調査の結果、最下層にも鉄器が出土したことから、前六世紀の後半、ペルシアのアケメネス朝のガンダーラ支配のころからの遺跡であるとウィーラーはかんがえた。その後火災をうけた街は前四世紀に拡大して再建され、前二～一世紀ころまでつづき、その後イスラーム期になっても、見張台や駐屯地となって一八～九世紀までつづいた。したがって、バーラー・ヒサールの歴史はタキシラのビル丘と平行していたことになる。インドの叙事詩『ラーマーヤナ』には、英雄ラーマーの弟バラダにはタクシャとプシュカラの二人の息子があり、それぞれタクシャシラーとプシュカラーヴァティーの二つの町を建設して支配させたとつたえている。この伝承を考古学的に実証したものといえる。

シェーハン・デリ遺跡

北東にひろがるシェーハン・デリは、イスラームの墓地になっていたり、村人たちが古い煉瓦を再利用するためにあちこち穴をあけていたりするので、遺跡の構成はまったくつかめない。ところが航空写真をみると、整斉な碁盤状のパターンをはっきりと確認することができる。住区は、ほぼ三六メートル四方に区画されてならんでいる。そのなかに四五メートル幅のひときわ広い矩形の一区画があり、そこに円形の塔址がみられる。おそらく仏塔であろうが、あるいはジャイナ教の塔かもしれない、とウィーラーはいっている。

村人がこの廃墟から古い煉瓦をとりだした際、メナンドロス（在位約前一六〇～前一四〇）やヘルマイオスの貨幣を発見した。また、新設されたペシャワール大学の考古学教授のA・H・ダニは、一九六三年から翌六四年にかけて、このシェーハン・デリ遺跡を調査した。その結果、この都市は前二世紀の中ごろインド・ギリシアに建設されたことを、メナンドロスはじめインド・ギリシアの諸王の方形銅貨の出土によって確証した。その後、この都市の再建はくり返されたが、初期の都市計画のパターンは変更されることなく、クシャーン王ヴァスデーヴァ一世によって後三世紀のはじめ近傍に遷都されるまで、スキタイ、パルティア、クシャーン初期の諸王の支配のもとでも踏襲されたことが明らかになった。なお、ヴァスデーヴァ一世によって遷都された近傍の都市遺跡は、まだ調査されていない。

じっさい、『ラーマーヤナ』の伝承のとおり、タキシラとチャルサダはまったく類似した性格をもつ都市であった。いずれも地方独自の様式と技能をもつ地方中心都市であり、アケメネス朝ペルシア帝国の支配下にあり、ともにペルシア・アフガニスタンからインド亜大陸に達する幹線路にあり、アレクサンドロス大王の遠征路にもあたり、ギリシア・ローマ時代を通じて東西交通の要衝たる位置を占めていた。そして、ともに近接して西方的な碁盤状都市を新しく建設して遷都したのである。

メハサンダ寺院

メハサンダ寺院址はガンダーラの中心に近いシャーバーズ・ガリの北東、カラマル山塊につづくメハサンダ山の尾根に築かれた山寺である。シャーバーズ・ガリのマンダト・デリの山腹と山麓にある石塊にはアショーカ王の詔勅碑文がカローシュティー文字で刻まれていることでもよく知られている。

カニンガムは、一八四七年の踏査にひきつづいて、一八七二年から七三年にかけてふたたびシャーバーズ・ガリの近辺を調査した。その結果、ガンダーラの都布色羯邏伐底《プシュカラーヴァティー》とインダスの渡河点烏鐸迦漢荼《ウダカカンダ》（今のフンド）を結ぶ、宋雲のいう仏沙伏城、玄奘のいう跋虜沙城をシャーバーズ・ガリに比定し、この集落を中心に当時の市域を推定した。その市域をかぎる東門ハパル・ダラの外にある遺跡を玄奘のいう跋虜沙城東門外の伽藍、東北門のゲール峠をこえた北四〇〇メートルの小丘を宋雲の城北一里の白象宮にあてた。そしてシャーバーズ・ガリの東北のメハサンダ山を玄奘の弾多落迦山にあてた。スダーナ太子因縁の塔所がメハサンダ寺院址ということになる。カニンガムは寺院址についてはなにも記さず、ただその山麓にあった石窟をスダーナ太子夫妻の習定処にあてた。仏陀の前生の修行をものがたる本生譚《ジャータカ》でしられたスダーナ太子の本縁地としても有名であった。

フーシェと大谷探検隊

フーシェは一八九五年から九七年にかけてインドの各地を調査し、シャーバーズ・ガリを訪ね、メハサンダ寺院址を調査した。フーシェも跋虜沙城をシャーバーズ・ガリとするカニンガム説をうけ、宋雲や玄奘の記録によってシャーバーズ・ガリ周辺の遺跡を考定し、シャーバーズ・ガリ北方のチャナカ・デリを白象伽藍にあてた。チャナカはサンスクリットのカナカの転訛《てんか》で、「金の丘」で宋雲のいう金箔を白象にはったという記事に一致するとしたのである。彼は、メハサンダ寺院址をスダーナ太子を記念する遺跡とし、太子の石室にあてた山腹の石窟から北へ約一〇メートルのところにある寺院址を発掘した。調査によって大塔とその周辺の一部があきらかになった。大塔は二重基壇で、前面に四基の小塔、背部の左に小塔二、後壁祠堂と前方左端の祠堂をみいだした。ここで石やストゥッコの彫刻片を発掘したが、二五七頁の図版に掲げた菩薩像はその一体でフーシェの主著『ガンダーラのギリシア仏教美術』第一巻（一九〇五）の巻頭にかかげられている。フーシェは塔院があるからには当然僧院も付随しているであろうとしている。そして六世紀初の宋雲が「僧侶百人」というのに、七世紀の玄奘はなにもこれについてふれていないのは、当時すでに衰微していたからだとしている。

メハサンダ遺跡の発掘状況

一九〇二年、西域探検でしられた大谷光瑞らの

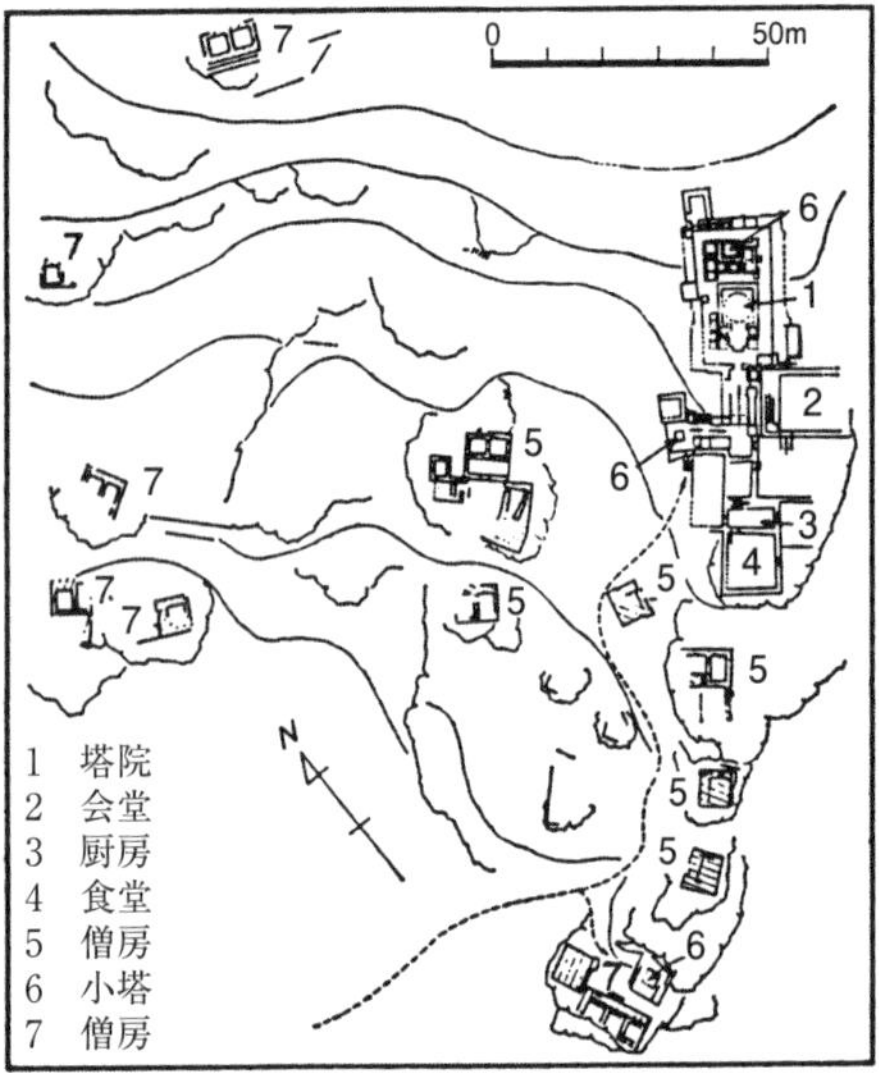

メハサンダ寺院全図

一行もシャーバーズ・ガリをたずね、メハサンダ寺院址で簡単な調査を行なった。隊員の上原芳太郎は『印度紀行』のなかに次のように記している。

「十二月五日、晴、朝、井上（弘円）氏と共に、阿育王碑、檀特山、跋虜沙城の故址を探らんと再び『シャーバーズ・ガリ』に至る。此村は北に岩丘を負い、丘北は平野、村の西南も亦《また》平野にして、北丘に沿う千三百歩、丘の東に尽くる処『カラマル・ヒル』孤立す。『カ』丘の北を東に千歩して井上氏は東進し、余は南進『カ』丘を攀《よ》ず。一木なく岩石磊々《らいらい》たり。頂上の遺礎を見て西に下る三百歩、丘の半腹の廃寺跡にて井上氏と会う。氏は北麓にて善牙太子幽栖《ゆうせい》処、仙人石闍《せきりよ》に当る石窟を見たり」

井上氏はカニンガムのいう太子習定処をたずね、上原氏は山頂をきわめてメハサンダ寺院址を訪ねている。その翌日は村の北の岩山を北に越え平野にでて、規模小ならざる「寺観館舎」を訪ねた。チャナカ・デリであろう。そして大谷光瑞らを迎え、翌八日にはメハサンダ寺院址の調査をおこなった。

「十二月八日、晴、早起、猊下《げいか》（大谷光瑞）に従い『カ』丘北麓の石窟に至る。別に壮丁を賃し廃寺址を発掘す。長方形、方形の基礎九個所を発見し、又彫刻石片数十個を得。一行此夜『マルダン』に帰る」

大谷光瑞

わずか一日の調査で、くわしい発掘の記述もないが、「廃寺址最上層の円基」についてもふれているところから、フーシェの発掘した大塔のまわりの小塔群を発掘したのであろう。さらに、

「廃寺址の基礎に彩色を施せる石刻断片、殊《こと》に仏面、土偶に朱の隈取《くまどり》を施せる等、所謂《いわゆる》『ガンダーラ』美術の粋を示すものにして誠に珍とすべし。只仏面仏像の如きは、手あれば足なく、仏頭は皆三四断されあるを見るは、これ自然の壊滅に非ずして、蓋《けだ》し彼《かの》

回教の大破壊の毒手に罹《かか》りしものなるべし」と発掘の状況を記している。この時の採集品は旅順博物館に陳列されたという。その後メハサンダ寺院址の調査はまったくない。それまでの発掘と盗掘で遺跡は荒廃し、しだいに忘れられたのだろう。

京大隊の調査

一九五九年、雲岡《うんこう》石窟、竜門石窟の調査をはじめ中国各地の遺跡の調査をつづけてきた水野清一は、仏教文化の源流と東西文化の交流を解明するために、京都大学イラン・アフガニスタン・パキスタン学術調査隊を組織し、そのパキスタンにおける調査の基地にシャーバーズ・ガリをえらんだ。まず、フーシェによって白象宮にあてられたチャナカ・デリの発掘調査をつづけ、一九六二年の第三次調査ではガンダーラ盆地に散在する仏教遺跡をひろく踏査した。その一つにメハサンダ寺院址があり、まず一〇〇〇分の一の遺跡の現状平面図をつくった。一〇月二〇日から三日間で、中央の尾根を整地した四つの台地に、石積みの壁をもつ寺院址の存在がほぼ推測できた。しかしその中心とおもわれる最上部は攪乱がはげしく、なんの遺構もみられなかった。そこで全域にわたって現状を実測するために最上部台地の西南部をすこし清掃したところ、幅約四・〇メートルの石積みの階段があらわれ、その側面に石積みの基台や蛇腹のついた石積みの列をみいだした。

その後、一二月一日、ひきつづき最上部の西南部を清掃しはじめたところ、一二月三日に階段をのぼりつめたところの祠堂のねもとのくぼみから、片岩の菩薩頭部があらわれ、さらにほぼ完形にちかい高さ七〇センチメートルの菩薩立像が出土した。そこでフーシェによって調査がはじめられ、わが大谷探検隊にもゆかりのある、このメハサンダ寺院址の本格的な発掘調査にとりくむことになった。

こうしてメハサンダ寺院址の発掘調査は、チャナカ・デリ遺跡の発掘調査と併行してシャーバーズ・ガリの民家をかりうけて宿舎とし、すすめられた。宿舎を二台のジープに分乗して出発し、カニンガムが仏沙伏城の東北門址にあてたゲル峠のあたりで、東のメハサンダ山麓と西のチャナカ・デリへ向かう組にわかれた。麓から歩いて約二五分の行程でメハサンダ寺院址に達し、近傍から集まった村人たちを点呼し、作業をはじめる日がつづ

菩薩立像（メハサンダ出土　ギメー美術館蔵）

メハサンダ寺院

いた。調査は一九六二年度にひきつづき、一九六三年、一九六四年、一九六七年に三期にわたってつづけられ、遺跡を全域にわたって発掘調査した。

メハサンダ寺院の構成

発掘調査によって明らかになったメハサンダ寺院は、塔院と講堂、厨房《ちゅうぼう》、食堂と僧房群からなっている。塔院は礼拝の対象となった大塔を中心とし、その前後と側面に小塔が信者によってあいついで寄進されている。そして、これに応じて大塔のまわりの繞道《にょうどう》も拡げられ、塔院の基台も拡張した痕跡がのこっている。この塔院のまわりには四面に祠堂がならび、また大塔の正面につづく参道の階段の両側にも祠堂が列をなしてならんでいた。参道の入口に近い踊場《おどりば》にも一基の奉献小塔がある。大祠や小塔は多数の坐仏や力士、獅子などの像で荘厳され、祠堂には仏像、菩薩像や小塔などが安置されていたらしい。出土遺物がこのことを示している。大塔も小塔も伏鉢より上部は崩壊しきっている。塔院の後部にならぶ祠堂列の背部にある小室は、塔院を監理するための部屋であろう。

　塔院につづいて講堂、厨房、食堂などの諸堂がならぶ。これらは信者と隔離された僧侶たちの修行そのほか日常の生活空間である。このうち厨房と食堂はのちに増築されたことが壁体の構築過程からわかった。寺院における僧侶の生活の変化を示すものといえよう。なお、この地区からは仏像、菩薩像などはまったく出土しなかった。ただ、食堂の隅に設けられた台から、一体の仏立像が顔面の部分を除いてほぼ完形で出土した。僧侶の生活のなかにまで仏像がつよい位置を占めていたことを示すものといえよう。

　ここから尾根ぞいに下にひろがる僧院群と、谷をへだてて西にひろがる僧院群が点在する。これらの僧院はすべて単室あるいは数室からなるそれぞれ独立した僧院で、インドでもガンダーラでも一般にみられる中庭をかこみ、その三面ないし四面に僧房群がならぶ僧院の形式がみられないのは、山寺という地形によるものであろうか。あるいはメハサンダ寺院の属した宗派の性格によるのかもしれない。ガンダーラ盆地の谷間にあるタレリー寺院の調査では、中庭をかこんで三面に僧房がならぶ僧院が一つと、多数の独立した僧院群がみられた。

　これらメハサンダ寺院の各僧院の出土遺物と量をみると、塔院に近い僧院群では土器、壺、かめなどの生活用具の出土はきわめて少ない。これにたいして、塔院からはなれた僧房では厨房の施設をもち、土器などの出土も多い。これは塔院に近い僧院群は、その生活機能の多くを塔院に接した厨房などの共同施設に負うているが、塔院からはなれた僧院では、厨房などの施設をもち、独立した僧院の性格がつよいことを示している。

なお、塔院につらなる尾根の突端にある僧院には小塔一基がおかれていた。これは僧侶自身が小塔をもっていたことを示し、塔崇拝の習慣が僧侶の生活のなかにまで深く根をおろしていたことを示し、先にみた食堂のなかの仏像とともに僧侶の信仰の傾向をものがたっていて注目される。

タレリー寺院

仏教文化が盛行したガンダーラには数多くの仏教寺院が建立された。平地に築かれた寺院の多くは崩壊してしまって、その痕跡をのこすものは少ない。しかし、ガンダーラの平原をめぐる山腹や谷間には、いまも寺院の跡がよくのこっている。タレリー寺院址もその一つである。メハサンダ寺院址の調査にひきつづいて、京大隊はこのタレリー寺院の発掘調査をはじめた。

ガンダーラ平原の北縁にウトマン・ケルの山地があり、その南斜面には多くの仏教寺院址が点在している。タレリー寺院址は西南に大きく張りだした山塊を浸蝕してできた谷間の一つ、その奥の谷間を進むとその北側の崖上に建物群としてあらわれてくる。踏査では塔址を確認することはできなかったが、中央の山稜にたつ祠堂の列や会堂を含む建築群、山腹に点在する小さい僧房の建築群、さらに西の谷間にひらけた小さい台地に祠堂の列や階段があり、仏像や浮彫の断片が散乱しており、かつてかなり規模の大きい仏教寺院があったことをものがたっていた。

タレリー寺院（C区中央部）

このタレリー遺跡について、前世紀末イギリスのH・B・W・ガーリックが踏査したという記録があり、フーシェも一八九八年この遺跡を訪れているが、組織的な調査はまったくなされていなかった。

京大隊は一九六三年いらい、三次にわたる発掘調査によって、遺跡のほぼ全域にわたる構成を明らかにすることができた。調査によって、遺跡は中央の山上の塔院、谷間の塔院と山腹や尾根の上に築かれた僧房群とに分けられる。

［山上の塔院］　これはタレリー遺跡のほぼ中央、

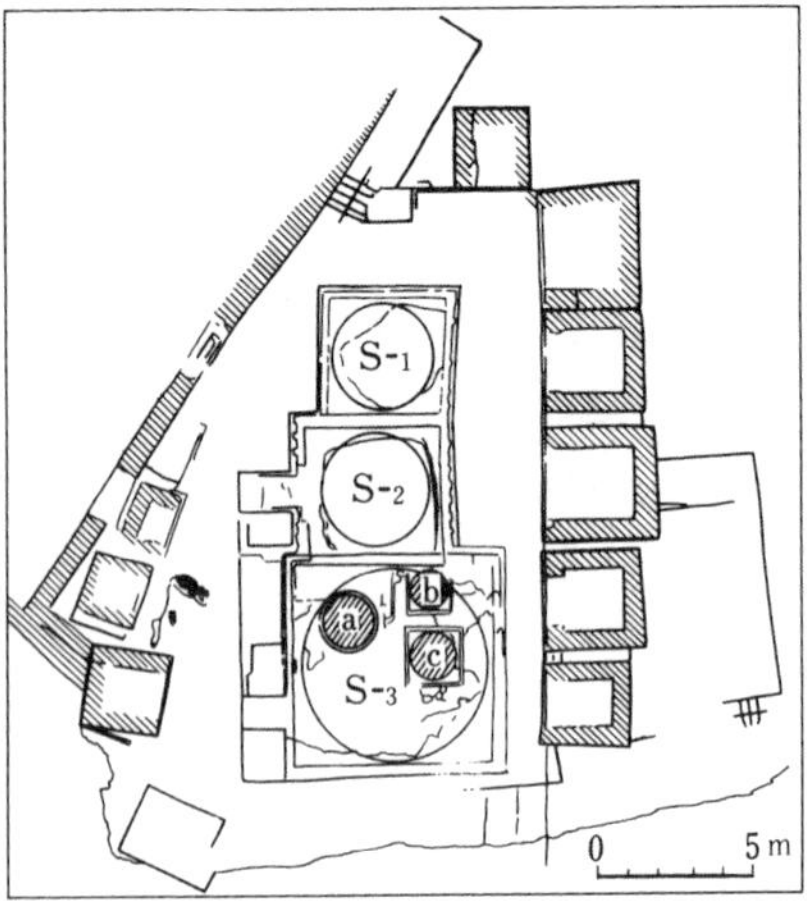

タレリー寺院（山上の塔院の仏塔の増広）

ひときわ高くなった丘の台地にひらかれている。この塔院の部分は大きく破壊され、わずかに東の祠堂列があらわれているにすぎなかった。調査の結果、南北に三つにならんだ塔があらわれ、南の方七メートルの大塔は南半が大きくえぐるように破壊され、その内部から三つの小塔があらわれた。これは三つあるいはそれ以上の小塔をおおう形で大塔が建立されたことを示している。仏塔には、サーンチー第一塔やタキシラのダルマラージカ塔にみられるように、古塔を中核に拡築する傾向がある。次にみるスワートのブト・カラ塔では、五度にわたる拡大の過程がみとめられた。仏塔が拡大する傾向を増広《アッチャグーダイ》とよばれるが、これは信者がその信仰の深さを示して仏塔を拡大したものといえよう。仏塔の増広には塔を同心円的に拡大していく例が多く、タレリーのように小塔群をおおう形式はきわめて少ない。この南の大塔に接して北へ二つの大塔が連続してあらわれたが、その結合の状態から北へ増築されたものらしい。これらの塔のまわりには平石がしきつめられ、南は崖面で谷間につづいているが、他の三面は祠堂の列で限られていた。

なお、この塔院の西北には斜めにはしる塔院の西の壁をへだてて細長い食堂、その西には中庭をかこんで三面に小室がならぶ僧房があった。また、塔院の北には、せり出し尖頭アーチ形の戸口をもつ大きい会堂があった。

［山腹の小塔院］　山上の塔院から谷間の塔院へいたる参道に接して台地がひらかれ、小さい塔院がおかれていた。平石が敷きつめられた矩形の台地の西北部は崩れているが、ここに八基の小塔が二列にならんでおかれ、その西と南には祠堂列がならんでいた。

［谷間の塔院］　山上の塔院の西、断崖にかこまれた谷間は流下する土砂の堆積が厚く、わずかに残る石壁や祠堂の列、散乱した石像の断片によって、この地域が塔院の跡であることが推定できた。発掘調査の結果、谷間に二段の台地を設け、上段の台地には方五メートルの主塔を中心として、その前面に数基の小塔や祠堂がおかれ、そして、これらをめぐる石敷の床面には、南面をのぞく三面に祠堂の列がならび、その西面はまた南の参道にそう祠堂の列につながっていた。祠堂の基台はストゥッコの坐像や蓮華座でかざられ、その内部には仏像や小塔がおかれていたらしい。祠堂の頂部には、せり出しドームにガンダー

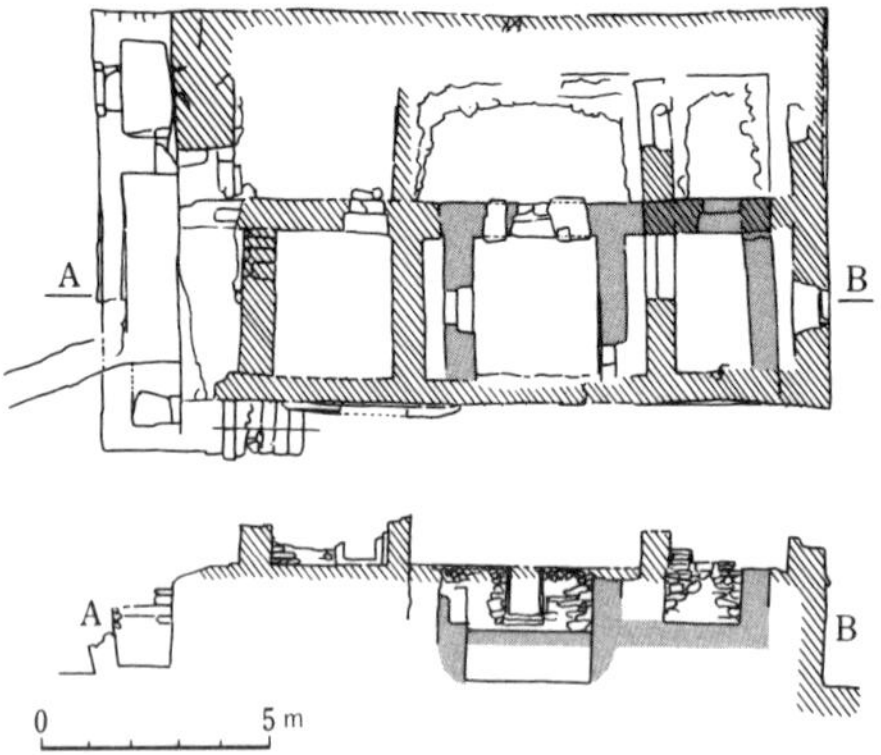

タレリー寺院（僧房の拡築）

ラ特有の筒形をのせている。

下段の台地は上段の台地の南にあり、東西に戸口をもつ細長い室で中央に列柱がならび、南へ吹き放しの広間をなしていたらしい。この下段の台地から南へ下った谷間に泉があり、いまもこのあたりに冬期に移動してくるスワート地方の遊牧民に使われている。タレリーの僧院の生活も、この泉によって営まれていたのであろう。

〔僧房群〕　ガンダーラでも僧房は中庭をかこんで小室がめぐらされる場合が多い。しかし、タレリーでは先に述べた山上の塔院に接して、この形式が一つみられるだけで、ほかは塔院をめぐる山腹や東につきだした尾根の上に築かれた独立した僧房群である。これは広い台地の少ない山寺にみられる型式でもあろうが、タレリー寺院の属した宗派の性格を示すものかもしれない。

塔が増広を重ねたように、僧房も改築され増築された。たとえば、図の僧房は調査前には大きい会堂のような建築とおもわれたが、調査の結果、この建物は会堂のような単一構造ではなく、上層は六室からなり、北に階段、東に付属室をもち、下層は二室からなる僧房であることが判明した。僧侶の生活空間の拡大と変化を示すものであろう。また、僧房に接し、僧房群のなかに小さい仏塔とこれに付属した祠堂が四カ所にみられた。三つの塔院が信者の礼拝の場として設けられていたのに対し、これら僧院のなかに設けられた塔と祠堂は信者の礼拝のためのものではなく、僧侶たちが独自の小塔と祠堂を僧院のなかにもっていたことを示している。塔や仏像の崇拝が僧侶たちのなかにまで深く根をおろしていたことはメハサンダ寺院にもみられ、注目すべきである。

［仏像その他］　ガンダーラの彫刻は、一般にまず石造彫刻ではじまり、二世紀ころからストゥッコがあらわれ、四世紀から五世紀にかけてストゥッコによる塑造美術がさかえ、ガンダーラの末期にテラコッタがあらわれたとされている。そして、ストゥッコはハッダをはじめアフガニスタンにさかえ、テラコッタは八世紀ころカシュミール地方でとくにさかんになったという。これはガンダーラ文化の衰退と仏教文化の移動を示すものとしても注目される。

ところで、タレリー遺跡では石像とストゥッコがともに出土し、ストゥッコより石の彫刻が多く、石像製作の習慣がつよかったことをよく示している。出土貨幣もカニシュカ・フヴィシュカ、ヴァスデーヴァなどで大クシャーン期の貨幣が含まれ、かなり早期のガンダーラの寺院であったことを示している。

ガンダーラの寺院ではあくまでも仏塔を礼拝の中心的対象としながら、これを仏像でもって荘厳し、あるいは仏像を独立した祠堂に安置する傾向もうまれ、塔と仏像を併置して礼拝する傾向が、信者のあいだでも僧侶のあいだでもたかまっていた。

スワート地方の調査

スワートはガンダーラ地方とは一条の山脈でかぎられ、マラカンドとカラカルの峠でたがいにつうじている。古くからガンダーラ、ナガラハーラとならぶ仏教の聖地としてしられ、とくに中国人に尊崇されてきた。仏足石、濯衣石《たくいせき》、アパラーラ竜泉などはとくによく知られていた。これら仏教の聖地や寺院を結ぶ道には、仏の浮彫を刻んだ岩面や石柱がいまもスワート渓谷の各地にみられるのである。

この地方は四周を高い山脈でかぎられ、これが自然の要害となり、外部に進出することも、また他からの支配をうけることも少なかった。スワート地方から外部への要路にあたる山間には、仏教寺院址とならんで数多くの望楼や矢狭間をそなえた砦の跡がみられる。

スワート渓谷をめぐる自然の要害とあいまって、安全をまもるための防禦の態勢がとられていたのである。外界からの圧力をうけることの少なかったこの地方には、ガンダーラ地方にくらべて、かなり後まで仏教文化がさかえていたらしい。スワート川をはさむ両岸には、都市や仏教の遺跡がきわめて多い。

スワート地方の遺跡の調査は、前世紀末からA・スタインがたび重ねて行なったが、一九三八年にはE・バーガーとPh・ライトが、スワート地方とアフガニスタンのオクサス地方で発掘調査を行なった。これらの調査によってスワート川流域の遺跡の概略が明らかにされた。本格的な調査の活動は一九五六年から、チベットを中心に仏教史の研究をつづけてきたG・トゥッチが組織したイタリア中遠東研究所（ISMEO）によってすすめられている。

ウデグラムとブト・カラ

イタリア調査隊は既往の調査の成果をふまえて、まずウデグラムとブト・カラの二地点で発掘調査をはじめた。

ウデグラムはスワート川の左岸、マラカンド峠からミンゴーラへ向かう道路に沿う「バザール」遺跡と、その東にそびえる山の尾根にひらかれた「城砦」遺跡とからなる。「バザール」遺跡の発掘では道路に沿うて設けられた広場や建物群があらわれ、都市遺跡の一部であることがわかった。建物は商店と住居にわけられ、商店は裏に小さい室をもった矩形平面の建物が道路に面してならんでいた。ここから「バザール」遺跡という名がつけら

ウデグラムの城砦

ブト・カラの大塔（中央部に増広の形跡）

れたのである。いっぽう、住居は中庭をかこんで居室がならぶ構成を示していた。層位的には、最下層では前四世紀ころのギリシア文字をもつ土器片などがあらわれ、アレクサンドロス大王の侵入やマウリヤ朝の層とかんがえられ、インド・ギリシア、インド・パルティア期をへてクシャーン朝、ササン朝の勢力のつよくなる後四世紀ころまでつづいたとされる。そして最後に、スワート川の氾濫によって破壊され、都市生活の安全を求めて山上の都市へ移ったらしい。

山上の「城砦」遺跡はスワート盆地を見おろす岩山の尾根をひらき、まわりに半円状の稜堡が設けられ、城砦のように見えるところからこの名がある。南東の入口に設けられた幅七メートルもある大階段もきわめて印象的である。尾根の上には通路をはさんでたくさんの室がならんでいる。この発掘調査によって最下層はササン・クシャーン朝の後二世紀ころまでさかのぼれることがわかった。今みられる建物は五世紀以後、七～一〇世紀に構築されたもので、正面の大階段も七世紀ころのものらしい。その後一一世紀にマフムード・ガズニの攻撃をうけ、イスラームの支配下にはいった。のち、一時的に仏教徒の手にかえったらしいことが、仏像の断片からうかがえる。

烏仗那《ウッディヤーナ》国の首都瞢揭釐《マンガラ》は、いまのミンゴーラである。一三～四世紀ころのことである。ここでイタリア隊は都市遺跡を発見し、仏教寺院祉ブト・カラを発掘した。この寺院は大塔を中心に、多様な形と規模をもった小塔、僧房や柱が建立されている。発掘調査によって、寺院が増広をくり返し、地震などの自然の災害によって破壊され、また再建されて何世紀にもわたって寺院の様相を変化させてきたことを明らかにした。

とくに注目されるのは中心の大塔である。この大塔には五度にわたる拡大・増広のあとがみられた。基核となった塔は径六メートル、小石と片岩でつくられ、その壁面は不整で基壇もなく直接に地面からカーブをなしてたちあがり半球状をなしており、その壁面は不整でなんの被覆も装飾もない。塔の身部は小石で築かれ、その中に舎利容器を安置する室があったが、残念なことに破壊されてしまっていた。この基核の塔の東面からマウリヤのチャンドラグプタの貨幣が出土した。したがってこの塔は前三世紀ころに建立されたということになる。

この基核の小塔のまわりに小石をつみ、混じり気のない黄褐色土をつめて径一一・四メートルの塔とした。第一回の増広である。この塔には円形基壇が設けられ、そこに龕形や装飾がつけられた。メナンドロスの貨幣が出土し、前二世紀末から前一世紀はじめに建立されたことを示している。

第二回の増広は前一世紀末から後一世紀はじめにかけて建立され、径一五・二メートルになった。第三回の増広では径一七・五メートルに拡大された。出土貨幣から後四世紀前半の建立によるものであることがわかる。

第四回の増広ではさらに径一九・七メートルに拡大され、第五回の増広は前期の繞道をうめて、その上に径一八・一メートルの塔をたてた。

塔の増広に応じて、床面も数層あらわれた。そのうちの繞道に青ガラスを敷きつめた部分は、ダルマラージカ塔とも対比される。石の彫刻も五〇〇〇点以上も出土し、そのほとんどが第四層で、時期は六~七世紀で、ガンダーラ美術の末期につながるものとして興味深い。

なお、イタリア隊は調査と併行して、ユネスコとの協力のもとに保存の工作をすすめている。今後の発掘調査の条件を示すものとして注目すべきである。

アフガニスタンの石窟寺院

カイバル峠をこえて

ガンダーラからカイバル峠をこえてアフガニスタンに入ると、ここにも仏教寺院はきわめて多い。ガンダーラとおなじく、西方的な仏教文化は、カニシュカ王のとき最盛期にたっしたクシャーン帝国の時代から、八世紀にこの地方がイスラーム化されるまでの前後六世紀にわたっていちじるしく開花した。とくに、インドで盛んに開掘された石窟寺院は、ガンダーラやカシュミールではほとんどみられないが、カイバル峠をこえるとふたたび活発にあらわれてくる。

玄奘が訪ねたナガラハーラ国はいまのジェラーラーバードで、仏教遺跡がきわめて多い。なかでもハッダの遺跡はよく知られている。玄奘のいう那掲羅曷国の醯羅《ヒラ》城である。ジェラーラーバード近郊には広大なテペがあり、このナガラハーラの都城をとりめぐる形で、ジェラーラーバード盆地をとりかこむ周辺の山麓や盆地を貫流する川に面した台地に、多数の仏教遺跡が点在している。これらの寺院跡は、仏塔を中心に地上の僧房と石窟群からなっている。法顕や玄奘が訪ねた都城の西南二〇余里にあり、その東の崖に急流に面してたっていたという仏影窟は、ジェラーラーバードの盆地を貫流するスルフ・ロード川に面した石窟であろうが、その位置は確認できない。ジェラーラーバードの石窟のなかでもっとも大きいのはフィールハナ石窟である。

フィールハナ石窟

フィールハナ石窟は一九世紀のはじめ、先にみたC・マッソンも踏査しているが、一八七八年には、S・ブラウン将軍のひきいる軍団に加わったイギリスの建築家W・シンプソンが、かなり克明な記録をのこしている。本格的な実測調査は、一九六二年八月末から約一カ月にわたって、京都大学イラン・アフガニスタン・パキスタン学術調査隊によっておこなわれた。

カイバル峠遠望

フィールハナ石窟はカーブル川の左岸、ナガラハーラ都城址の対岸に位置し、山頂の仏塔を中心に河岸の砂岩と礫岩《れきがん》質の断崖にほりこまれた石窟群である。南北二つの尾根が出あうところにたつ仏塔は崩壊がはげしく、わずかに高さ約一三メートルの円い丘を残すのみである。この丘の上にたってみると、八条の壁が中心から放射しているのがよくわかる。この塔は放射状の壁を擁壁にして構築する型式であった。この山頂の塔が礼拝の中心で、南にのびる尾根の突端にある東方石窟群と西の尾根の突端にある西方石窟群と、その中間の中央石窟群の三つの石窟群からなる。

東方群はヴィハーラ窟、象舎の窟とよばれる石窟、双龕《そうがん》の石窟などからなる。ヴィハーラ窟は中央に約五

フィールハナ石窟

メートル平方の方柱を掘りのこし、方柱のまわり幅約四メートルの回廊をめぐらし、東の後壁に四つ、南北の側壁にはそれぞれ三つの小房が付設され、西壁には通路と明かり窓をもっている。この形式はインドのヴィハーラ窟の構成をよくのこしている。象舎の窟とよばれる石窟はフィールハナ石窟の名もここからでているのだが、西にひらいた洞口四・三メートル、奥行一〇メートルの室と、奥でこれと直交した形の幅三・三メートル、奥行九・六メートルの室とからなる。その天井は高く六メートルもある。石窟の盛時には象を渡河用につかったのであろうか。

この二つの石窟の北、崖の中腹にひらかれた双龕の窟は二つの洞口をもち、南室が幅二・五メートル、奥行五メートル、北室が幅二メートル、奥行六メートルと二室が平行し、これらをつなぐ幅二メートル、長さ四メートルの通路があり、その西壁に整然としたアーチ形の龕がならんでいる。これは、尊像を安置した尊像窟であろう。

中央群は東と西の尾根の間、谷のくぼみにあり、その山すそに沿ってならんでいる。山のふところにあるので修行する僧侶たちの生活に適し、幅二メートル、奥行五メートルという矩形の小さな僧侶たちの独房がならんでいた。

西方群は西の尾根の先端にあり、河岸の断崖にのぞんでいる。ここには幅約五メートルに長さ一〇メートルの主室と、西北に面したヴェランダをもつ五つの石窟が一列にならび、各石窟の東南の出入口はトンネルでたがいに連結されている。土地の人たちはバザール(市場)窟とよんでいる。このバザール窟の北のはずれに幅八メートル、奥行四メートル、高さ七メートルのアーチ型の大龕がある。他の石窟からも独立し、いまは通路もなく近よりにくい。その龕形からすれば、仏の坐像が安置されたのであろう。バーミヤーンの二大石仏と関連して興味深い。対岸のカーブル街道からもまともに望見できるこの大龕窟は、その南にならぶバザール窟のヴェランダのりっぱなアーチ型とならんで、その雄大な姿はいまもカーブル街道を往来する人々をひきつけている。

ハイバク石窟

ジェラーラーバードからラグマン・カーブルをへて、ゴルバンド渓谷からバーミヤーンにかけて、石窟寺院は数多くみられる。ハイバクはバーミヤーンからドシをへてバルフへ

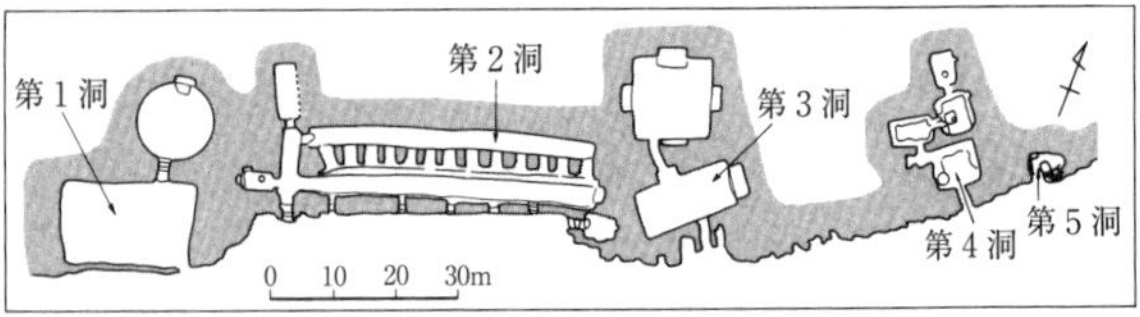

ハイバク石窟図

向かう道に沿い、プリ・フムリの平野とフルムの平野との間にある山中のオアシスである。ハイバクは古くサマンガンともよばれ、海抜一〇〇〇メートルのこの地は山中爽快《そうかい》の気にとみ、「サマンガンの夜」という雅言はさわやかな夜をさすことばとしてつかわれるという。玄奘の紇露悉泯健国をサマンガンにあてる説もあるが、玄奘も法顕もこの石窟寺院については、なんの記述ものこしていない。

ハイバク石窟はハイバクの町から約二キロメートルはなれた石灰岩の丘にひらかれ、土地の人たちは「タフティ・ルスタム」とよんでいる。「ルスタムの王座」という意味で、ペルシアの民族的英雄にちなんでの名で、イランのイスラーム教徒によって破壊されたこの遺跡が、その英雄の名でよばれているのである。

この石窟寺院が注目されたのは、第二アフガン戦争（一八七九〜八一）の結果、国境委員会に配属されたM・G・タルボット大尉の報告がはじめてで、W・シンプソンがさっそく踏査している。その後フランスのアフガニスタン考古調査団のA・フーシェがここを訪ね、石窟の略測と考察をおこない、『バクトリアからタキシラまでのインド古代の路』（一九四二）などに報告した。本格的な実測調査は一九六〇年九月に約一カ月にわたって、京大イラン・アフガニスタン・パキスタン学術調査隊によっておこなわれた。

ハイバク石窟は、南の山頂に掘りだされた塔洞と、これに向きあう北の丘の山麓にならぶ石窟群とからなる。塔洞は石灰質の岩山をきりひらいたもので、伏鉢の径は約二八メートル、高さ約一一メートルでやや肩のいかった球形をなし、伏鉢の頂部には方八メートル、高さ二・五メートルの平頭があり、その上に方二・五メートルの壇があり、この頂に径〇・八メートル、深さ〇・六メートルの円孔があけられている。傘蓋をささえる竿柱《かんちゅう》をたてたものであろう。平頭には舎利奉安室があり、その外周の浮彫にした柱型もめずらしいが、もう、サーンチー大塔にみえるような欄楯《らんじゅん》のおもかげはない。伏鉢部のまわりには幅二メートルの繞道《にょうどう》があり、西に幅四メートルのトンネルで入口につながっている。この入口のトンネルと平行して幅五メートル弱で奥行一八メートルの大広間がある。会堂であろう。これととなり合って方約四メートルの不整形な小室があるが、これは塔院に付属した監理のための室であろう。まわりから伏鉢の頂と平頭がみえるように削りとった岩面には南西の位置に天水を集めて貯えておくための方約六メートルの水槽が設けられている。

北の山麓にならぶ石窟群はすべて南面して塔洞をのぞんでいる。第一洞は径一〇・五メートルの円形平面の室にドーム天井がのる高さ一〇・八メートルの石窟で、その奥壁に上下二つの龕がつく。天井には大蓮華文が彫りだされ、いわば一〇〇〇枚の大蓮華を窟頂いっぱいに彫ったもので他に類例がない。

第二洞は幅二・六メートル、長さ四一メートルの二つのトンネル状の前廊と後廊にはさまれた一三の小房からなる。先にみたフィールハナ石窟のバザール窟とも類似したアフガニスタンに固有な平面構成をもつ僧房窟であろう。西側の側室は、穴や溝があることから、僧房の厨房のような施設であろうと思われる。

第三洞は前室と主室とからなり、前室は六・五メートルに一三・五メートルでヴォールト状（かまぼこ型の構造）の天井をもち、東壁には大きい龕がつく。主室は一〇・八メートル平方、正面と左右の側壁には大きい龕があり、この龕には左右に柱を彫り、その上にドームをつくる。正面の龕には柱頭の高さに装飾がつく。正面に大きい尊像を、左右に脇《わき》侍《じ》をおいたのだろうか。龕の上には長押《なげし》のような横木をおき、その上にスキンチ・アーチ（方形の室の上にドームの天井をかけるために、四隅に斜めにアーチをせり出して八角形をつくり、さらに八隅をもちだして円形の壁をつくり、その上にドームをのせる天井の架構法。ササン建築で開拓された）でドーム天井を支える形をなしている。

第四洞は複雑な平面をもつ石窟で、ほぼ五メートルの方形で三方にベンチのある中室の

バーミヤーン石窟

中央右よりに大きい水槽があり、奥室は四・四メートルに三・二メートルの矩形室で床に円形のくぼみがある。個人の居室であろう。側室は六・二メートルに三・五メートルの矩形室で天井はヴォールト、まわりに高い壇が、入口には低い敷居がつき、流水を防ぎ樋《とい》で中室の水槽を排水するようになっている。浴室であろうか。

第五洞もふしぎな小石窟で、幅二・三メートル、奥行三メートルの小室の床には穴があり、この穴がこの石窟を貫く暗渠《あんきょ》につながっている。面の縦長の穴から水を流すと、水は樋をはしり東の洞外に流れでる仕掛けになっている。厠《かわや》とも浴室ともみられる。

ハイバク石窟の構成は、石灰質の岩山を掘りだした塔院がインドのチャイティヤ窟に類似し、インドの石窟寺院をその源流とすることは明らかである。第一洞、第三洞にみる大きな龕をもつ尊像洞は、仏塔とならんで仏像が礼拝の対象として、つよい位置を占めてきたことを示すものとして、注目すべきである。

第三洞のスキンチ・アーチの構造は、いうまでもなくササン・ペルシアの伝統をひくものであり、西方世界とのつながりをよく示している。

僧房窟の構成はアフガニスタンに固有な特色を示している。浴室や厠は当時の僧侶の日常生活を示す施設であろう。なお、ここから東トルキスタンにはいると、僧房は一、二みられるのみで、中国本土ではそれもなく、僧侶の生活のあとは石窟から消える。そこでは、ただ仏塔と尊像のための礼拝洞となってしまう。

バーミヤーン石窟

玄奘が訪ね、深い感動をこめて記述したバーミヤーン石窟は、ヒンドゥ・クシュの山中の盆地で、南をコー・イ・ババ、北をサフェド・コーの山なみでかこまれ、アジアの東西と南北を結ぶ古代の交通の要衝にあたっていた。このバーミヤーンの渓谷には東の大仏像（三五メートル像）、西の大仏像（五三メートル像）の二大石仏を中心に無数の石窟が点在し、かつて僧侶が起居し、信者たちが礼拝した石窟寺院の跡を今ものこしている。

二大石仏は約四〇〇メートルはなれ、石質緻密《ちみつ》な大断崖にそれぞれ巨大な三葉形《トレフォイル》の龕をうがち、その中に仏の立像をきざみだし、頭髪や衣文のひだなどの細部をストゥッコで形どって仕上げている。現状は両者とも顔面の前部を欠き、両手もない。偶像破壊の習慣を

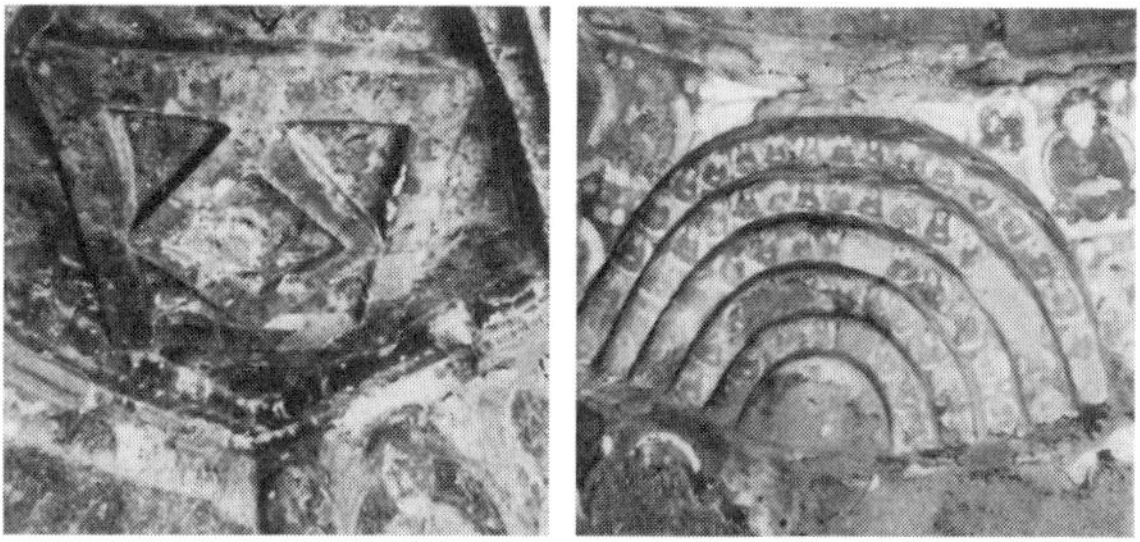

バーミヤーン石窟の天井構造
（右：スキンチ・アーチ、左：ラテルネンデッケ）

もつ異教徒の所業であろう。フランスのアフガニスタン考古調査団の調査によれば、バーミヤーンでは三五メートル大仏の東、断崖のはての低地に塔址がのこっているのと、G洞、J群第六洞内に小塔がおかれているのみで、仏塔の占める位置はきわめてよわい。

当時のバーミヤーンをめぐる東西の文化的環境をみると、東方ではガンダーラをはじめインド本土でも仏教寺院の礼拝の対象として塔と仏像が併置されていたし、アフガニスタンのフィールハナ、ハイバク石窟でも仏塔とならんで尊像をまつる礼拝洞がつよい位置を占めていた。西方には巨像製作の習慣をもつヘレニズム世界の伝統があり、マウリヤ朝の建築や美術の造形につよい影響をもたらしたペルシアでは、後三世紀にササン朝が出現し、磨崖巨像の伝統を復活させていた。これら東西の文化的傾向が影響して、バーミヤーンに磨崖の二大石仏を出現させたといえよう。

二大石仏をはじめ坐仏などの尊像をまつった龕窟のほかに、尊像窟、会堂窟や僧房窟などがある。龕窟や尊像窟は礼拝の対象となるものであり、会堂窟や僧房窟は僧侶たちの生活空間である。これらの石窟は、矩形、方形、八角、円形などの平面をもち、その天井架構の形式をみると、ヴォールト、ドーム、スキンチ・アーチ、ラテルネンデッケなど多様な構造方式を示している。これは当時バーミヤーンで知られていた建築架構の構造方式を、石窟に刻みつけたものといえよう。いうまでもなく、スキンチ・アーチはササン・ペルシアの伝統をうけつぎ、ラテルネンデッケは中央アジアの遊牧民に使用され、ヒンドゥ・クシュの南北、東はサーンチー、敦煌から高句麗の古墳、西はアルメニアの民家にまでみられる。

東西文化交流の結節点

石窟の内部に描かれた壁画は仏教的題材を中心に描かれているが、イランの影響もつよい。その様式にもササン、ヘレニズムの要素が多い。これらはすべて、当時のバーミヤーンが東西文化交流の結節点たる位置を占めていたことを示すものといえよう。こうした文化的環境をもつバーミヤーンで、人間的容姿をもつ仏像が、仏塔をしりぞけて寺院における礼拝の中心となったことは、仏教寺院の構成とその展開をみるとき、まことに注目すべき事象といわなければならない。

初期教団の僧伽《サンガ》にはじまる仏教寺院は、仏像をもって礼拝の中心とするまでに展開し変容してきたのである。わが国初期の仏教寺院にみる、尊像をまつる金堂と仏塔を併置して回廊でかこみ、その外に講堂と僧院を配置する形式は、こうした環境で成立し、ここにその源流が求められるのである。

ここアフガニスタンから、わが国への途は遠い。仏教寺院もまた、その過程で今日われわれがみる寺院に変容し展開してきた。その変容過程について、とりわけ、その経路にあたる西域地方の調査研究には未開拓な面も多く、いわば失われた環となっている。その究明は、この方面の研究のもっとも魅力あるテーマの一つともいえよう。

むすび　ガンダーラに地域博物館を

唐・天竺は日本人にとって憧れの地であった。ながい歴史のなかで、日本人は仏陀がうまれ、仏教が創唱された天竺・インド世界に深い関心をもちつづけてきた。古代から中世、近世にかけてもかわることはなかった。一六世紀になって、ポルトガル人をはじめとするヨーロッパ人が渡来し、わが国からも商人たちが朱印船に乗って東南アジアへ航海し、日本人町が各地につくられた。播磨の人、天竺徳兵衛の『天竺渡海物語』は再三にわたる渡海の経験から、天竺の地理・風俗・産物などについて記した書物である。その記述から、彼が旅した天竺はインドではなく、当時天竺暹羅《しやむ》国とよばれていたタイであることがわかる。霊鷲山《りようじゆ》、祇園精舎についても記しているが、当時東南アジアに渡った日本人は霊鷲山を都バンコクの川上四二里に、祇園精舎をカンボジアのアンコール・ワットに見出していたようだ。インドはやはり遠かったのである。

いったんひらかれた海外への雄飛も、鎖国政策によってきびしく制限されてしまう。インドはふたたび近よりがたく遠い想念のなかの世界にとじこめられた。大坂の町人学者・富永仲基はきびしい批判精神をもって、「加上」の原理で仏教経典が仏陀のことばでなく、後世それぞれの時代に後人が祖述し創作したものとその成立の過程を論じた。平田篤胤は玄奘の『大唐西域記』などを参考にして『印度蔵志』をあらわし、インド世界を紹介しようとした。新井白石はイタリア人シドッティの尋問でえた知識で『西洋紀聞』、『采覧異言』をあらわし、その海外事情のなかでインドの現状を紹介した。同じころ、長崎の町人学者・西川如見は海外への唯一の窓口・長崎の出島でオランダ人からえた知識をもとに『華夷通商考』をあらわし、インドの物産などを紹介した。閉ざされた鎖国体制のもとで、人々の前にインドの実像がおぼろげながらうつしだされようとしていた。

ところで、近代になると事態は一転する。幕末のきびしい国際環境、とりわけ「聖人の国」と信じてきた中国が「夷狄の国」イギリスに敗退したアヘン戦争は、わが国の知識人に大きい衝撃をあたえた。西洋の進歩にたいして東洋の停滞が深く人々の心をとらえた。明治維新にはじまる近代化の歩みは、西洋に追いつき追いこすための懸命な努力の連続であった。そのためには、停滞した東洋からはなれ、「脱亜入欧」の姿勢がとられた。西洋へひたむきに傾斜していくなかで、唐・天竺への憧れは霧散していくかにみえた。いく度かの不幸な戦争と敗戦の悲惨からたち直り、もち前の勤勉と賢明な判断によって、日本は経済の高度成長をとげることができた。「経済大国」といわれるまでになった今日、物質的な豊かさのほかに、心の豊かさが求められるようになった。「宗教回帰」の時代ともいわれるゆえんである。日本人の間に、その精神文化の一つの原郷ともいうべき天竺、そしてその伝来のみちシルクロードへの関心が静かな深いたかまりをみせている。

ところで、仏教文化の原郷・仏教遺跡の現状はどうだろうか。忘れられたインド古代の文化と埋もれた仏教遺跡を発掘調査する作業は、一八世紀の末、ベンガル・アジア協会の設立にはじまった。この協会はイギリスのインド植民政策の性格をつよくもつものではあったが、この方面の調査研究の開始を示すものとして注目される。その調査活動は単なる好奇心によるものが多く、組織的でもなく、調査にともなう保存対策もほとんどたてられていなかった。こうした不用意な調査は、結果として破壊をもたらすこともすくなくなかった。

やがて、Ｊ・プリンセプ、Ａ・カニンガム、Ｊ・バージェスやＪ・マーシャル、Ｍ・ウィーラーらが調査の体制に改革をくわえ、調査活動を組織化し、調査にともなう遺跡保存について遺跡博物館の構想をうみだした。主な遺跡には遺跡博物館《サイト・ミュージアム》を設け、遺跡案内官《ガイド・レクチュラー》をおき、遺跡案内書《ガイド・ブック》を刊行する方式が定着しつつある。しかし、すべての遺跡が安全に保存されているかといえば、けっしてそうではない。むしろ、多くの遺跡が崩壊の危機に直面し、危険な状態におかれているのが実状である。次に、ガンダーラの仏教遺跡を例にとり、かんがえてみよう。

ガンダーラ、現在のパキスタン西北辺境州を中心とした地域は、インド亜大陸への西北の関門の地にあたり、仏像起源の地としてしられている。ギリシア風仏教美術とよばれたようにガンダーラは東西文化が交流し、独自の仏教文化がひらけた地域として東西の人々の関心をあつめてきた。ガンダーラが西欧の人々に注目されたのは、一九世紀になってヴェントゥラー将軍やマッソンらが多数の仏塔をひらき、古銭や古物を蒐集してからである。とくに、一九世紀の中ごろ、パンジャーブ州がイギリス領となってからは、この地方の遺跡は財宝めあての人たちの手で荒されることが多くなった。やがて、一八六〇年代になると、インド考古調査局がおかれ、組織的な調査がA・カニンガムやH・コールらによってすすめられた。その調査研究はA・フーシェやJ・マーシャルらにひきつがれた。

一九四七年、インドはイギリスの統治からはなれ、インド・パキスタン両国に分離し独立した。調査研究は両国の考古局によって現地の考古学者を中心にすすめられ、国際的協力関係もうちたてられた。ガンダーラ地域の調査も再開された。主な調査活動をみるとガンダーラの古都プシュカラーヴァティー（現在のチャルサダ）をイギリスのM・ウィーラー教授やペシャワール大学のA・ダニ教授らが試掘を行ない、スワート地方ではイタリアのG・トゥチ教授らが仏教遺跡をはじめ、先史遺跡、都市遺跡、イスラム建築と広範囲にわたる調査をつづけている。いっぽう一九五九年以来、水野清一教授を中心に京都大学の学術調査隊がシャーバーズ・ガリに宿舎をおき、チャナカ・デリーや、メハサンダ、タレリー寺院遺跡の調査をはじめ、ガンダーラ一帯の踏査をつづけた。七〇年代には、樋口隆康教授を中心に、アフガニスタンのバーミヤーン石窟やスカンダル・テペの調査をすすめた。そして一九八三年から、ふたたびガンダーラ仏教遺跡の調査をはじめた。

ガンダーラの仏教遺跡を踏査するとき、その遺跡のほとんどが破壊しつくされているのにおどろかされる。踏査と発掘調査から、その破壊の要因をかんがえてみよう。
一、自然力による破壊　仏教がすたれ、寺院が維持されなくなると、風雨や地震などの自然力で大きく破壊される。
二、戦乱や侵略による破壊　たとえば、六世紀はじめ、排仏のエフタル王の侵入でガンダーラの仏教寺院とその美術は壊滅的打撃をうけたという。
三、偶像破壊の習慣による破壊　狂信的なまでの宗教熱心からの破壊で、顔面と腕の前膊をもぎとられたバーミヤーンの二大石仏はこれを明らかに示している。
四、不用意な調査による破壊　十分な保存対策のない調査は遺跡と調査報告を対照することさえ、困難な場合が多い。たとえば、ラホール博物館をかざる「苦行する仏陀像」と浮彫をめぐらした小塔が出土したとされるシクリ遺跡は、その位置を確認することがむつかしい。
五、開発による破壊　この地方の人口増加による圧力、とりわけアフガン難民による人口の急増もみのがせない。この刺激による耕地の開発にトラクターなどの機械力が導入され、遺構・遺跡が破壊されている。たとえば、スワートのグンバトゥナ遺跡にのこっていた円形祠堂は、二年ぶりに訪れた一九八三年には、周辺が耕地となり姿を消していた。道路の整備、土地改良、工場建設などの開発が予想される現在、慎重な事前調査が期待される。

六、乱掘による破壊　交通が発達し、大量観光がすすむとガンダーラ美術を愛好する人もふえ、かつて王侯貴族などに限られていた骨董趣味が拡がり、素朴で無知な村人を刺激し、白昼乱掘がすすめられている遺跡もあるという。

ところで、現在もっとも問題になるのは、四―六のまったく人為的な現代的な課題だといえよう。この地域では、遺物が単に「ガンダーラ仏」として関心がもたれ、その結果遺物を遺跡から遊離させてしまい、ガンダーラの研究をいちじるしく困難にしている。こうした状況がなんの規制もなくつづけば、ガンダーラの研究じたいが困難になるばかりでなく、ガンダーラ仏教遺跡を地上からまったく消失させてしまうという危険に直面するにちがいない。

こうした危機を克服するために、ガンダーラ仏教遺跡の調査と保存の対策を検討しなければならない。そのためのガンダーラ地域博物館の構想を提案したい。この「ガンダーラ地域博物館」に二つの意味がこめられている。一つには仏教遺跡や都市遺跡が点在するガンダーラ地域全体を博物館としてとらえ、その保存と開発をはかろうというかんがえであ

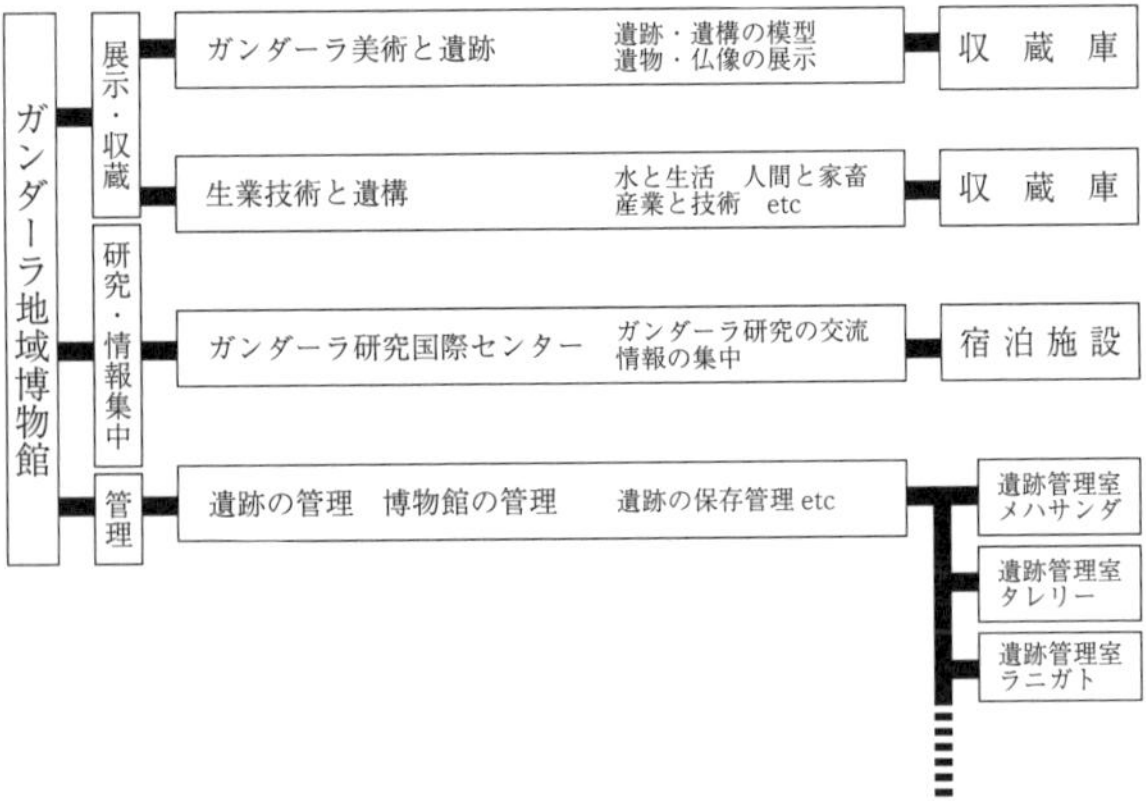

ガンダーラ地域博物館構想

り、二つにはそのための中心的施設として、シャーバーズ・ガリに博物館を建設しようという構想である。

シャーバーズ・ガリは「5　東西文化の交流」でのべたように（二五一頁）、ガンダーラ平原のほぼ中央、その東西と北部を結ぶ交通の要地にあたり、玄奘のいう健駄《ガンダー》邏《ラ》国の跋虜沙《ポロシャ》城にあてられている。東西にのびる道路に面した小高い丘の山腹と山麓の岩石には、アショーカ王の詔勅碑文がカローシュティー文字で刻まれている。北の平地にはチャナカ・デリ遺跡、北東にのびる尾根にはフーシェや大谷探検隊が調査したメハサンダ遺跡がのこっている。京都大学の学術調査隊はこのシャーバーズ・ガリを基地として、チャナカ・デリ、メハサンダ、タレリーなど仏教遺跡の調査をつづけ、いまラニガト寺院跡の調査をはじめている。ところで、これらの遺跡は適当な保存施設もなく、放置されているのが現状である。出土遺物もペシャワールの考古局倉庫にそのほとんどがいたずらに積載されている。現状のままでは、遺跡は理解されることなく荒廃し、現地の研究者や村人たちと協力して進めてきた調査への努力も忘れられてしまうにちがいない。

そこで、シャーバーズ・ガリにガンダーラ地域博物館を建設し、ガンダーラ地域の調査・研究と保存・管理の中心的施設としたい。シャーバーズ・ガリは、前にもふれたように、大谷探検隊や京大調査隊も活躍した、日本人にもゆかりの深い土地である。この地域博物館がはたす役割は右頁の表のとおりである。

一、展示と収蔵　ガンダーラの遺跡・遺構の模型を展示し、理解をたすける。遺物を通じて遺跡との分かちがたい関連を明らかにする。出土遺物を収蔵する。

また、ガンダーラ文化をうみだした基盤であり、その背景をなす地域の生業、技術とその遺構・遺物を展示、収蔵する。たとえば、水と生活とのかかわり、「インダス文明と水」からインダス川に建設された巨大な「タルベラ・ダム」までについて展示・説明し、牛力の水車による灌漑の遺構などを展示・保存する。

二、研究と情報の集中　ガンダーラに関する情報を集中させ交流させることによってガンダーラの調査研究の推進をはかる。ガンダーラの研究には、地元のパキスタン・インドの研究者、仏教文化の源流を探ろうとする東方の研究者、西洋文化の母胎であるギリシア・ローマ文化の東への影響をたどろうとする西方の研究者などが、それぞれ独自の研究目標をもって研究調査をつづけている。それぞれの研究成果を交流し発展させることは、ガンダーラの調査・研究の促進と発展に大いに役立つにちがいない。そのために、研究者の宿泊施設を用意する。

三、遺跡の保存・管理　ガンダーラに点在する遺跡の保存・管理の網の目《ネットワーク》を形づくり、その中枢的役割をはたす。遺跡と遺物が遊離することなく把握できるようにし、それぞれの比較研究を通じてガンダーラ文化の究明に努める。各地の遺跡には遺跡管理室をおき、遺跡の保存管理と現地説明にあたらせたい。タキシラやスワートを除けば、タクティ・バヒ、ジャマルガリの仏教遺跡にしか保存の体制がとられていない現状にあって、各地の遺跡の保存に万全を期し、各地の地域文化財として位置づけ、それぞれ固有な地域開発の核としたい。

この地域博物館を建設することによって、ガンダーラが東西文化の交流にはたした役割を明らかにし、かかる輝かしい文化をうみだした風土環境を追想し、この文化の創造につとめた人間的努力に深い敬意をはらいたい。こうした認識を共有することによって、ガンダーラの遺跡を地域社会に定着させ、地域の開発をはかりたいとねがっている。

また、この地域博物館が創設されることになれば、これまでの調査活動を通じてかわされたパキスタンと日本の研究者や現地の住民との協力関係を永く記念するものとなるであろう。ともすれば単なるエコノミック・アニマルとみられがちな日本人が、文化活動においても積極的役割をはたしつつあることの証ともしたいのである。また、このガンダーラ地域博物館は、混迷する国際環境のもとで、それぞれ異なった立場から、各国各地の研究者が交流しあう、新しい東西文化交流の場となるにちがいない。

参考文献

全般的なもの

RAPSON, C. H. I: *Cambridge History of India*. Vol. 1, 1916

SMITH, V. E: *The Early History of India*, 1904

MAJUMDAR, R. C. (ed.): *The History and Culture of the Indian People*, Vol. 1~7, 1951, 54, 60

GRÜNDWEDEL, A. (revised by J. BURGESS): *Buddhist Art in India*, 1901

FERGUSSON, J. & J. BURGESS: *History of Indian and Eastern Architecture*, 2 vols., 1876

ROWLAND, B: *The Art and Architecture of India. Buddhist/Hindu/Jain*, 3rd ed., 1967

COOMARASWAMY, A. K.: *History of Indian and Indonesian Art*, Dover Edition, 1965

BROWN, P.: *Indian Architecture* (*Buddhist and Hindu*), 1963

足利淳氏『インド史概説』一九五四年

山本達郎編『インド史』一九五九年

中村　元『インド古代史』上・下、一九六三〜六五年

ネルー（辻直四郎 他 訳）『インドの発見』上・下、一九五三年
コーサンビー・D・D（山崎利男 訳）『インド古代史』一九六六年
辻直四郎編『印度』〈南方民族誌叢書〉5、一九四三年

序 インド世界への憧れ

MARSHALL, J. (ed.): *Mohenjo-daro and the Indus Civilization*, 1931
MACKAY, E. J.: *Further Excavations at Mohenjo-daro*, 1938
VATS, M. S.: *Excavations at Harappa*, 1940
WHEELER, R. E. M.: *The Indus Civilization*, 3rd ed., 1968（曽野寿彦 訳『インダス文明』一九六六年は第二版の訳）
WHEELER: Harappa 1946: the Defences and Cemetery R. 37 *Ancient India*, no. 3, 1947
———: *Civilization of the Indus Valley and Beyond*, 1965（小谷仲男 訳『インダス文明の流れ』一九七一年）
KHAN, F. A.: "Excavations at Kot Diji", *A Pakistan Archaeology*, no. 2, 1965 "Excavations at Kalibangan", *Indian Archaeology*, 1960-61, 1961-62, 1962-63
RAO, S. R.: *Lothal: A Harappan Port Town (1955-62)*, Vol. 1, 1979
辛島 昇・桑山正進・小西正捷・山崎元一『インダス文明—インド文化の源流をなすもの』一九

八〇年
井上光貞『古代国家の政治と仏教』一九七一年
高木　豊『鎌倉仏教思想史』一九八二年

1　仏陀の世界を求めて

足立喜六『大唐西域記の研究』上・下、一九四二、四三年
慧立本釈・彦悰箋（高田　修　訳註）『大唐大慈恩寺三蔵法師伝』一九六一年
慧立・彦悰（長沢和俊　訳）『玄奘法師西域紀行』一九六五年
前嶋信次『玄奘三蔵—史実西域記』一九五二年
CUNNINGHAM, A.: *Archaeological Survey of India*, Vol. I～XXIII, 1871～1887
———: *Ancient Geography of India*, reprint, 1963
ROY, S.: *The Story of Indian Archaeology*, 1784-1947, 1961
Hundred Years of Indian Archaeology (Cultural Forum. Archaeology Number), 1961
WILSON, H. H.: *Ariana Antiqua, A Descritive Account of the Antiquities and Coins of Afghanistan, with a Memoir on the Building called Topes by C. Masson, Esq*, 1841

2　仏教の時代に

Dutt, S: *Buddhist Monks and Monasteries of India*, 1962

Sarkar, H.: *Studies in Early Buddhist Architecture of India*, 1966

McCrindle, J. W.: *Ancient India, as described by Megasthenēs and Aryan*, 1877

Mujumdar, R. C.: *The Classical Accounts of India*, 1960

Agrawala, V. S.: *India as Known to Pāṇini*, 1963

Marshall, J.: "Rājagriha and its Remains", *Annual Report, Archaeological Survey of India*, 1905–06

Boch, T.: "Excavations at Rājgir", *Annual Report, Archaeological Survey of India* Eastern Circle, 1905–06

Ghosh, A.: "Rājgir", *Ancient India*, 7, 1950

Jackson, A.: "Notes on Old Rājagṛiha", *Annual Report, Archaeological Survey of India*, 1913–14

Indian Archaeology, 1953-54, 1954-55, 1957-58, 1958-89, 1961-62

Peppé, W. C.: "The Piprāhwā Stūpa. containing Relics of Buddha" (With a Note by V. A. Smith), *Journal of Royal Asiatic Society*, 1898

Fleet, J. F.: "The Inscription on the Piprawa Vase", *Journal of Royal Asiatic Society*, 1905–07

Wheeler, M.: *Flames over Persepolis, Turning-Point in History*, 1968

SMITH, V. A.: "*Asoka*" *The Buddhist Emperor of India*, 1st Indian Reprint, 1957

SPOONER, D. B.: "Mr. Ratan Tata's Excavation at Pātaliputra", *Annual Report, Archaeological Survey of India*, 1912-13

PAGE, J. C.: "Bulandibagh near Patna", *Annual Report, Archaeological Survey of India*, 1926-27

ALTEKAR, A. S. & V. MISHRA.: *Report on Kumrahar Excavation*, 1951-55

FERGUSSON, J.: *Tree and Serpents Worship*, 1868

MARSHALL, J. & A. FOUCHER,: *The Monuments of Sanchi*, 3 vols., 1940

FERGUSSON, J. & J. BURGESS,: *The Cave Temples of India*, 1880

BURGESS, J.: "Report on the Buddhist Cave Temples", *Archaeological Survey of Western India*, vol. IV, 1863

辻直四郎編『ヴェーダ・アヴェスタ』〈世界古典文学全集〉3、一九六七年

中村 元編『仏典』Ⅰ・Ⅱ〈世界古典文学全集〉6、7、一九六五～六六年

長尾雅人編『バラモン経典・原始仏典』〈世界の名著〉1、一九六九年

――『大乗仏典』〈世界の名著〉2、一九六七年

中村 元訳『ブッダのことば』一九五八年

田辺繁子訳『マヌの法典』一九五三年

平等通昭訳『仏陀の死』一九六一年

中野義照訳『カウティルヤ実理論』一九四四年

中村　元『釈尊伝』一九五八年
岩本　裕『仏教入門』一九六四年
増谷文雄・梅原　猛『知慧と慈悲〈ブッダ〉』〈仏教の思想〉1、一九六八年
平川　彰『律蔵の研究』一九六〇年
――『原始仏教の研究』一九六四年
佐藤密雄『原始仏教教団の研究』一九六三年
早島鏡正『初期仏教と社会生活』一九六四年
村田治郎「阿育王柱の様式的考察」『仏教芸術　九』、一九五〇年
高田　修『仏教美術史論考』一九六九年

3　仏教誕生

FOUCHER, A.: *L'art Gréco-bouddhique du Gandhara*, Tome I 1905, Tome II-1 1918, II-2 1922, Additions et Index 1951
――, (H. HARGREAVES 英訳), *Notes on the Ancient Geography of Gandhara*, 1915
COLE, H. H.: *Memorandum of Ancient Monuments in Eusofzai*, 1883
BACHHOFER, L.: *Zur Datierung der Gandhāra-Plastik*, 1925
MARSHALL, J.: *The Buddhist Art of Gandhāra*, 1960

Coomaraswamy, A. K.: "The Indian Origin of the Buddha Image", *Journal of the American Orient Society*, vol. 46, 1926
van Lohuizen-de Leeuw, J. E.: *The Scythian Period*, 1949
Ingholt, H.: *Gandharan Art in Pakistan*, 1957
中村　元・早島鏡正訳『ミリンダ王の問い』一〜三、一九六三〜六四年
村川堅太郎訳『エリュトゥラー海案内記』一九四八年
大谷家蔵版『新西域記』一九三七年
高田　修『佛像の起源』一九六七年

4　壮大なる都市遺跡

Marshall, J.: *Taxila.*, 3 vols., 1951
――――,: *A Guide to Taxila*, 1960
Ghosh, A.: "Taxila (Sirkap), 1944-45", *Ancient India*, no. 4., 1947-48
Spooner, D. B.: "Excavation at Shāh-ji-ki-Dheri", *Annual Report, Archaeological Survey of India*, 1908-09
Ghirshman, R.: "Begram Recherches archéologiques et historiques sur les koushans", *Mémoir de la Délégation Archéologique Française en Afghanistan*, XII, 1946

5 東西文化の交流

SPOONER, D. B.: "Excavation at Takht-Bahi", *Anunal Report, Archaeological Survey of India*, 1907–08

KAK, R. C.: *Ancient Monuments of Kashmir*, 1933

WHEELER, M.: *Rome, beyond the Imperial Frontiers*, 1954（糸賀昌昭訳『大ローマ帝国の膨張』一九五七年）

WEELER, M. & A. GHOSH, K. DEVA,: "Arikamedu; an Indo-Roman Trading Station on the east coast of Indian, " *Ancient India*, no. 2, 1946

LAL, B.B.: Excavation at Hastinapura and other Explorations in the Upper Ganga and Sutlej Basins 1950–52〟, *Ancient India*, no. 10–11, 1954–55

LONGHURST, A. H.: "The Buddhist Antiquities of Nāgārjunakonda", *Memoir of Archaeological Survey of India*, no. 54, 1938

RAMACHANDRAN, T. N.: "Nāgārjunakonda 1938", *Memoir of Archaeological Survey of India*, no. 71, 1953

SARKAR, H.: "Some Aspects of the Buddhist Monuments at Nagarjunakonda", *Ancient India*, no. 16, 1960

Wheeler, M.: *Chārsada,* 1962
樋口隆康「ナーガールジュナコンダの遺跡」『日印文化』特集号 Ⅲ　一九六四年
水野清一・西川幸治『ハイバクとカシュミルースマフト』一九六二年
水野清一・樋口隆康・西川幸治『ハザール＝スムとフィール＝ハーナ』一九六七年
水野清一・藤田国雄・小谷仲男『ドゥルマン・テペとラルマ』一九六八年
水野清一・西川幸治・小谷仲男『メハサンダ』一九六九年
水野清一・樋口隆康・西川幸治・小谷仲男・桑山正進『タレリ』一九七八年
樋口隆康編『京都大学中央アジア学術調査報告　バーミヤーン』一九八三年

古代インド文化史年表

年代	時代区分	政治と文化	遺跡と遺構
2500 B.C.	モヘンジョ・ダロ期／チャンフー・ダロ期 I	インダス文明栄える (c 2500〜1500)	モヘンジョ・ダロ、ハラッパー ｝都市遺跡 チャンフー・ダロ、アムリなど ｝農村遺跡
2000	ジュカール・ジャンガール期／チャンフー・ダロ期 II・III	➡**インド西部にアーリヤ人侵入** **インダス文明衰退する**	
1500	ハスティナープラ期 I	インド最古の賛歌「リグ・ヴェーダ」成立（前期ヴェーダ）	
1000	（彩画灰陶土器）／ハスティナープラ期 II	アーリヤ人、ガンジス川流域に移動 「ブラーフマナ」「アーランカヤ」「ウパニシャッド」が成立（後期ヴェーダ）	
700	十六王国期（NBP）／シャイシュナーガ朝	マガダ王国、インド東北部に建設さる 仏陀、北インドに誕生 マガダ王・ビンビサーラ、近隣一円を征服	NBP【北方黒色磨研土器】(c.600〜200)
500		ペルシアのダレイオス、ガンダーラ、パンジャーブ、シンドを征服	鉄器文化（c 500〜200） ラージャグリハ（王舎城）の城壁築かる（c.500）
		第1回仏典結集（c 477）	ピプラーワー仏塔と舎利容器 ヴァイシャーリー仏塔と舎利容器 ｝(c 400 ?)
400		「パーニニ文典」（c 400） 第2回仏典結集（c 377）	
		➡**アレクサンドロス大王、インドに侵入 (327)** チャンドラグプタ、マウリヤ帝国を築く（321）	
300	バクトリア王国／マウリヤ朝	政治・経済に関するインド最古の著作「実利論」成る アショーカ王の治下、マウリヤ帝国最盛期	⇨パータリプトラの宮殿遺構(c 300) ⇨アショーカ王の石柱：サールナート、サーンチー、ラウリヤー・ナンタンカル、ラーンプルヴァー、ルンビニーなど アショーカ王建立の仏塔：サーンチー第1塔の核、タキシラ・クナーラ塔の核など
		第3回仏典結集（244）	

年代	時代区分		政治と文化	遺跡と遺構
200	バクトリア王国	シュンガ朝	➡バクトリア・ギリシア、パンジャーブとインダス川流域に諸王国を築く（c 190） 二大叙事詩「マハーバーラタ」「ラーマーヤナ」成立 ➡サカ・パルティア、インド北部に侵入（c 150）	⇨バラーバル丘・ナーガールジュナ丘のアーシーヴィカ派の石窟（c300～100） ウダヤギリのジャイナ教の石窟、バールフト塔、サーンチー第2塔、バーシャーのチャイティヤ窟・ヴィハーラ窟（c 150）
100	サカ・パルティア	アーントラ朝	➡サカ・パルティア、インダス下流に定住（c 100） ➡サカ・パルティア、インダス川を北上、ガンダーラ地方に拠る（c 80）	⇨タキシラの第2都市・シルカップ（カッチャーコート）、グントゥパッリの石窟（c 200～1） コンダーネ、ピタルコラー、アジャンター第10窟 タキシラの第2都市シルカップ
B.C. A.D.			「バガヴァッド・ギータ」成る 「マヌの法典」の整備	アジャンター第9窟、ナーシク第13窟、シュンナールのチャイティヤ窟 タキシラのダルマラージカ塔 ⇨ベグラーム都市址第3期（B.C.1～A.D.1） ⇨タキシラの第3都市シルスフ（c 80） カニシュカ大塔（？）
			➡中央アジアからクシャーン人、インド北部に侵入	
100	前期	クシャーン朝		アマラーヴァティー大塔（中期） マトゥーラのフヴィシュカ寺院造営、ナーシク第15窟、カーンヘーリのチャイティヤ窟（後期）
200	盛期		カニシュカ王統治下、クシャーン朝隆盛 ガンダーラ美術隆盛 大乗仏教運動の大成 インド分裂状態となる	⇨ベグラームの都市址第2期（2C後半～3C中） タクティ・バヒ寺院址（2～3C.）
300	後期			⇨バーミヤーン35メートル仏（3C中？）
	キダーラ期	グプタ朝	チャンドラグプタⅡ世治下、サンスクリット文化黄金時代 十進法の発明、カーリダーサの「シャンクンターラ」	ヘグラーム都市址第3期、メハサンダ寺院（c. 300～400） アジャンター・エローラの洞窟壁画 ミルプル・ハースの仏塔（c.300～500）

年代	時代区分	政治と文化	遺跡と遺構
400	キターラ期 クシャーン期	中国の法顕、グプタ朝宮廷を訪れ、その記録をのこす	⇨ナーランダー学問寺の建立 サーンチー祠堂第17号堂 (5C.前)
		➡中央アジアのエフタル、ガンダーラに侵入(460)	バーミヤーン53メートル仏(5C中)
500	エフタル グプタ朝	**➡エフタルの侵入第2波かグプタ朝を滅ぼす (520)** 中国の宋雲および恵生、西北インドを巡礼す (520〜521)	アジャンター第19窟(6C)
600	西突厥	ハルシャ・バルダーナ、北インド文化を再興 玄奘、ナーランダー学問寺に修学しインドを旅行 (630〜644)	エローラのチャイティヤ窟 アジャンター第26窟 サーンチー祠堂第18号堂 (7C前)
		義浄、インドに滞在 (673〜685)	
700		**➡サラセン軍のシンド侵入、イスラーム教徒が初めてインドを支配する (712)**	
			(➡は外国からの衝撃、⇨は外来文化からの影響を示す)

あとがき

この小著をまとめるにあたり、さきに放送されたＮＨＫ教育テレビ『日曜美術館』のシリーズ〝アジア仏教遺跡の旅〟「ガンダーラ―仏像誕生の謎―」（一九八三年七月四日）に、瀬戸内寂聴さんとともに出演したことや、また一九八四年二月二四日に総合テレビで放送された『ＮＨＫ特集』「ガンダーラ―仏像誕生のロマン―」の番組制作の過程で、現地パキスタンでお手伝いさせていただいたことを思いだす。

それぞれの折にお世話いただいた、ＮＨＫの西松典宏ディレクターと谷尾襄チーフ・ディレクターに御礼を申し上げたい。また谷尾チーフ・ディレクターからは、貴重な写真を提供していただいたことを付記しておく。

なお、本書の原型は、前著『死者の丘・涅槃の塔』〈沈黙の世界史〉8（新潮社、一九七〇年）であるが、これをもとに、新稿を入れて補加筆し、さらに写真図版を新たにして改編したものであることを、おことわりしておきたい。この論稿の執筆の際にお世話になった初見国興氏、川島真仁郎氏、また種々助言をいただいたインド仏教学専攻の友人豊原大成氏にも、記して感謝の意を表明したい。

最後になったが、本書が成るにあたって、ＮＨＫブックスの道川文夫氏、田中美穂さんのご尽力を得、また校正には萩原容子さんの手を煩わした。心から謝意を表したい。また、ガンダーラ調査を共にした方々にたいし、この場を借りて御礼を申し上げることにしたい。

西川幸治

一九八五年一月九日

付録

1　いま、ガンダーラで

ガンダーラの遺跡はいまきびしい状況におかれている。ガンダーラは現在のパキスタン北西辺境州をさし、玄奘が健駄邏国とよび、美術史的にはアフガニスタン、カシュミールもふくめている。

かつてフランスの美術史家A・フーシェはガンダーラ美術を「ギリシア人を父とし、仏教徒を母とする工人の手になるギリシア風仏教美術」とよんだ。ガンダーラの地で、東西の文化が交流し、その結実として新しい文化が創造されたのである。したがって、ガンダーラの文化は東西の人々の強い関心をよび、とりわけ、石やストゥッコの彫刻や浮彫はつよく人々の愛着をひきおこした。たしかに、クシャーン王朝のもとで、それまで仏陀を人間の姿で表わすことがなく、法輪とか蓮花、空席の椅子や仏足跡などの象徴で仏陀を表わしてきた伝統を破り、人間的な姿をもった仏陀を仏像として彫刻し仏画として描きだすことになったのである。東西文化の交流の跡をよく示すガンダーラと、インドの伝統をつよくのこすマトゥラとは、仏像出現の地としてよく知られている。とりわけ、ガンダーラの美術は東の人にも西の人にも愛好された。そして、いま、ガンダーラの美術が遺跡と分離し遊離する形で乱掘がすすみ、遺跡が荒廃し、東西文化の交流の跡を、その文化遺産をうみだした風土環境のもとで鑑賞し、追想し、追体験する場が永遠に失われようとしているのである。

消えた雀離浮図

パキスタンの北西辺境州の州都ペシャワールはかつてクシャーン帝国の冬の都プルシャプラがおかれていた。一九〇九年、ペシャワールの東南の郊外シャー・ジー・キー・デリーで大きな仏塔の発掘調査がおこなわれた。方形の基壇の一辺は五五メートル、四方に階段がつく大塔で、基壇の上に何層もの円筒形の基台をつみ重ね、高さは数百尺にも達していたと推定された。特に注目されたのは、この遺跡から出土した銅製の円筒形の舎利容器に、カローシュティー文字の銘文が刻まれ、カニシュカ王の治世第一年に奉献されたカニシュカ寺であることがわかったことである。この遺跡こそ、中国の求道僧玄奘や宋雲が訪れた雀離浮図であることが明らかになった。このカニシュカ舎利容器は現在ペシャワール博物館に保管され、その蓋には丸彫の仏三尊像がつき、その様式をめぐって、ガンダーラ美術のデカダントかプリミティヴとみるかをめぐって美術史家の間で活発な論争がくりひろげられた。

一九六〇年、はじめてガンダーラ調査に参加しペシャワールを訪ね、水野清一先生に同行してシャー・ジー・キー・デリーへでかけたとき、壮大な塔址が小高い丘をなしてのこっていた。この丘のかたわらに大きい灌木がたっていたのを記憶している。ところが、一九八三年、その位置をたしかめようと訪れたところ、この一帯は民家でおおわれ、その景観はまったく一変していた。ペシャワールのスプロール的拡大によって遺跡はその波のなかにのみこまれてしまったのである。ペシャワールの考古学者にその所在をたしかめても、「遺跡は消えてしまった」という答えしかかえらなかった。かつて仏教徒の間で天下無二の偉観とうたわれた雀離浮図はその痕跡すらのこすことなく消え失せてしまったのである。

もっとも、この遺跡について建築史家天沼俊一先生は一九二二年、一九三六年と二度訪れ、貴重な記録をのこしている。三六年に再訪して試掘溝にのこっていた僧房の壁体をたしかめようと探してもみつからなかったといい、塔址のまわりを歩き、前回撮れなかった塔址の全容を写真にのこしている。博物館長に僧房の壁体についてきいたところ、「あの地主がどうも頑固で値段が折り合わず、買えないので発掘をつづけることができず、せっかく掘りだした壁体の一部も埋めもどしてしまった」となげいていたという。貴重な遺跡の維持管理の対策がとられないまま、ついにその姿を消してしまったのである。

ガンダーラの仏塔の形態をもっともよくのこすのがロリヤーン・タンガイ小塔で、カルカッタのインド博物館にかざられている。ところで、この小塔の出土地を探して六〇年代の調査ではガンダーラ平原の北をかぎる山麓を踏査したがついにみつけることはできなかった。一九八八年、スワートを訪ねたとき、博物館長ナジール・ハーン氏の案内でローディアノ・タンガイを訪ねた。スワート生まれの同氏によれば、これがあのロリヤーン・タンガイだろうというので期待をこめて、ジープで荒れた川原を谷の奥へとすすんだ。すると前方からトラクターがやってきた。不安な予感が走った。めざす谷奥の台地についたところ、すでにトラクターで削平され、谷底の小川には高さ九〇センチの菩薩像がころがっていた。はたして、この谷間の遺跡がロリヤーン・タンガイ遺跡であったかどうかは確認できないが、いずれにしても一つの遺跡が、畑地拡大の作業のなかで、充分な調査をすることもなく機械力で破壊されてしまったのである。

苦行する釈迦像の出土地は

先年の「パキスタン・ガンダーラ美術展」で、はじめて日本で公開された「釈迦苦行像」を記憶している人は多いだろう。現在、ラホール博物館のガンダーラ室をかざり、パキスタンの国宝第一号ともよばれるこの「釈迦苦行像」はシクリ出土ということになっている。このシクリ遺跡を探して、六〇年代の調査でたび重ねてシクリ村の周辺を踏査したのだが、確定することはできなかった。八〇年代になって、ラホール博物館長S・R・ダル博士の好意によって、二〇世紀のはじめH・ディーンらの発掘調査を示す図面をみせていただき、「釈迦苦行像」が出土した祠堂の位置を図面で確認することができた。しかし、シクリ遺跡の位置そのものは未確認である。その後、A・フーシェの論文や当時の記録を点検しなおして、上部スワート運河沿いで、シクリ村に近いシャカル・タンギこそ、シクリ遺跡ではないかと推定し、その確認の調査をしたいとかんがえている。

かつて、日本の考古学の開拓者浜田耕作は『通論考古学』のなかで、遺物の学術的価値について、

第一等遺物・考古学者自ら発掘し、発掘地点、共存遺物の明なるもの
第二等遺物・発見地明確なるも、その他の状態不明なるもの
第三等遺物・発見地不明なるも、真物たること疑いなきもの
等外遺物・真疑不明なるもの

と分類している。この分類に従えば、数多いガンダーラ彫刻のなかでも、そのリアリズムの表現を極限にまで示した傑作とされるこの「釈迦苦行像」は考古学的に第二—三等遺物ということになってしまう。

たしかに、シクリ遺跡をめぐる状況はきわめてきびしい。その出土遺物はラホール博物館に保管されてきた。しかし、インド・パキスタンの分離独立という政治的変化のなかで、シクリ出土遺物はインドのチャンディガル博物館との間で分割されることになった。政治的変化が文化財の保存にも大きい影響を及ぼすことになったのである。

シャカル・タンギ遺跡を再調査することによって、「シクリ遺跡」の位置を再確認し、「釈迦苦行像」を考古学的にも名実ともに第一級の傑作としてその位置を確固たるものにしたい。また、日本の発達した複製技術を適用して「シクリ遺跡」に「釈迦苦行像」を複元し、いまラホール博物館のガンダーラ室の中央に位置する小塔を、仏伝図の浮彫を複製して「シクリ遺跡」に再現させたいとかんがえている。また、ラホールとチャンディガルに分割され保管されているシクリ出土の遺物を調査し、正確な目録を作成して、遺物の戸籍を明確にし、これからの研究調査に資するために国際的協力による調査をすすめなければならないと思う。

ガンダーラ調査・六〇年代と八〇年代

つぎに、ガンダーラ調査を六〇年代と八〇年代について比較してみたい。六〇年代はガンダーラ平原のほぼ中央シャーバーズ・ガリを中心に調査をすすめた。玄奘の仏沙伏城にあてられた土地である。チャナカ・デーリはA・フーシェによって宋雲の「白象伽藍」に比定された遺跡だが、仏教寺院ではなく王宮・離宮のような世俗の建物であったようだ。メハサンダはシャーバーズ・ガリの北東、カラマル山塊の尾根に築かれた山寺で、フーシェはスダーナ太子を記念する遺跡とし、主塔の半分を調査し、大谷光瑞探検隊も二、三日滞在して調査した。この山寺の全域を調査し、その構成を明らかにしようとした（本文二五四頁参照）。寺院址は塔院と講堂、厨房・食堂と僧房群からなり、塔院は主塔を中心に、その前後と側面に奉献小塔がならび、主塔のまわりや正面につづく参道の両側にも祠堂の列がならび、この辺りからは多数の石やストゥッコの仏頭、菩薩像、供養者像が出土した。調査地点にシカライとよばれるざるに地点表示のカードをいれておくと村人たちはなんのためらいもなく遺物を入れ、たくさんの出土遺物を麓の宿舎まで運ぶのに骨おれるという状態だった。講堂、厨房、食堂や僧房群は塔院とは空間的に区切られた僧侶たちの生活空間で、礼拝に訪れてくる信者のための塔院とは異なる空間を形づくっていたのである。

ついで、ガンダーラ平原の北辺の山塊にたつタレリー寺院址を調査した。タレリーはメハサンダに比べてはるかに広大で、中央の山上の塔院、山腹の小塔院、谷間の塔院と山腹や尾根にひろがる僧房群と講堂からなりたっていた。出土遺物をみると、石彫とストゥッコではメハサンダに比べて石彫の比率が高く、出土貨幣もカニシュカ、フヴィシュカ、ヴァースデーヴァなど盛期ガンダーラ寺院の特色をよく示していた。

八〇年代にはいって、ガンダーラ平原の北東をかぎる尾根にたつラニガト寺院址の調査をはじめた。この寺院址はガンダーラには珍しく、花崗岩の切り石積みの構築で、一九世紀のなかばイギリスのカニンガムはこの遺跡を城砦址とかんがえ、アレクサンドロス大王によって攻略されたアオルノスの城砦にあてた。じっさい、京都の大文字山くらいの高さに位置するこの寺院はガンダーラでも屈指の広大な山岳寺院で、東西一キロ、南北二キロにわたって遺構が点在し、比叡山延暦寺の三塔にひろがる三千僧房を想い起こさせる構成を示している。

調査はラニガト寺院の中心部、主塔まわりの構成、とくに仏塔が拡大・増広する過程を明らかにし、ついで西南塔まわりの調査ではせり出しアーチ型のトンネルの上に築かれた仏塔とこれとならぶ大祠堂の構成を明らかにし、ここに仏塔と仏像をまつる祠堂がならびたつ、わが国の古代仏教寺院の五重塔と金堂がならぶ伽藍配置の源流をたしかめる思いがした。また、仏教の石窟寺院はインドで盛行し、アフガニスタンでも、バーミヤーン、ハイバク、ジェラーラーバードではそれぞれに特色ある石窟寺院をうみだしてきたが、パキスタン、ガンダーラでは石窟寺院はほとんどみられない。しかし、ここラニガトでは巨石を掘削して祠堂や僧房とした石窟が多数点在し、インドとアフガニスタンの石窟寺院を結ぶ遺構として注目すべきとかんがえている。

ところで、八〇年代の調査で注目すべきは、六〇年代に比べて出土遺物に大きな変化があらわれたことである。仏像や菩薩像は出土しても、頭部や脚部の台座は欠けており、時たま小さい仏頭でも出土すると、村人たちは作業をやめて群がり、なかには値ぶみをする男もあらわれる始末である。乱掘が遺跡を破壊し、遺跡と遺物を遊離させ、遺物の学術的価値をおとしめ、そして村人たちの心まで荒廃させていることに私たちは暗澹たる思いにさらされた。

ガンダーラ文化にたいする東西のつよい関心がマイナスに作用していることを深く反省し、この関心をプラスに作用させ、東西文化の交流のなかでうみだされたガンダーラ文化の救済と保存を国際的協力のもとでおしすすめ、ガンダーラ文化の遺産がこの地域の開発に積極的に貢献し有効に作用する方策を早急にみいだし、先人たちが東西文化の交流のなかで示した努力、ガンダーラ文化をうみだした知恵から多くの教訓を学びとりたいとかんがえている。

（『学士会会報』七九三号、一九九一年）

2　ガンダーラ――東西文化の交流

私がガンダーラに関わりましたのは一九六〇年からで、その頃はガンダーラといっても知る人は少なかったのです。ところが、その後、ガンダーラの文化に関心はつよくなりました。ゴダイゴというグループがテレビドラマ『西遊記』のエンディングで「ガンダーラ」という主題曲をうたい、なじみ深いことばともなったようです。ガンダーラに行きましたのは、一九六〇年、京大イラン・アフガニスタン・パキスタン学術調査隊に参加したのが最初です。当時、七月初めから日本をたち、七～九月の暑い時期を高燥の地アフガニスタンで調査し、九月終わりから秋十～十二月末までパキスタンで調査することにしていました。

狭義の意味でのガンダーラの位置は、現在のパキスタンの北西辺境の地域にあたり、玄奘三蔵が健駄邏国とよんでいます。しかし、一般にガンダーラとよぶ場合には、カイバル峠をこえて西方アフガニスタン、東北のカシュミール、北西辺境州の東に接するパンジャーブ州の北、タキシラまでも、ガンダーラとよびます。ガンダーラはインド亜大陸の

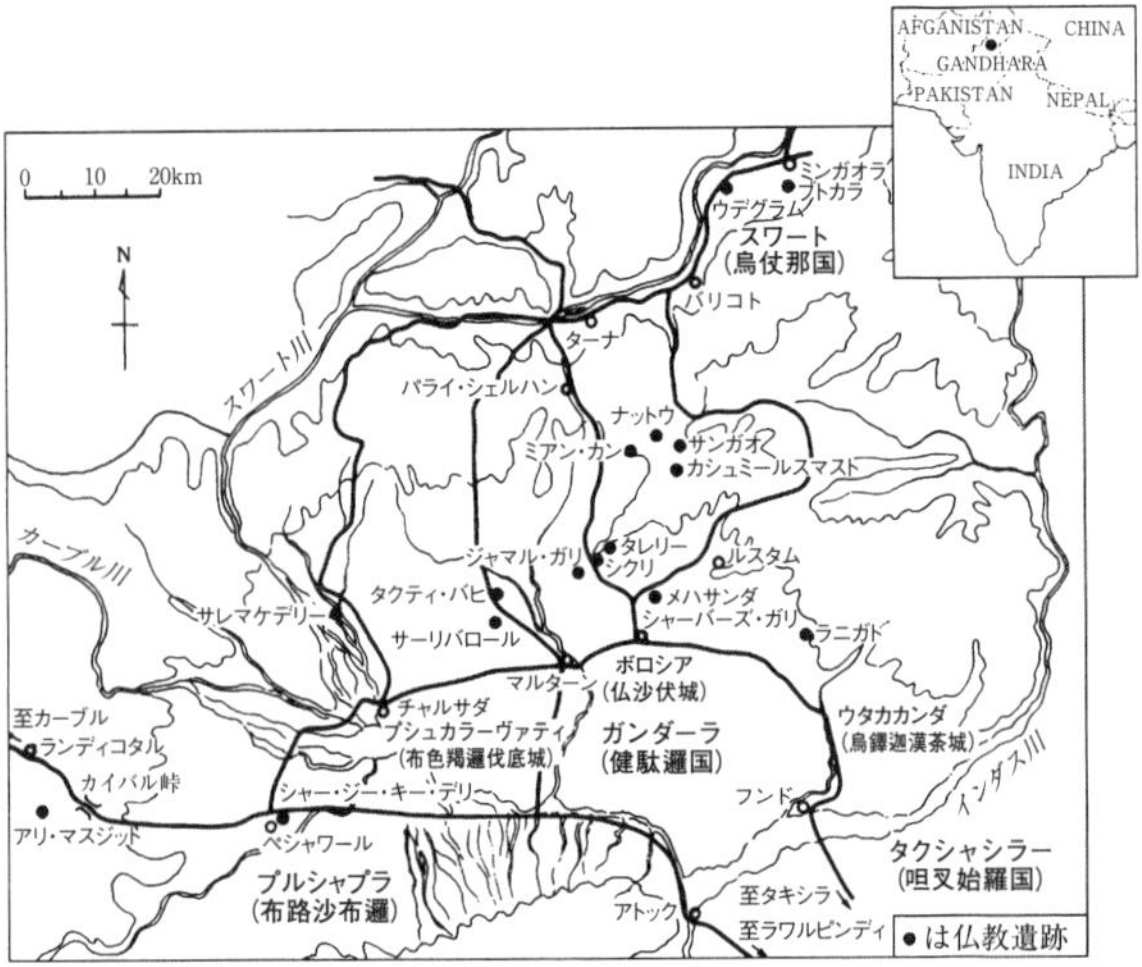

図１　ガンダーラ遺跡地図

北西に位置し、カイバル峠をこえて西方の文化がはいってくるインド亜大陸の西にひらけた北西の門戸という役割をはたしていたのです。

文化的にどういう役割をはたしたかについて話したいと思います。まず、インダス文明についてみてみます。紀元前三千年紀（二五〇〇～一五〇〇BC）にインダス河畔に大きい都市文明がひらけたのです。その中心になるのが、モヘンジョ・ダロとハラッパー遺跡です。現在、塩害による遺跡の破壊が危ぶまれています。このインダス文明圏は、エジプト、メソポタミア、やや時代はさがる黄河流域の都市文明とならぶ人類のうみだした古代都市文明の一つだったのです。最近、長江周辺にも都市文明があったという説もあります。紀元前三千年紀の都市文明はその地域が限られているのです。インダス文明圏の範囲を図2で示しておきました。ハラッパー、モヘンジョ・ダロを中心にしてインダス河の流域にひろがり、東のインド洋に面したロータル、西のペルシア湾に面したストカーゲンドルにまで、かなり広いひろがりをみせています。これは他の都市文明に比べても、きわめて注目すべき特徴といわれています。

ところで、この図2のなかに、ガンダーラの位置を示しましたが、紀元前三〜二千年紀のガンダーラはインダス文明圏の外にあるわけです。つづいて、図3をみていただくと、これは前五世紀のなかごろからひらけてくる古代都市の国ですが、ペルシア帝国―アケメネス王朝がペルセポリスを首都として、西はエジプトから東はインドに達する広い帝国を組織しますが、人類史上、最初の広大な帝国の実現といわれています。このとき、ガンダーラはペルシア帝国の辺境の地として、とりこまれて位置づけられています。ペルシア帝国の属領として、ペルシア文化のつよい影響をうけたのです。つづいて西のギリシア世界から、マケドニアのアレクサンドロス大王が東征し、ペルセポリスを炎上させ、さらに東にインダス河に達する遠征をすすめたのです。結局、インド本土にははいらず、インダス河を南へ下り、メソポタミアのバビロンでアレクサンドロス大王は客死します。この西

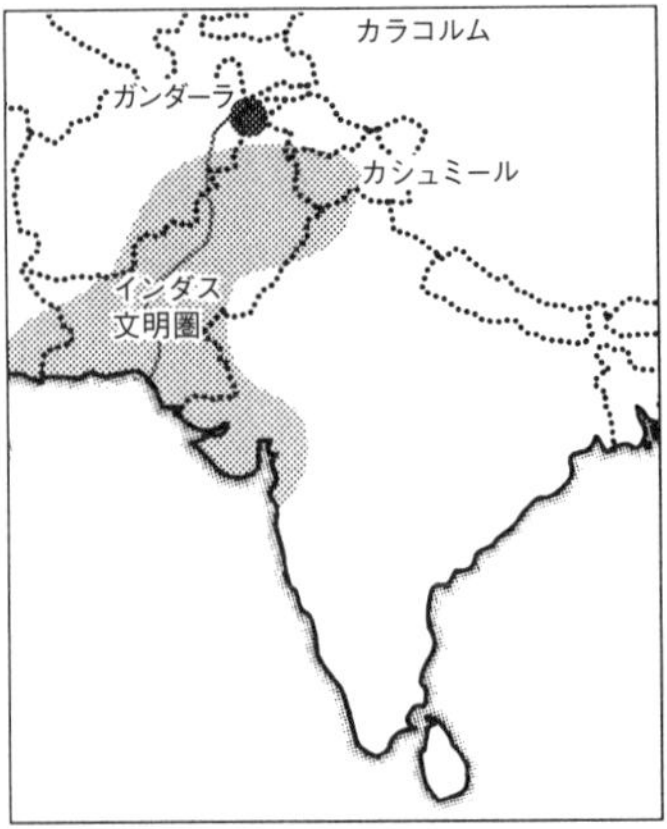

図2　インダス文明圏

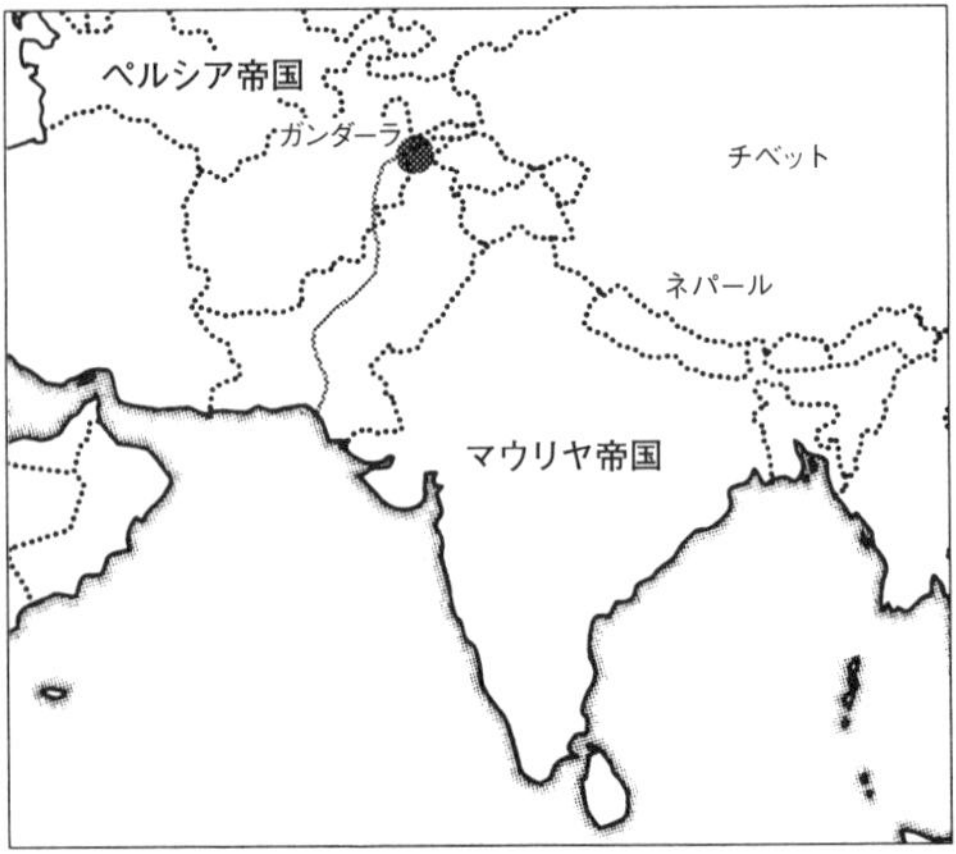

図3　古代都市とガンダーラ

側の衝撃をうけて、インドにも帝国が成立します。マウリヤ帝国の出現です。現在の中インドのパトナ、ここがマウリヤ帝国の首都パータリプトラのあった位置です。このパータリプトラを中心に大きい帝国を組織したのです。このとき、ガンダーラはマウリヤ帝国の西の辺境の州に位置づけられたのです。

ガンダーラはインダス文明圏にあっては、その外側に位置づけられ、ペルシア帝国やマウリヤ帝国にあってはそれぞれの辺境の地として属していたのです。やがて、この地で東・西の文化が交流するなかで、独自の文化を築いた、それがガンダーラ文化なのです。文化史的にみて、インダス文明圏ではその圏外に、ペルシア帝国では極東の地、マウリヤ帝国では極西の地に位置づけられ属していたのです。そのガンダーラの地が紀元前後から文化史的に注目すべき動きを示すのです。どう変化があらわれたか、その変化をかんがえる一つのものさしになるのが仏教文化だと思います。

仏教文化はマウリヤ帝国が成立する以前、前六〜七世紀ころ、仏陀によって創唱された宗教です。ガンジス河の流域、ボドガヤの辺りで、仏陀がとなえられたのが仏教です。ガンジス河のほとりでうまれてきた都市の動きや商業の活動と密接な関係があるといわれています。当時のインドには、現在のインド社会をつよく規定しているカースト制・身分制度がみられました。仏教はこのカースト制度を否定する宗教でした。仏陀は〝生きとし生けるものはすべて平等である〟という高邁な思想を唱えられたのです。人はうまれた土地とか家柄によって、分けられるべきでないという考え方です。仏陀のまわりには、さまざまの階層の人々が各地から集まってきました。その高邁な思想にひかれて集まってきたのです。やがて、仏陀をしたって集まってくる人々のなかに、二つの大きい集団があらわれました。現世の生活をはなれ、脱俗して出家した僧侶、男を比丘、女を比丘尼とよばれた僧侶の集団、もう一つは出家しないで在俗のまま、日常の生活をつづけ仏陀に帰依する信者の集団です。僧侶たちは家庭をすて、生業《なりわい》からもはなれ、在俗の信者からの喜捨、布施にたよって生き、時をえらばず野や山を歩き、仮の庵を結んで修行の生活をつづけたのです。ところが、インドには雨期があります。六〜八月にかけ、雨が降り、曇り空の日がつづくのです。この雨期もいとわず出家の僧侶たちは、野をはしり山を歩いて修行をつづけたのです。ところが、仏教以外の教団のなかから、草、木が芽をふき、鳥や獣が巣ごもるこの雨期に歩きまわることを非難する動きがあらわれました。そこで安居《あんご》という習慣が仏教の教団にあらわれます。雨期には野や山に出かけず、一定の場所にとどまり、仏陀や先輩から説法をきき修行をつづけ、次の行動にそなえて衣をつくろうなどしました。仏教教団の僧侶たちは雨安居の生活にはいることになりました。雨安居がはじまると、在俗の信者たちは僧侶たちが集まっているところにきて、衣食を提供し説法をきくようになりました。この雨安居の制は出家遊行者の集団であった仏教の教団に、一定の場所に定着させる傾向をうみだしました。僧侶のなかには、雨期が終わっても、その場をはなれず、定住しつづける僧侶もあらわれたのです。やがて僧侶たちは会合し法論をかわし、瞑想して修行の生活をつづけるために一定の地域に結界を設け、小屋を築き、信者たちは僧侶のために自らの園林に僧院を建てて寄進するようになりました。精舎《しょうじゃ》（ヴィハーラ）が成立したのです。祇園《ぎおん》精舎はよく知られています。シュラーヴァスティーの郊外に商人のスダッタが築いたものです。こうして「都市から遠からず、近きにすぎず、往来に便にして、すべて教えを求める人々の往きやすい」（律蔵）ところに、僧院―精舎（ヴィハーラ）が築かれるようになったのです。仏教寺院建築の起点です。

やがて、もう一つの変化が仏教の教団にあらわれ、仏教寺院の建築も変化します。それは、仏陀の死です。もともと、信者たちは仏陀に直接ふれ、教えをうけ、救いをえていたのに、仏陀の死はその機会を失わせてしまったのです。僧侶たちは仏陀の死にかかわりなく、仏陀の教えを思いおこし、修行の生活をつづけました。信者たちは仏陀に直接ふれたいというつよい願望をもちます。そのなかで、仏陀の遺骨を崇拝する動きがあらわれてきます。仏陀の遺骨を八分して塔をたてる八分起塔です。こうして仏塔、インドではストゥーパとよばれる仏塔が誕生しました。

これとならんで出てくるのが仏陀にまつわる聖跡巡礼の習慣です。仏陀がうまれられたルンビニー、悟りをひらかれたボドガヤ、初めて説法をされたサルナート、仏陀がなくなられたクシナガラなど仏陀にまつわる土地を聖地として巡礼する動きがあらわれたのです。

こうした動きを的確にとりいれたのがマウリヤ帝国です。マウリヤ帝国の形成に、大きな影響をあたえ、インド亜大陸にはげしい衝撃をあたえたペルシア帝国、マケドニアのアレクサンドロス大王の帝国にも共通した傾向がみられます。それは、古代文明の都市とはちがって、広域にわたる領土をもつ帝国は、異なった文化、言語をもち、異なる祖先神をもつ多民族から成りたった国家です。多様な民族の統合をはかるために、世界性をもつ普遍的宗教が必要となってきたのです。マウリヤ帝国のアショーカ王は仏教を国家的統合の指導理念としてとりあげました。アショーカ王は仏教による法の精神によって「マウリヤの平和」（パックス・マウリアナ）を保障しようとしたのです。全国土にわたり国境をこえてひろく法を顕現しようとして、仏塔や仏陀の教えをきざんだ王の柱を各地に建立し、統一国家の王の権威を象徴しようとしました。『阿育《アショーカ》王伝』によれば、アショーカ王は深く仏教に帰依し、広く仏塔を建立しようとし、仏陀の遺骨を八分した仏塔のうち、七つの塔から仏舎利（仏陀の遺骨）をとりだし、多数の舎利容器を用意し、各地に多数の仏塔・八万四千塔を建立したといわれています。インドにもガンダーラにも、中央アジア、中国、朝鮮にもアショーカ王の事業をしのぶ仏塔、阿育王塔がみられます。日本でも、近江にもアショーカ王ゆかりの仏塔が蒲生野の石塔寺にみられます。アショーカ王は領内の各地、交通の要地に仏教の精神をひろめるために磨崖や石柱に法勅をきざんで建立しました。このアショーカ王柱は一本石《モノリス》の円柱で、その様式はペルシアのペルセポリスの宮殿の柱を記念物の柱としたもので、古代における文化交流をかたるものとして注目されます。

こうして、仏塔崇拝、仏跡巡礼の動きはいっそうたかまり、仏塔はしだいに教団のなかでもつよい位置を占めるようになりました。僧侶のなかにも、仏塔を崇拝する動きがあらわれ、仏教寺院では僧院とならんで、仏塔が礼拝の対象として位置づけられることになったのです。仏塔と僧院がならぶ仏教寺院が形づくられました。次に、仏教寺院に大きい変化がみられるのは、仏像の出現です。もともと、仏教教団には仏陀を人間的な容姿で示し仏像を表現する習慣はなく、仏陀は菩提樹、法輪、仏足跡や空席の椅子などで、象徴的に示されてきたのです。インドの初期の仏塔として知られるサーンチーの仏塔でも、仏塔の塔門には仏陀が象徴的に刻まれています。ところが、西方の世界である、ギリシア、ローマでは神や王、人物を彫刻にきざみ、ペルシアでは磨崖、きわだった崖面に巨大な王の像をきざむ動きが活発になっていたのです。前二世紀、中央アジアで遊牧生活をつづけてきた月氏民族が西へ移動し、オクサス川の流域に進出し、ギリシアの植民地バクトリアを滅ぼし、この月氏の一族、クシャーン族がクシャーン帝国を形づくりました。この地域にはアレクサンドロス大王はペルシア帝国を圧倒する形で東征し、東のインダス河におよぶ地域にまで各地に植民都市アレクサンドリアを建設し、ヘレニズム文化を普及させていました。このクシャーン帝国のもとで、アショーカ王に比べられるカニシュカ王が大きい役割を仏教寺院にもたらしたのです。カニシュカ王はガンダーラのプルシャプラ（今のペシャワール）に冬の都をおき、アフガニスタンのカピシ（今のカピシ・ベグラム）に夏の都をおき、ガンダーラを中心に東はインドの中原マガダ地方から西はカスピ海にわたる広域を領有し、シルクロードをおさえる形で活発な対外活動と交易によって富を集中させ、繁栄をほこったのです。仏像はこうした環境のもとで出現しました。仏像がいつ、どこで出現したかは美術史上の重要な課題です。フランスの美術史家A・フーシェはガンダーラで「ギリシア人を父とし、仏教徒を母とする工人の手」になるギリシア風仏教美術をとなえました。このガンダーラ説にたいしてマトゥラー（デリーの東南約四〇キロ）でインドの造形美術の伝統のなかで仏像がうまれたとするマトゥラー説がクマーラスワミーらインドの美術史家たちによってとなえられました。ところで、タキシラ博物館にはガンダーラ遺物にまざってマトゥラーの遺物がみられ、マトゥラー博物館でも少なからぬガンダーラ仏をみることができます。このことからも、ガンダーラやマトゥラーで栄えた仏教美術は孤立したものではなく、たがいに交流し、バクトリアに起源をもつクシャーン帝国の芸術的複合体の一部であるとかんがえた方がよいのではないかと私はかんがえています。

仏像の出現は信者たちの仏陀をもっと人間的容姿をもったものとして崇拝したいという要望があらわれたのにちがいないでしょう。仏像が出現すると、仏塔をかざる形で仏像がおかれ、仏塔の胴部に仏龕がおかれ、仏像が安置される形となります。やがて、仏塔をかこんで祠堂がたてられ、そこに仏像がおかれることになりました。一九六〇年代に私たちが調査したメハサンダ遺跡がその典型です。さらに、仏塔とならんで仏像をまつる祠堂がおかれることになります。仏塔とならんで、仏像をまつる祠堂がたち、ともに礼拝の対象となったのです。私たちが一九八〇年代に調査したラニガト遺跡の西南塔と祠堂が、これを明瞭に示しています。仏塔と仏像がならび、塔と金堂がならぶ日本の古代仏教寺院の伽藍配置の原型をここにみることができます。さらに、アフガニスタンで大きな変化があらわれます。バーミヤーン石窟寺院では、磨崖にきずかれた東・西の二大石仏が伽藍の中心の位置を占め、仏塔はあっても規模は小さくよわい。バーミヤーンでは仏塔にかわって仏像が礼拝の中心となったのです。仏教寺院の構成も大きく変化したのです。

もう一つ、ガンダーラには東西文化の交流を示す注目すべき動きがみられます。それは都市の形です。タキシラの都市遺跡についてみてみたいと思います。タキシラはパキスタンの古代以来の都市です。タキシラは現在のパキスタンの首都イスラマバードの北、車で約一時間のところにある都市で、今もパンジャーブ州北部一帯の中心都市です。タキシラには三つの都市遺跡があり近郊にたくさんの仏教寺院の遺跡が点在し、かつての文化的中心であったことを示しています。タキシラの遺跡の調査は一九一三年以降、イギリスのJ・マーシャルがインド考古局長官としてすすめ、パキスタン独立ののちも、断続的に調査がすすめられています。

タキシラは古くからインドと西方を結ぶ交通の要衝であり、学術文化の中心としてもっよい位置を占めていました。タキシラにはビル丘、シルカップ、シルスフという三つの都市遺跡があります。(J. Marshall, TAXILA 3vols. 1951)

第一都市・ビル丘

三都市遺跡のなかでもっとも古く、やや不整形な土塁の市壁でかこまれ、調査の結果、湾曲したせまい道に面して住居や商店がならび、町のところどころに小さい広場がおかれ、街路の隅には車よけの小さい石柱がおかれ、各住居には下水処理の排水用井戸(ソーク・ピット)がおかれていたといわれています。都市生活は発達していましたが、都市につよい計画性はみられません。前五世紀から前二世紀ころまでの都市とみられます。

第二都市・シルカップ

東と北の城壁がそれぞれ南北、東西にまっすぐにはしり、南と西の城壁は北の丘と西を流れる川沿いに城壁がはしる城壁都市の形を示しています。南の丘の山腹に仏塔（クナーラ塔）と僧院がならび、北の平地には、南北にはしる主要街路を軸として小路が直交しておかれ、王宮の跡、住居、店舗が碁盤状の町割りに沿うてならび、主要街路のなかほどに「双頭の鷲塔」とよばれる仏塔や矩形の平面に後部が半円形の祠堂院もみられます。仏教の寺院が都市のなかに深くはいりこんでいたことがわかります。都市と仏教寺院の関係の変化を明瞭にものがたっているのです。

第三都市・シルスフ

シルカップ遺跡の東北に東西約一キロ、南北約一・四キロの不整形な矩形の都市遺跡がひろがります。周囲に高い城壁がめぐらされ、城壁には半円形の突出した稜堡が二・七メートルごとにおかれています。この中央アジア風の城市を示すという遺跡は城壁の東南の一部で発掘調査がすすめられただけで、その構成は未だ明確にされていません。

タキシラの三都を示す年表（本文二〇五頁参照）は、タキシラの都市の展開をよく示しています。第一都市ビル丘はペルシア帝国の属領となり、アレクサンドロス大王の攻撃を

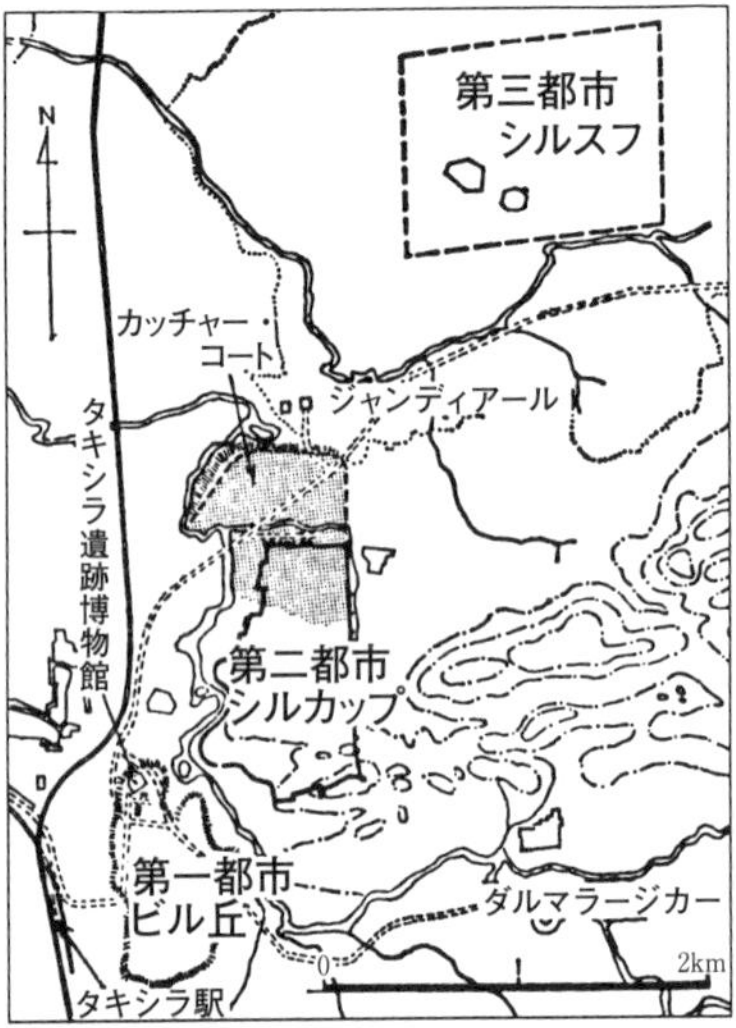

図4　タキシラの三都市遺跡

うけた都市で、アショーカ王が太子の時代に副王として駐在したともいわれ、西方からの影響をもろにうける以前のインド亜大陸に固有な都市だといえます。かなり進んだ汚物処理の装置が各住居にみられますが、都市は計画的に構成されてはいません。第二都市シルカップにはその考古学編年に、その生活層と都市構成からJ・マーシャルとR・E・ウィーラーの説があります。マーシャルはバクトリア・ギリシアの層に注目しましたが、サカ・パルティア層の実態の解明に努め、ガンダーラ美術の解明に成果をあげました。いっぽう、R・E・ウィーラーは一九四四〜四五年の試掘調査の成果にふまえ、バクトリア・ギリシア人によるタキシラはシルカップの北にのこるカッチャー・コートの土塁から南にひろがり、シルカップはサカ・パルティアによって建設されたという説をとなえたのです。このように、バクトリア・ギリシア人、サカ族によってシルカップは建設され、西方のヘレニスティックな碁盤上の道路の構成、アクロポリスの丘にギリシア風神殿にかわって仏教寺院をおくというきわめて注目すべき構成を示しているのです。第三都市シルスフは未調査ですが、クシャーン族による中央アジアの都城の構成を示すものとみられます。

こうしてタキシラでは土着の都市に接して、新しい文化をもたらした勢力がその独自な伝統による都市を構築し、旧都市と新都市は併存しながら、やがてその中心は新都市へと遷移し、そこに新しい文化が定着することをくり返していたようです。都市をめぐる文化の導入の形を示すものとして注目されます。

たしかに、ガンダーラの地で、仏像がうまれ、仏塔とならぶつよい位置をしめ、仏教寺院の構成も大きく変化し都市の形も大きく変化しました。ガンダーラでうまれた仏像はシルクロードを通じて東へ大きい展開をとげることになります。私たちは、その痕跡を中央アジアの仏教寺院の遺跡、西安、竜門、雲岡の石窟寺院、韓国の慶州の仏教寺院にみることができます。

私は六〇年代にはじめてガンダーラの調査にでかけたとき、島国の日本に比べて、ガンダーラは大陸にひらけ、東西文化が交流し、激突し、融合する地として注目しました。そして、今、ガンダーラでうまれた独自の文化が東へ大きい影響を及ぼし、極東の日本にまで深い影響をもたらしていることにも注目しなければなりません。同時に、これからガンダーラでうまれた文化が西方へどれくらい、影響をあたえたかについても調査し、その過程を明らかにしなければと思っています。

ところで、今、日本はつよく国際化をせまられています。鎖国は許されず、開国して国際社会のなかに生きるしか、日本のすすむ道はないようです。たしかに、日本はその歴史のなかで極東の島国として、近代以前、大陸の唐《から》、天竺、中国やインドから文物をとりいれ、近代になると西洋の文化を導入し、戦後はアメリカから学び、日本の独自の伝統の上に独自な精緻な文化をうみだすことに知恵をだし、努力をつづけてきました。日本は海外の発達した文化をとりいれ、発展させるという受信の能力を発揮してきました。今、日本は受信するだけでなく、国際社会にいかに貢献し、発信していくかがつよく問われているのです。この時、私たちはガンダーラが独自な文化を構築し、各地に発信してきた歴史的経験に多くの教訓を学びとらなければならないと思います。

六〇年代、八〇年代のガンダーラでの調査で私たちは多くのことを考えさせられました。六〇年代の調査ではたくさんの仏頭をふくむ仏像が出土し、その処理に毎日、宿舎で追われる日がつづきました。ところが、八〇年代になると、仏頭はまったく出土せず、胴部しかみられず、やがてその胴部さえみられなくなり、私たちの調査はこの乱掘の跡始末のような趣きとなっていました。ガンダーラ文化を、西方の人々には彼らの文化の源流であるギリシア・ローマ文化がどこまで影響をもたらしているか、私たち東方からはその仏教文化の源流を求め、そしてインドの人々は彼らの仏教がどのように展開したかに、それぞれの多様な関心をもっているのですが、それがマイナスに作用して、乱掘をひきおこしているように思いました。いま、ガンダーラの地に住む村人を乱掘においやっている現実を注視しなくてはなりません。そこで提案したのがガンダーラ博物館構想です（本文二九二頁参照）。

産業の発展とともに、石炭産業都市が興廃していく現実を私たちはみてきました。限界のある化石燃料の石油産業都市もやがて同じ運命をたどることになるでしょう。しかし、歴史的文化遺産にたいする人類の関心は無限で不滅です。したがって、歴史的文化遺産を核とする都市・地域を博物館都市・地域に想定しようとしたわけです。それは、文化遺産、遺跡を保存し、共存し共生していく生活空間をうみだし、保存と生活の共存をかんがえようというものです。ガンダーラという言葉さえ専門家をのぞき、現地では一般に死語となりつつありますが、このガンダーラを真に現在に再生させ、その技術をよみがえらせ、うけつぎ、これからの町づくり、村づくりに積極的にいかしていこうという構想で、東西の人々、専門家が交流しながら、これからの新しいひらかれた博物館都市としての再生をめざすものなのです。

（滋賀県立大学公開講座、一九九六年）

3　バーミヤーン大仏の破壊

二〇〇一年三月、狂信的なタリバンによるバーミヤーン大仏の破壊は、私たちに大きな衝撃を与えた。さらに九月、ニューヨークの世界貿易センタービルのテロ攻撃による倒壊は、その報復としてアフガニスタンへの空爆を引き起こし、アフガニスタンの文化遺産はさらに厳しい状況におかれることになった。じっさい、一九七九年のソ連軍の侵攻以来、中央アジアの平和な国とみられてきたアフガニスタンが、一転して戦乱の地となり、住民の生活をさいなみ、難民を生み出し、戦闘と混乱は文化遺産を傷つけ破壊してきた。この状況が二〇〇一年にはいっそう悪化し、アフガニスタンの文化遺産は重大な危機にさらされることになった。二〇〇一年は、バーミヤーンそしてアフガニスタンにとってかつてない受難の年であり、この苦境を脱するための模索が始められた年でもあった。

バーミヤーンの文化遺跡

バーミヤーンはアフガニスタンのほぼ中央を東西に延びるヒンドゥ・クシュの山中の渓谷で、南をコー・イ・ババ、北をサフェド・コーの山なみで囲まれ、中央アジアの東西と南北を結ぶ古代の交通路シルクロードにひらけた隊商都市であった。七世紀、この地を訪れた中国の求道僧玄奘は、「人は山や谷を利用し、その地勢のままに住居している。国の大都城は崖により谷にまたがっている」(『大唐西域記』)と記し、「王城の東北のくまにたつ高さ百四、五十尺の仏の立像、その東にたつ高さ百余尺の釈迦仏の立像」(同上)についても述べ、「城の東二〜三里の伽藍の中には長さ千余尺の仏の入涅槃の臥像があった」(同上)と当時のバーミヤーン渓谷の仏教寺院の様相を伝えている。

玄奘が記したように、バーミヤーン渓谷の仏教寺院は、東大仏(高さ三八メートル)、西大仏(高さ五五メートル)の二大石仏を中心に、大きい坐仏をもつ龕《がん》や、正方形、八角形、円形の平面をもち、壁面に尊像をまつる龕をもつ祠堂群が信者たちの礼拝の場となり、僧たちが修行する講堂窟や、起居する小さい僧房窟群などが、当時地上にたっていた建造物の構造をうつしだす形でうがたれている。

当時の文化環境をみると、東方ではガンダーラをはじめインド本土でも仏教寺院の礼拝の対象として仏塔と仏像をまつる祠堂が併置されていた。アフガニスタンでも、東南のナガラハーラのフィル・ハーナ石窟、北のハイバク石窟でも仏塔とならんで尊像をまつる祠堂窟がつよい位置を占めていた。いっぽう、西方には巨像製作の習慣をもつヘレニズム世界の伝統があり、古代インドの建築や美術の造形につよい影響をもたらしたペルシアでは

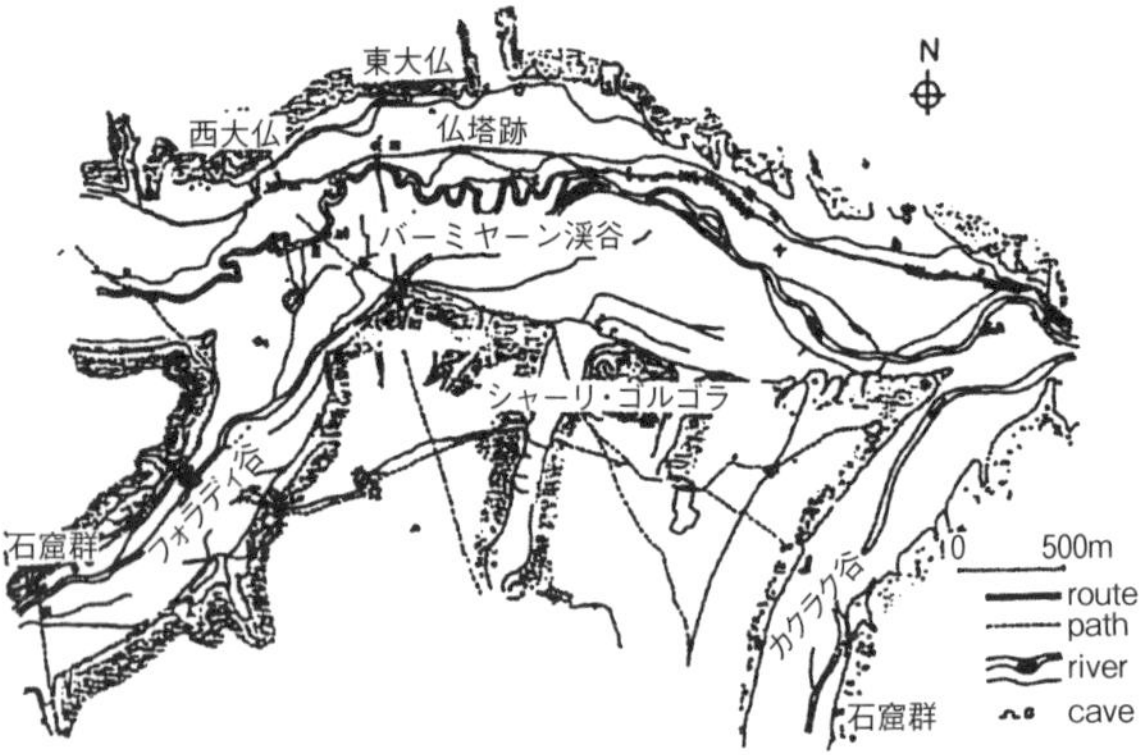

図１　バーミヤーン渓谷（ムニエ氏の図より）

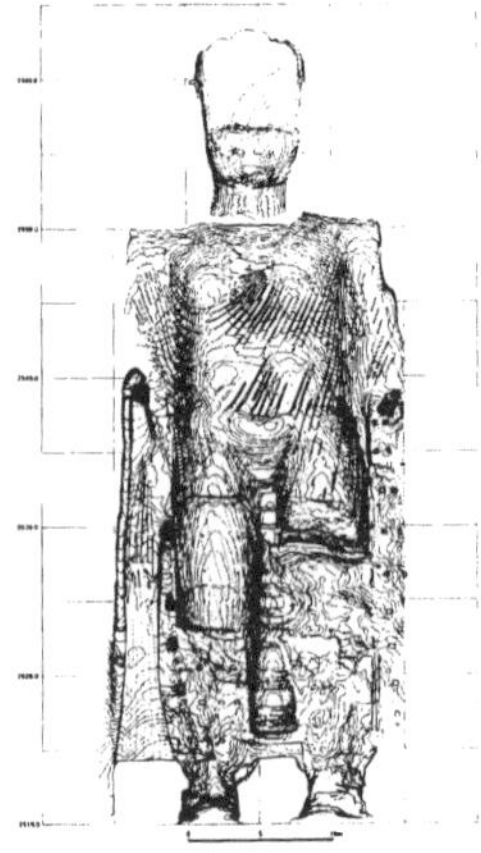

図２　バーミヤーン西大仏の測図（京都大学調査報告書『バーミヤーン』による）

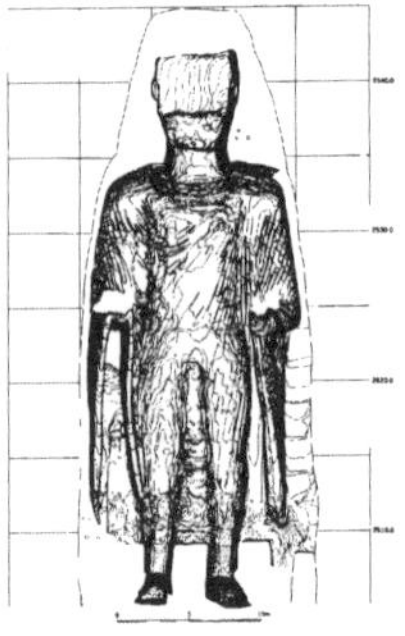

図３　バーミヤーン東大仏の測図（京都大学調査報告書『バーミヤーン』による）

図4　バーミヤーン西大仏

三世紀にササン朝が出現し、磨崖に巨像をきざむ伝統を復活させていた。これら東西の文化が影響して、バーミヤーンの磨崖に二大石仏を出現させ、仏教寺院における礼拝の中心になったのだ。

もっとも、バーミヤーン渓谷の仏教寺院で仏塔礼拝の習慣がなくなったわけではない。東大仏の南には仏塔跡とみられる小高い丘があり、フォラディ谷の祠堂窟などには、何層にも重なる基壇の上に円胴をおき、半球状の伏鉢をのせ、さらに方形の平頭、その頂に多重の傘蓋が高くのび、その先端から幡がひるがえる仏塔が描かれ、仏塔崇拝がおとろえてはいなかったことを示していた。

バーミヤーンの調査

アフガニスタンにおける考古学調査は、一九世紀のイギリス人による踏査で始められた。しかし本格的な調査は、第一次世界大戦後の一九二二年、フランスのＤＡＦＡ（フランス・アフガニスタン考古学調査団）によって進められた。やがて第二次世界大戦後、フランス隊の契約期限がきれると、イタリア隊をはじめ欧米、日本も積極的に参加することになった。

バーミヤーンの調査は、一九二二年、ＤＡＦＡのＡ・フーシェらがバーミヤーンを訪れ、概括的な調査を行ない、バーミヤーン遺跡の重要性が明らかにされた。その後、ゴダール夫妻やJ・アッカンが訪れて報告書をまとめ、一九三〇年には、J・アッカンを中心に二回目の調査を行ない、『考古学的研究』を刊行した。この二度にわたる調査報告によって遺跡の全容が明らかにされた。

日本では、西洋美術史の吉川逸治教授が、一九三九年アッカン一行とともにバーミヤーンを訪れ、独自の見解を示した。アメリカのB・ローランドは一九三六年バーミヤーンの大仏や壁画について調査し、写真撮影や壁画の顔料について分析し、東大仏の壁画についてもアッカンとは異なる見解を発表した。一九五九年、中国で竜門、雲岡の仏教石窟の調査を続けてきた水野清一教授が、京都大学で調査隊を組織し、仏教文化の源流を探り、東西文化の交流の跡を求めてガンダーラ、アフガニスタンで調査を始め、ハイバク石窟、フィル・ハーナ石窟などナガラハーラの仏教遺跡の調査を続けた。名古屋大学は一九六九年、バーミヤーンの調査を進め、N窟の壁画の発見など成果をあげた。一九七五年には成城大学の高田修教授らが美術史的調査を始めた。七〇年代には、インドの調査団が二大石仏の修復保存の作業を進めた。

一九七〇年、京都大学の調査隊を改組した樋口隆康教授はアフガニスタンに調査を限定し、スカンダル・テペの発掘調査と併行し、バーミヤーン石窟全体の調査を進めることにした。石窟のすべてに番号をつけ、各石窟の写真撮影や磨崖石窟全体と二大石仏の写真測量を行ない、バーミヤーン石窟研究の基礎資料にしようとした。あわせて、バーミヤーンのカクラクとフォラディ谷の石窟の実測調査も進めた。一九三〇年にJ・アッカンらが調査したカタラク谷の第四三窟では、ドーム天井の壁画がフランス隊に剝ぎとられ、カーブル博物館とパリのギメ国立東洋美術博物館へ運び出されていた。実測にあたった私たちは、文化遺産はそれが生み出された風土のもとで保存されるべきだと考え、「こんなことをしたら、アカンで」と語りあったのだった。しかし、現実はきわめて皮肉である。今回の戦乱のなかで、バーミヤーン渓谷の多数の壁画が破壊されるなか、ギメ国立東洋美術博物館はもちろん、カーブル博物館に保管された第四三窟のドーム天井の壁画が無事であることが確認された。

バーミヤーンの再生

二大石仏を中心としたバーミヤーン石窟は、ガンダーラから中央アジアへの仏教文化の展開を考えるとき、つねにその不動の点としてつよい位置を占めてきた。その二大石仏の破壊は私たちに深い衝撃を与えた。ようやく、アフガニスタンの戦火もおさまり、復興への動きが始まった。戦争によって家を失い、生活の場を奪われた人々の救済が何にもまして優先されるべきであるが、平和の回復、生活の安定を前提に、荒廃した文化遺産の再生と保存についても真剣に検討しなければならない。その事業のひとつとしてバーミヤーンの再生策について考えたい。

まず、破壊がもたらした現状を、バーミヤーンの既往の調査と比較して明らかにしなければならない。この作業は、これ以上の破壊と荒廃を防止するための必須の作業である。そのために、アフガニスタンの専門家を中心に、仏教文化を生み出しその西方への伝播に関心をもつインドの研究者、ギリシア・ローマ文化の東方への影響やペルシア文化と東方との関連に関心をもつ西方の研究者、仏教文化の源流を探ろうとする東方の研究者が、それぞれ独自の関心のもとに交流し、ユネスコのもとで保存・再生の具体策を検討すべきであろう。東西文化の交流のもとに形づくられたバーミヤーンの保存を共通の課題として、まず東大仏前にたつ仏塔跡の調査から始め、バーミヤーン仏教寺院の構成を解明し、その保存・再生をめざす研究機関を設立し、保存の方法を開拓していきたい。

(「建築年報二〇〇二」建築雑誌Vol.一一七、二〇〇二年)

文庫版あとがき

ガンダーラは、近よりがたく、遠い土地になってしまった。

思いおこせば、はじめてアフガニスタンにはいり、ガンダーラの地を訪ねたのは一九六〇年のことだった。戦時中、中国で雲岡や竜門などの仏教石窟調査をつづけてきた水野清一先生は、戦後一九五五年、京都大学イラン・アフガニスタン・パキスタン学術調査隊を組織し、仏教文化の源流と東西文化交流の痕跡を訪ねる調査をはじめていた。この調査隊に加わり、ガンダーラを訪ねることになった一九六〇年のことだった。

当時、七月末には日本を発ち、カラチからインダス河沿いに北上し、カイバル峠からアフガニスタンにはいり、ヒンドゥ・クシュ山脈の北と南で仏教石窟寺院や仏教遺跡の踏査をつづけ、夏をアフガニスタンで過ごし、秋から冬にかけてパキスタンの北西辺境州にはいり、シャバズガリと、チャヤナカデリー遺跡の発掘調査をつづけた。あわせて、周辺の仏教寺院の踏査をつづけ、メハサンダ、タレリーの仏教寺院の調査をし、その寺院の構成を明らかにした。

この六〇年代の調査にひきつづき、七〇年代には樋口隆康先生を中心に、アフガニスタンでバーミヤーン石窟の全域調査と、カブール郊外のスカンダル・テペの発掘調査が桑山正進先生らですすめられた。私はバーミヤーンの支谷、フォラディ谷、カクラク谷の調査を担当した。

八〇年代になると、アフガニスタンの状況は悪化し、調査をつづけることはできなくなった。このため、パキスタンでの調査を再開、継続することになった。六〇年代の調査をふまえ、ラニガト遺跡の総合調査をすすめることにした。ラニガト遺跡はガンダーラでも屈指の規模をもつ、ガンダーラ平原の北東の山陵にたつ山岳伽藍の遺構である。寺院遺跡の中心部の発掘調査をすすめることにした。中心部の構成は三つの仏塔を中核とした地区に分かれ、それぞれの構成を明らかにすることができた。仏塔の増広・拡大の過程、仏塔をめぐる仏像をまつる祠堂の構成、また、仏像をまつる祠堂が仏塔とならぶ礼拝の対象となる過程なども明らかにすることができた。

九〇年代には仏塔・祠堂をめぐる中心部のまわりの山腹に点在する僧房群の調査をすすめ、ラニガト遺跡の全体構成を明らかにしたとかんがえてきた。

しかし、残念なことに、パキスタンの北西辺境の地域も、また不安定な状況になり、今にいたっている。ガンダーラの地に、平安な日々が再来し、調査できる日が一日も早からんことを念じている昨今である。

この度の文庫版刊行にあたって、元版に三篇を加え、ガンダーラが東西文化の交流にはたした役割り、その現況について理解していただきたいとねがった次第である。

この文庫化にあたり、法藏館編集部の今西智久さんに大へんご苦労をかけ激励していただいたことを厚く感謝しています。

二〇二三年一二月

西川幸治

西川幸治（にしかわ　こうじ）

1930年滋賀県彦根市生まれ。1954年京都大学工学部建築学科卒業，1959年同大学院工学研究科博士課程修了。工学博士。1960年より京都大学イラン・アフガニスタン・パキスタン学術調査隊に参加。以後，ガンダーラ仏教遺跡の調査にあたる。京都大学助手，講師，助教授，教授を歴任し，1994年停年退官，京都大学名誉教授。1995年滋賀県立大学教授，2001年同学長（～2005年３月）。2005年国際日本文化研究センター客員教授。専門は都市史，保存修景計画。〔著書〕『死者の丘・涅槃の塔　インド』（曽野寿彦との共著，新潮社，1970年），『日本都市史研究』（日本放送出版協会，1972年），『都市の思想――保存修景への指標』（日本放送出版協会，1973年。のちNHKブックス，1994年），『京都千二百年』（高橋徹との共著，草思社，1999年），『近江から望みを展く』（サンライズ出版，2005年）など。〔編著書〕『歴史の町なみ』全５冊（共編，日本放送出版協会，1979～87年），その他調査報告書。〔訳書〕『都市――ローマ人はどのように都市をつくったか』（デビッド・マコーレイ著，岩波書店，1980年）など。

仏教文化《ぶっきょうぶんか》の原郷《げんきょう》
インドからガンダーラへ

二〇二四年五月一五日　初版第一刷発行

著　者　西川幸治
発行者　西村明高
発行所　株式会社　法藏館
京都市下京区正面通烏丸東入
郵便番号　六〇〇-八一五三
電話　〇七五-三四三-〇〇三〇（編集）
〇七五-三四三-五六五六（営業）

装幀者　熊谷博人
印刷・製本　中村印刷株式会社

ISBN 978-4-8318-2666-4 C1122

法蔵館文庫既刊より

価格税別

や-3-1
藤原道長
山中裕著
道長の生涯を史料から叙述すると共に、人間関係を詳しく説き起こして人物像を浮かびあがらせる。既存の図式的な権力者のイメージをしりぞけ史実の姿に迫る。解説＝大津透
1200円

た-5-1
安倍晴明の一千年
「晴明現象」を読む
田中貴子著
スーパー陰陽師・安倍晴明はいかにして誕生したのか。平安時代に生きた晴明が、時代と世相にあわせて変貌し続ける「晴明現象」を追い、晴明に託された人々の思いを探る好著。
1200円

ふ-1-1
江戸時代の官僚制
藤井讓治著
一次史料にもとづく堅実な分析と考察から、幕藩官僚＝「職」の創出過程とその実態・特質を解明。幕藩官僚制の内実を、明瞭かつコンパクトに論じた日本近世史の快著。
1100円

た-6-1
宗教民俗学
高取正男著
民俗学の見地から日本宗教史へとアプローチし、日本的信仰の淵源をたずねる。高取正男の真骨頂ともいうべき民間信仰史に関する論考12篇を精選。解説＝柴田實／村上紀夫
1400円

み-2-1
天狗と修験者
山岳信仰とその周辺
宮本袈裟雄著
修験道の通史にはじまり、天狗や怪異伝承、修験者の特性と実態、恐山信仰などを考察。入手困難な記録や多様な事例から修験者の固有信仰を幅広く論じる。解説＝鈴木正崇
1200円

た-7-1

法然とその時代

田村圓澄著

法然はいかにして専修念仏へ帰入するに至ったのか。否定を媒介とする法然の廻心を基軸に、歴史研究の成果を「人間」理解一般にまで昇華させた意欲的労作。解説＝坪井剛

1200円

み-3-1

風水講義

三浦國雄著

龍穴を探し当て、その上に墓、家、村、都市を営むと都市や村落は繁栄し、墓主の子孫、家の住人に幸運が訪れる――。原典を通して「風水」の思想と原理を解明する案内書。

1200円

さ-6-1

祭儀と注釈

中世における古代神話

桜井好朗著

神話はいかに変容したのか。注釈が中世神話を創出し、王権－国家の起源を新たに形成。中世芸能世界の成立をも読解した、記念碑的一冊。解説＝星優也

1400円

た-6-2

民俗の日本史

高取正男著

文明化による恩恵とともに、それによって生じた土着側の危機をも捉えることで、文化史学の抜本的な見直しを志した野心的論考12本を収録。解説＝谷川健一・林淳

1400円

ま-1-1

中世の都市と非人

武家の都鎌倉・寺社の都奈良

松尾剛次著

非人はなぜ都市に集まったのか。独自の論理で彼らを救済した仏教教団とは。中世都市の代表・鎌倉と奈良、中世都市民の代表・非人を素材に、都市に見る中世を読み解く。

1200円

た-8-1

維新期天皇祭祀の研究

武田秀章著

幕末維新期における天皇親祭祭祀の展開過程を文久山陵修補事業に端を発する山陵・皇霊祭祀の形成と展開に着目しつつ検討、天皇を基軸とした近代日本国家形成の特質をも探る。

1600円

あ-2-1
方丈記を読む
孤の宇宙へ
荒木浩著
無常を語り、災害文学の嚆矢として著名な『方丈記』。第一人者による校訂本文、大意、原文、解説を含んだエッセイで構成。不安な時代にこそ読みたい、日本古典屈指の名随筆。
1200円

う-2-1
〈小さき社〉の列島史
牛山佳幸著
「村の鎮守」はいかに成立し、変遷を辿ったのか。各地の同名神社群「印鑰社」「ソウドウ社」「女体社」「ウナネ社」に着目し、現地調査・文献を鍵に考察を試みる意欲作。
1300円

わ-1-1
増補 天空の玉座
中国古代帝国の朝政と儀礼
渡辺信一郎著
国家の最高意志決定はどのような手続きをへてなされたのか。朝政と会議の分析を通じて権力中枢の構造的特質を明らかにし、中国古代における皇帝専制と帝国支配の実態に迫る。
1200円

い-3-1
日本の神社と「神道」
井上寛司著
日本固有の宗教および宗教施設とされる神社と、神社祭祀・神祇信仰の問題を「神道」との関わりに視点を据えて、古代から現代までをトータルなかたちで再検討する画期的論考。
1500円

お-2-1
来迎芸術
大串純夫著
阿弥陀来迎図や六道図等の美と信仰のあり方を、浄土教美術に影響を与えた『往生要集』の思想や迎講・仏名会等の宗教行事から考証。解説＝須藤弘敏
1200円

に-1-1
仏教文化の原郷
インドからガンダーラまで
西川幸治著
伽藍、仏塔、仏像、都市、東西文化交流……近代以降、埋もれた聖跡を求めて数多行われた学術探検隊による調査の歴史をたどりつつ、仏教聖地の往事の繁栄の姿をたずねる。
1400円